大学生のための国際経営論

岩谷昌樹 [著]

創 成 社

まえがき

　本書は，大学の講義科目「国際経営論」および国際経営をテーマとした演習で使用されるテキストとして作成したものである。

　本書では多くのキーワードが出てくるが，最も重要なものは，グローバル化の利点とローカル化の利点を同時に追求する「グローカル化」である。これは，国際経営が首尾良く行くための理想的なフレーズであるが，その実現はなかなか困難である。

　グローバル化とローカル化については，古くから考えられている主題である。たとえば，アダム・スミスの『国富論』(1776) では，人間の存在感が希薄な取引や交換において，人間がどう振る舞うかについて，つまり，見知らぬ人どうしの世界での「分業」が描かれている。これは，まさにグローバル化した世界での行動を示すものである。

　一方で，アダム・スミスは『道徳感情論』(1759) では，身近な人，すなわち絶えずやり取りし，共感し，反発する人たちとの関係性を見ている。私的な空間で人は互いをどう見るのか，そしてどのように付き合っていくのか。つまり，毎日のように接する人との関係がどのように精神生活を形成し，各人の振る舞いを律するのかが考えられている。これは，きわめてローカルな問題である。

　ラス・ロバーツの『スミス先生の道徳の時間』(2016) では，アダム・スミスがグローバルとローカルの双方について取り上げていることに注視し「遠くの国で1万人死んだことと，自分の身内が事故に遭うことのどちらが心配であるか」と問う。いうまでもないが，前者はグローバルな問題で，後者はローカルな問題である。その上で「ローカルを愛し，グローバルに取引する」ことの大事さを唱える。

　これは国際経営においても示唆に富むものである。「グローバル，グローバル！」と声高に叫び，盛んに国際展開を図るのは良いが，ローカルへの配慮がなければ，すぐに足元を掬われることになる。グローバルとローカルのよう

に，相反するものを組み合わせるのは至難の業である。それでも，異質なものが混ざり合うと，新たな価値が生まれ出る。1例を挙げよう。

昭和の時代，シャープの技術担当専務であり，カシオ計算機との電卓戦争で凌ぎを削り，後に「電子工学の父」と呼ばれた佐々木正は，高校3年生の時，台北帝国大学で植物の研究をしている教授のもとに実習に行った。その際に「接ぎ木」という研究テーマを与えられ「熱帯の木と北方の木を接ぐ方法を考えよ」という課題が出た。

熱帯で育った木どうし，あるいは北方で育った木どうしなら接ぐことは簡単である。しかし，育ってきた環境が違う木を接ぐことは難しい。そこで，佐々木正は，日本から千本ものリンゴの苗を取り寄せて，台湾産のマンゴーの苗との接ぎ木を試みた。

リンゴに接ぎ木したマンゴーはすぐに枯れる。それは，樹液の流れる管の太さがまったく違うからだった。マンゴーの管は熱帯で早く成長するので太い。リンゴの管は寒さに耐えてゆっくり成長するので細い。このように異なる2つの管をどのように接げばよいのか。

佐々木正が編み出した方法は，リンゴの枝を斜めに切って，表面積を増やし，マンゴーの管の太さに合わせたことだった。これにより，リンゴとマンゴーの接ぎ木は成功し，リンゴのような形をしたマンゴー，すなわち「リンゴマンゴー」が生まれたのである。

ここに見る教訓は，異質なものどうしであっても，双方が折り合う点を見いだせたなら，1つになることはでき，それにより，新しい価値が生まれるということである。ひとえに国際経営の成功は，こうした「リンゴマンゴー」をつくり出せるかどうかにかかっている。

視点を転じると，2016年秋に流行したピコ太郎のPPAPも，右手と左手に持つまったく異なる2つのものを組み合わせるというものだった。一見ナンセンスに思えるが，国際経営をずっと追いかけてきた著者には，果物にペンが突き刺さった姿は，現地国に海外企業が進出した状態に見えた。要は，突き刺さった後が問題であり，突き刺された側がいかに違和感のないようにするか。つまりはローカルを愛せるかどうかということなのである。

目　次

まえがき

Part I　企業のグローバル化とローカル化

第 1 章　経済と企業のグローバル化 ── 2
1．経済のグローバル化 …… 2
2．企業のグローバル化 …… 9
3．個のグローバル化 …… 14

第 2 章　グローバル化とローカル化の両立 ── 17
1．ユーロ・ディズニー開園時に学ぶ異文化の壁 …… 17
2．マクドナルドの市場の教育と現地仕様 …… 24

第 3 章　ロングホーン企業のローカル化─ホンダを事例として─ ── 33
1．ロングホーン企業の特性 …… 33
2．ホンダのアメリカ進出におけるローカル化 …… 36

第 4 章　ショートホーン企業の跳躍 ── 48
1．第5の波に乗り，第5の権力を持ちつつあるビッグ5 …… 48
2．グーグルに見るデジタル・ネイティブ・ビジネスモデル …… 53
3．アマゾンに見るデジタル・ネイティブ・ビジネスモデル …… 60

第 5 章　機会のある場所への進出と内なる国際化の促進 —— 64
1．輸出・現地販売・現地生産による国際化 64
2．心地良い場所と機会のある場所 70
3．内なる国際化 72

Part Ⅱ　国際経営者による企業再生

第 6 章　カルロス・ゴーンの日産復活へのコミットメント —— 80
1．ルノー・日産アライアンス 80
2．再建にコミットするアウトサイダー 81
3．マネジャーとリーダーの相違点 93

第 7 章　マイケル・アイズナーによるディズニー・パストの継承 —— 96
1．新しい消費の手段，消費の殿堂としてのディズニーランド 96
2．映画制作という基軸を取り戻す 99
3．映画制作という基軸から離れない 106
4．スローサイクル市場の創造 111

第 8 章　ハワード・シュルツのスターバックスにおける経験価値の創造 —— 114
1．「グルメコーヒー」「スペシャルティーコーヒー」の創出 114
2．顧客との絆の欠如 115
3．スターバックスの提供する5つの経験価値 117
4．離れた基軸の再認識と自己回復力 121
5．違う土俵で戦う 127

目　次　vii

> Part Ⅲ　グローバルブランド企業の国際経営

第 9 章　「良い目標」を持った国際経営展開
　　　　　―イケアを事例として― ―――――― 132
　　1．グローバルブランドランキングと日本企業……………132
　　2．ネスレに見るビジネスモデルのイノベーション…………135
　　3．イケアに学ぶ国際経営展開……………………………139
　　4．「良い目標」がもたらす決定的な独自性…………………147

第 10 章　コカ・コーラの国際経営戦略 ――――― 149
　　1．グローバル市場づくりのための掟………………………149
　　2．コカ・コーラ草創期からグローバルデビューまで…………152
　　3．1960 年代からのコーラ戦争……………………………158
　　4．戦略的方向性の相違……………………………………164

第 11 章　ナイキの国際競争戦略 ―――――――― 167
　　1．「勝者のブランド」というイメージ形成……………………167
　　2．ナイキ草創期から国際的バリューチェーンの構築まで……168
　　3．1980 年代のスポーツシューズ市場戦争…………………176
　　4．「シュー・ドッグ」フィル・ナイトの熱い想い………………181

> Part Ⅳ　国際経営の新潮流と多国籍企業に関する理論的整理

第 12 章　新しい戦略的スペースとしての BOP ビジネス ―― 187
　　1．BOP ビジネスが求められる理由…………………………187
　　2．創造的資本主義への移行………………………………188
　　3．次世代の戦略としての BOP ビジネス……………………190
　　4．2000 年代後半における議論と実験からの教訓……………194

5．発展するためのBOPビジネス────────197

第13章　多国籍企業のFDIの特質と主要な理論 ──── 201
　　　1．MNEによるFDIの特質────────201
　　　2．MNEについての6つの主要理論────────206

第14章　バックレーとカソン理論における多国籍企業像 ── 215
　　　1．市場創出企業としてのMNE────────215
　　　2．MNEの組織────────217
　　　3．MNEの「様式化された事実」────────218
　　　4．企業特殊的優位性────────220
　　　5．垂直統合────────222
　　　6．MNEと現地国の関係────────225
　　　7．1980年代からの新潮流────────227
　　　8．「大きな問いかけ」に応える時代────────229
　　　9．合理的な行動へのアプローチ────────231

第15章　バートレットとゴシャール理論における
　　　　多国籍企業の組織能力 ──────────── 234
　　　1．多次元な意思決定過程の形成────────234
　　　2．子会社の明確な役割分担────────237
　　　3．グローバル対応の組織と戦略────────240
　　　4．トランスナショナルという特質────────243
　　　5．内的なネットワーク構築と革新の管理────────246
　　　6．3Pに基づく成長のための環境づくり────────248

あとがき　253
索　引　257

Part I 企業のグローバル化とローカル化

　このパートでは，グローバル化が進む過程で，企業がどのように国際経営を行っていくのかについて考えていく。

　「第1章　経済と企業のグローバル化」では，グローバル化した経済の現状をとらえた上で，そこにおける企業のグローバル化はどのような形でなされていくのかについて概念的な整理を行っている。

　「第2章　グローバル化とローカル化の両立」では，ディズニーとマクドナルドというアメリカを代表する企業を事例に，グローバル化とローカル化という，相反する問題をいかに克服するかについて検討している。

　「第3章　ロングホーン企業のローカル化─ホンダを事例として─」では，アメリカで生産活動を開始して現地化に成功したホンダの取り組みから，ローカル化がうまく進むための要点を見いだしている。

　「第4章　ショートホーン企業の跳躍」では，IT企業のビッグ5といわれるアップル，グーグル，マイクロソフト，アマゾン，フェイスブックのうち，特にグーグルとアマゾンに焦点を当て，そのビジネスモデルの仕組みについて迫っている。

　「第5章　機会のある場所への進出と内なる国際化の促進」では，多種多様な業界での国際化を見ながら，どの企業であっても，海外市場という機会のある場所に進出しなければならないことを指摘している。また，社内での国際化（英語で話すことなど）についても触れている。

第1章　経済と企業のグローバル化

○**本章を理解するためのキーワード**
グローバル・ドミナント・プレーヤー，グローバル・ウェブ，グローバライザー，グローバル・マインドセット

1．経済のグローバル化

（1）グローバル化への6つの視点

　「世界経済はグローバル化に向かっている」といわれる。コフィ・アナン前国連事務総長も「グローバリゼーションに反論するのは，万有引力の法則に反論するようなものだ」というほど，グローバル化の流れには逆らうことができない。それでは，グローバル化とはどのようなものであるか？　国際経営論の領域においては，これまでにさまざまなとらえ方がなされてきたが，主なものをまとめると，次の6つの視点から議論されている。

　①グローバル化は新しい現象ではない。第1期が1492年にコロンブスがアメリカ大陸を発見してからの「地球のグローバル化（terrestrial globalization）」。第2期が18世紀後半にイギリスで産業革命が興り，英蘭企業が国外に輸出し始めてからの「産業のグローバル化（industrial globalization）」。現在のグローバル化は，第3期の「電子のグローバル化（electronic globalization）」となり，2000年に始まる技術的な革新が成熟に達したことに起因したものである。

　コトラーは『資本主義に未来はある』（2015）で，現在は，これまでにないほど相互関係と相互依存が強まっていて，グローバル化とテクノロジーが，かつてないレベルの「連動する脆弱性（interlocking fragility）」を生み出しているという。第3期のグローバル化は，それほど電子頼みのところがあるということである。確かに，インターネットが機能しないグローバル化は，もはや想像できなくなってしまっている。本書第4章では，そうした電子のグローバル化に

よって成長を遂げている企業（ショートホーン企業）のビジネスモデルについて取り上げている。

②グローバル化は途上国に搾取工場を強いる生産を余儀なくさせるもので，脅威である。日本はこれまでの長い間，そして今でもそうであるが"Made in China"製品の恩恵にあずかり，安価でモノを買うことができた。その背景には，今でいう「ブラック企業」的な労働の仕方が途上国でなされていた。これについては，本書第11章でナイキの国際的バリューチェーンに基づきながら「きれいな仕事」と「きつい仕事」という視点で説明している。

③グローバル化は貧富の格差を増長する。2015年に大きな話題を呼んだピケティの『21世紀の資本』は，この点を膨大なデータから示しており，アメリカの家庭では，人は生まれながらにして，すでに貧富の差が定まっており，富の不平等は年々広がっているという見解を示した。

④グローバル化とは，すなわちアメリカ化である。あるいはマクドナルド化，ディズニー化であるといわれるように，文化的な収斂を導く。これについては本書第2章で文化帝国主義という概念から考えている。

⑤グローバル化は大気汚染，地球温暖化，資源不足などを引き起こし，環境にとっては害を及ぼすものとなる。この課題に対しては，環境コストを抑えたクリーンエコノミーを打ち出す企業が多い。

たとえばパタゴニアは2011年，アメリカの消費が1年で最も動くブラックフライデーに，自社製品をつくるのに大量の水を使用することから「このジャケットを買わないでください（Don't Buy This Jacket）」という逆張りの広告を打った。その代わりに用具の修理や再利用，リサイクルといった4R（Reduce, Repair, Reuse, Recycle）を行い，顧客とともに「自然は元に戻せる」という道筋を立てた。このことが逆にパタゴニアの売上げを増やしたのである。

同社の創業者であるイヴォン・シュイナードは『社員をサーフィンに行かせよう』（新版2017）で「パタゴニアが社会的責任をすべて全うできる日は来ない。完璧に持続可能で悪影響のまったくない製品などつくれるはずがない。それでも，そこに近づくべく努力は続ける」「答えがあるとしたら，それは自制，品質，簡素といった言葉で表されるものだろうと思う。成長は無条件によいも

のだと考えるのはやめよう。太る成長と強くなる成長はまったく違う」と語る。

　こうしたパタゴニアについては，企業のグリーンウォッシングに詳しいクラインも「一企業を変えようというだけの試みではなく，地球規模で生態系が直面している危機の根源にある消費文化そのものを変えようとしている」と好意的な見解を示している。

　⑥グローバル化は企業活動においては地域的なものに留まっている。たとえば世界最大の収入を誇るウォルマートは，その店舗のほとんどが自国アメリカや生活文化の近いカナダといった北米にあり，世界規模で見た売上げの不均衡さからすると，およそグローバル企業とはいえない。むしろ，本国地域を中心として活動しているアメリカの小売業，つまり「リージョナル企業」としかいえないのである。

　これら6つの視点は，ハリソンの *Business Environment in a Global Context* (2010) で示されているものであるが，こうして列挙すると，グローバル化については否定的・批判的な見方が多い。しかし，反対からとらえれば，パタゴニアのように，それらの負の側面を払拭するような活動（生産現場の改善，異文化との共存，環境への配慮，グローバル市場への進出など）を行うことが国際経営成功の決め手となるといえる。

　そのような企業がビジネスを行う際のグローバル環境について考えてみると，実に多様な面から影響力を受けることになる。たとえば，政治面では政治リスクや投資協定などがある。特に，その国のトップが代わるとそれまでの方針が見直されたり，まったく逆の方向に舵を切ったりすることがある。実際，2016年にアメリカがオバマ政権からトランプ大統領に代わると，当時協議中だったTPP（Trans-Pacific Partnership：環太平洋パートナーシップ）の交渉に影響が出た。

　また，経済面では立地や経済的不安定，産業構造などがある。ある国で生産活動をしていても，次第にその国の人件費が高くなると，その国での立地的な優位性が損なわれてしまう。あるいは，社会的な側面では各国で異なる文化的な相違に配慮することや，倫理観を持つことやCSR（Corporate Social Responsibility：

企業の社会的責任）が問われる。さらに，技術的なものでは新しい技術や知識，イノベーションなどに影響される。

したがって，ビジネスだけでなく，政治や経済，社会，技術についてもバランス良く現状を理解し続けることが大事となる。その中でも特に注視すべきものはどれか？　たとえば，リッツァは *Globalization* (2011) において，グローバル化の主な脅威は経済から生じると見なしている。

グローバル経済の状態が良いならば，グローバル化は進展する。しかし，歴史が物語るように，大恐慌のような経済的な大異変が興ると，グローバル化は崩壊する。現在においての脅威は，とりわけ金融面にある。それにより，経済のグローバル化の見通しが不明確な場合，継続した成長やグローバルな拡張はありえないととらえられている。

ネガティブ・フローとも呼ばれる，グローバル化における脅威には他に，戦争やテロリズム，環境汚染，感染症などがある。いずれも企業のビジネス活動を大きく左右するものである。それでも，リッツァは経済を最大の脅威と見なしている。このことから，国際経営と経済は併せて理解する必要があるということを指摘しておきたい。

（2）資本主義3.0とGゼロ時代への移行

コトラーが，現代のマーケティングはマーケティング1.0（製品主導のマーケティング），マーケティング2.0（消費者主導のマーケティング）から進んで，マーケティング3.0（価値主導のマーケティング）であると称するように，ロドリックは現代の資本主義も「資本主義3.0」へと移行する時期だと指摘する。

経済のグローバル化が進む現在では，市場とそれを支える制度のより良いバランスを，グローバルな水準で構想する必要がある。それは，アダム・スミスの効率的な資本主義において，政府の経済的役割が限定されていた20世紀初頭（資本主義1.0）と，ジョン・メイナード・ケインズの混合経済において，福祉による援助や社会保険の提供が政府の重要な役割だった時代（資本主義2.0）に続く資本主義3.0への転換を意味する。

資本主義2.0における各国政府は，ブレトンウッズ体制（1944年にニューハン

プシャーのリゾート地であるブレトンウッズで，米英などの連合国の政策立案者によって形成された，大戦後の経済体制。緩やかな多国間主義：無差別の基本原理に基づく国際組織によるルールの設定）のもと，IMF（International Monetary Fund：国際通貨基金）やGATT（General Agreement on Tariffs and Trade：関税と貿易に関する一般協定）などが決める，ごくわずかで単純な国際ルールに従っていれば，世界貿易の回復と成長を実現しながら，国内の社会問題や雇用問題に専念できた。

しかし，1970年代以降での金融のグローバル化や経済統合の深化，1995年に創設されたWTO（World Trade Organization：世界貿易機関）により，この体制は崩壊し，新しいグローバル・ルールが出てきたため，資本主義3.0への移行が求められている。

資本主義3.0では，かつて有力だったG7（Group of Seven：フランス，アメリカ，イギリス，ドイツ，日本，イタリア，カナダ）という先進大国のかじ取りは効かない。とはいえ，新興国を含めたG20では数が多すぎ，重要な問題に対して実質的な進展をもたらすための共通基盤がないため，機能不全となる。

実際，2017年7月ドイツ・ハンブルクで開かれたG20サミットでも，北朝鮮問題に対して，日本や韓国，アメリカは圧力強化を重視し，非核化を求める一方で，中国は対話を重視し，ロシアも擁護する姿勢を見せるなど，まとまりを得ないものに終わった。ブレマーは，そうしたG20の姿を巨大なポーカー・テーブルとそれを囲む人々のように，すべてのプレーヤーが積み上げたチップの山を守りながら，他の19人のプレーヤーの様子を伺いながら，配られた手札で勝負しようとするようなものだと表現する。

そのような現代は，誰もリーダーにならない「Gゼロ（gravity 0：無重力）状態」となっている。つまり，リーダー不在で世界秩序を保とうとしていることが，今日のグローバル経済の真の姿であり，世界各国の足並みを揃えることは困難を極めるのである。

ブレマーはGゼロ時代において，唯一のスーパーパワー（超大国）であるアメリカの選択は，①積極関与（必要不可欠なアメリカ），②限定関与（間接的なアプローチで普通の国として振る舞うアメリカ）ではなく，③国内回帰（独立するアメリカ）であると唱える。要するに「内向き」になることを進めているのである。実際

にトランプ政権が「アメリカ・ファースト」と唱え，保護主義的政策を採っているのも，国内回帰への動きである。

ロドリックも，同じ方向の考えを示す。①ハイパーグローバリゼーション，②国民民主主義（民主政治），③国家主権（国民的自己決定）という3つの選択肢があり，本来は，この3つを同時達成すべきであるが，それらはトレードオフの関係にあり，うち2つしか同時に実現はできない。

したがって1つは，民主主義を犠牲にして，国際的な取引費用を最小化すること（ハイパーグローバリゼーションと国家主権の選択）。もう1つは，国家主権を捨て去ることで，グローバル民主主義に向かうこと（ハイパーグローバリゼーションと国民民主主義の選択）。いま1つは，グローバル化に制約を加えることで，民主主義的な正統性を確立すること（国民民主主義と国家主権の選択）のいずれかの道に進むしかない。

この3つ目こそが，ロドリックが期待するものであり，ブレトンウッズの妥協を21世紀に向けてアップデートして，グローバル化を「浅く」留めておくことが，最もうまく機能するとみなす。それは，窓を開けておきながら，蚊帳を張るようなものだという。そうすることで「新鮮な空気」というグローバル化の利点を得ると同時に「虫」というグローバル化の弊害を遠ざけることができるのである。

しかし，その場合に1つ留意しなければならないのは，グローバル化は「ダイナミックな複雑さ」によって特徴づけられるということである。ここでいう複雑さとは，まるで「ヘラクレスが仏陀に出会う（Hercules meets Buddha）」かのように，まったく異なる見解の折り合いを付けるということである。これは，*The Blackwell Handbook of Global Management*（2006）というアンソロジー（論文選集）で出てくるフレーズである。

その中において，ダイナミックな複雑さは次の3要素からなるとされている。①多数性（multiplicity）…競合相手，顧客，価値連鎖，政府，ステークホルダーといった多くの声や観点，拘束。②相互依存（interdependence）…経済や価値連鎖，提携などあらゆるものがつながっている。③曖昧さ（ambiguity）…確かな情報の不足により，完全な理解が困難となっている。

これら3つの要素が「不断の変化（flux）」として複雑に動き続け，入り混じっているという状況がグローバル化というわけである。こうした状態の中で，いかに浅くグローバル化を留めることができるかは至難の業だが，アメリカ・ファーストや"Brexit（ブレグジット）"といわれるイギリスのEU（European Union：欧州連合）離脱問題など，世界各国が内向きになっていく流れは不可避である。

　その流れの中で，企業はどうグローバル化していくのか？　今ほど国際経営力（国際ビジネスのマネジメント能力）が問われる時代はない。ドラッカーは『マネジメント・フロンティア』(1986)で「多国籍企業たるものは，急速に統合されていく世界経済と，分裂していく世界政治という2つの現実をつなぐかけ橋とならなければならない」と述べた。この「企業がかけ橋に」という役割は，今でも通用する指摘である。

　たとえば2017年7月，約1,100億円を投じたトヨタの北米新本社がテキサス州プレイノ市に開所した際，トランプ大統領は「称賛したい」「トヨタのアメリカでの成長を支援する」と声明した。企業城下町が誕生することで「トヨタ景気」が生まれるからである。

　このように現代のグローバル化が首尾良く収まるカギは，グローバル化を図る企業のビヘイビア（ふるまい）が握っているといえよう。すなわち，グローバル化のキーマンは，グローバル展開を試みる企業なのである。

　この重要度について，カンナの『「接続性」の地政学』(2017)における現代世界の姿を重ね合わせてみよう。カンナ曰く，いまの世界は「あらゆる場所につながる橋」を持ったメガインフラを構築しており「どこにもつながらない橋」は1つもないという。

　新しい結節点として経済特区が世界のあちらこちらに設立されており，FDI（Foreign Direct Investment：海外直接投資）や国際貿易は年々増えており，そのメガインフラの強度は増すばかりである。このメガインフラは，文字通りにボーダーレスな世界を築くものであり，国境線別に政治的な枠組みで世界を整えるのではなく，メガインフラを用いた機能的な枠組みで世界をまとめていくことを促すものである。

つまり，もはや世界をどのように法的に分割するのかということを考えるのではなく，接続済みの世界を実際にどのように使うのかを決める時代を迎えているのである。そこにおいて，グローバル・サプライチェーンを有する企業こそが，あらゆる場所につながる橋を最大限に活用して，最も多くの人に最も多くの善をなすという，これからのグローバル化を導いていくことが求められている。

2．企業のグローバル化

（1）グローバル・ドミナント・プレーヤーになるための条件

　経済のグローバル化は，製造をどの国で行っても製品が普遍になってきたため，企業がより安価な製造コストの国を求めたり，そこに技術を移転したりするというプッシュ要因と，特定地域での人口の増加というプル要因の同時進行によって進んだ側面もある。

　そこに加えて，2011年に中国がWTOに加盟するなどといった，これまで閉鎖的で規制が厳しかった市場の多くが，貿易関連の規制緩和を行い，さらには旧ソビエト連邦の崩壊やユーロ圏の成立といった政治的な要因や，輸送費の低下など技術的な要因が複雑に絡み合って，企業のグローバル化は加速していった。これらの要因はレベル別に3つに分けてとらえることができる。

　①マクロレベルでは，経済的・政治的・文化的な面でのグローバル化の進行とICT（Information & Communication Technology…IT：Information Technology（情報技術）にコミュニケーションを加えたもの）の革命である。これは，どの産業や組織にも共通したインパクトを与える。②産業レベルでは，(a) 市場（均質化，標準化など），(b) コスト（規模の経済性，効率性など），(c) 統治（貿易障壁の低減など），(d) 競争（優位性など）の4つがグローバル戦略のドライバーとなる。③社内レベルでは，その企業のグローバル志向や国際経験の程度がグローバル戦略を決定付ける。

　国際経営論では，こうした企業のグローバル化に関して，次の3つが大前提として議論されている。1つは，グローバル競争とグローバルな機会は無視で

きないものであること。もう1つは，グローバルな存在感が，そのままグローバルな競争優位となるとは限らないこと。つまり，たゆまぬ企業努力が求められるということ。いま1つは，現代における競争優位はグローバル資産のうち，物流力や資金力からではなく，グローバルにリソースを移動できる能力から得られることである。

この大前提のもと，企業が「グローバル・ドミナント・プレーヤー」すなわち，グローバル市場を制する存在になるには，①世界規模での市場機会を見定めること。②グローバルな存在感をグローバルな競争優位に変えること。③グローバル・マインドセットを養うこと。④誰に売り，何の価値を与え，どのようにつくるのかを再定義して，グローバル・ゲームのルールをつくり変えることの4つが求められる。この4点は，グプタらによる *The Quest for Global Dominance*（2011）で示されているものである。

そうしたグローバル・ドミナント・プレーヤーになるために欠かせないのが，グローバル競争戦略である。これについては，スプルベルの *Global Competitive Strategy*（2007）に出てくる「G5戦略」という段階を踏んでとらえると検討しやすい。

G5戦略は，G1：グローバル・プラットフォーム戦略…世界中の顧客に多様な製品を提供することによる規模の経済の達成。G2：グローバル・ネットワーク戦略…競争優位を獲得するためのサプライヤーとバイヤーのネットワークの調整。G3：グローバル・インターメディアリー戦略…ベンチマーキングやグローバル規模でのサービスを行う市場の形成。G4：グローバル・アントレプレナー戦略…国境を越えた売り手と買い手の新結合の創出。G5：グローバル・インベストメント戦略…海外での流通や製造拠点設立の決定からなるものである。

それらのグローバル競争戦略では，①取引コスト，②関税，③輸送コスト，時間コストという4種類のトレードコスト（4T：Transaction, Tariff, Transportation, Time）に直面するので，この4Tをいかに削減するかが企業にとっては課題となる。

（2）グローバル・ウェブでつながったグローバル・ファクトリー

　4Tを削減しながらG5戦略を実現するためには，価値連鎖（バリュー・チェーン）の各段階を世界中の立地に拡散させることのできる「グローバル・ウェブ」を形成する能力が求められる。グローバル・ウェブにより，価値創出のコストを最小とすることができ，なおかつ顧客に提供する価値を最大にすることができるようになる。

　これまでの国際経営論では，立地特殊的優位（location-specific advantages：LSAs）は1国単位の比較優位に過ぎず，よりダイナミックな競争優位を生む企業特殊的優位（firm-specific advantages：FSAs）のほうが重視されてきた。しかし，現在では立地は単に低コスト生産可能の国を追い求めるためではなく，国外活動する際の追加コスト（liabilities of foreignness：LOF，異国の地にいることが不利に働く点）を抑えながら，価値を生み出せるネットワークのダイナミズムを持つものとして注目されている。

　バックレーは，このような企業の状態を「グローバル・ファクトリー」と称している。つまり，コアな活動（R&D：Research and Development…研究開発，エンジニアリング，デザイン，ブランディング，マーケティングなど）は本社（本国）に置きながら，実際の製品製造活動（組立作業，部品供給業者）はより低コストで済むネットワークを築いていくという操業方法である。

　これは，冒頭で触れたグローバル化への6つの視点の中の②に当たるものであり，批判の対象ともなる部分であるので，企業にとっては労働環境の整備が課題となる。

　また，このグローバル・ファクトリーは，ラグマンが描く「フラッグシップ・ファーム」と同様のイメージである。フラッグシップ・ファームは日本の系列や韓国のチェボルに似て，ビジネスネットワーク関係を構築している企業モデルである。注目すべきは，バックレーやラグマンといった国際経営論の大家が口を揃えて「ネットワーク」をグローバル展開でのサクセス・キー・ファクター（主要な成功要因）とみなしている点である。

　このような企業の立地特性は，産業の集積を呼び込み，自己増強できる仕組みを持つ。活動空間を集中させることで，ダイナミック・プロセスを生み出せ

て「スノーボール・エフェクト」をもたらせることになる。つまり，雪だるまを作る時に雪玉を転がせば転ばすほど大きくなるように，立地に基づくネットワークを張れば張るほど利点が増すという効果を得られるのである。特に知識集約型の活動の立地は「滑りやすい空間における粘着性のある場 (sticky places within slippery space)」に集まるので，自己増強が進みやすい。

　世界規模で戦略を採る企業にとっては，このような特性を持つネットワークによって，複数の市場と「つながり，活動する (plug-and-play)」ことが最も適切な選択となる。

(3) 国際化の5つの理論

　企業がグローバル化を進めていく過程では，インターナショナル・カンパニー（国際企業），マルチナショナル・カンパニー（多国籍企業），リージョナル・カンパニー（地域企業），トランスナショナル・コーポレーション（超国家企業）など，その段階・特性によって色々な呼ばれ方がされる。そうした過程をとらえる国際化の理論には，次のようなものがある。

　①段階的アプローチ…企業は言語や生活習慣が類似している国から，まず進出するとみなすもの。1990年代，ウォルマートが最初に国外市場に進出したのはメキシコであり，その次にはプエルトリコ，カナダと続いた。特にアメリカとメキシコ，カナダは国境を接した隣国であるため，店舗展開は比較的円滑に進み，売上高はいずれもその国のトップ・リテーラーとなるほどだった。

　この段階的アプローチは，スウェーデンのウプサラ大学で最初に唱えられたのでウプサラ理論とも呼ばれる。ウプサラモデルでは，海外市場から収集した情報の段階的な獲得と活用に基づいて，企業は，(1) 定期的な輸出をしていない → (2) 自社ないし代理店を通じて輸出を行う → (3) 販売子会社の設立 → (4) 現地生産というステップで国際化していくとされる。つまり，市場への関与は，経験的な知識と漸進的な歩調によってなされるとみなすのである。

　そうした知識の増加はイノベーションにつながるので，イノベーション・プロセス (IP) モデルも，段階的アプローチに含まれる。また，経験的な知識の活用に関しては，プロセスモデル，コンティンジェンシーモデルもある。

それ以外にも，②ネットワーク理論…企業同士の関係に伴って海外展開が起こるとするもの。③ボーン・グローバル理論…技術や製品特性が初めから国際的であることを前提にして，誕生した時からグローバルという企業が存在すると考えるもの。④早期戦略的インターナショナライザー…早期に国際市場へと意図的に参入した企業といったものがある。

さらに，5つ目の国際化の理論として，複数の市場で規模の経済性を追求するという「機会をとらえてグローバル化する企業（opportunistic globalizer）」も存在する。これは，ハバードの *Conquering Global Market*（2013）において見いだされたタイプである。こういったグローバル化の最終段階に到達した企業は，グローバル化が進むビジネス環境を有利に利用できる組織，すなわち「グローバライザー（globalizer）」となっている。

（4）グローバライザーの4つの傾向

グローバライザーは，さまざまな市場参入の方法を用いて，グローバル展開をしている。大別すると，リソースと時間をかけずに済むノン・エクイティ投資と，リソースと時間を費やすことを必要とするエクイティ投資とがある。

ノン・エクイティ投資は，売上げの増加やコストの削減を狙って，他企業の協力を得ながら，事業を促進するものである。代理店やライセンス契約による販売や，非中核業務（たとえば製造・組立・物流・事務管理など）を外部に委託するアウトソーシングなどが代表的である。

エクイティ投資には，合弁事業やM&A（Merger and Acquisition：企業の合併・買収），既存事業の株式の一部ないし完全取得，グリーンフィールド投資（海外に子会社などの新拠点を設立するための投資）などがある。

現在，こうしたグローバライザーには，4つの主要な傾向がある。

1つ目は，事業プロセスを世界共通にするために，多角化に走らずに，より限定した業種だけに特化して活動するという，事業の多角化から地域の多様性への「グローバル・フォーカス」である。地域が多様になることで，さまざまな文化的背景を持つ人々が集まるようになる。そこでは時間についての観念が各国で違うため，それまでのペースでは実務をこなせず，従来よりも時間がか

かってしまう場合が生じる。そうした文化の相違を考慮する調整スキルが求められる。これは「タイムスケープ・マネジメント」を呼び込む。

　2つ目は，グローバル・フォーカスをさらに絞り込むという「グローバル化の抑制（慎重なグローバル展開）」である。地域の多様性ではなく，地域の集中によって優位性を確立するためである。

　3つ目は，M&Aの役割の変化である。支配権を獲得するために敵対的買収としてではなく，事業の地理的拡大という変革をなすためにM&Aを行う企業のほうが増えている。

　4つ目は，グローバル化の主体が先進国ではなく，新興国のグローバライザーに移ってきていることである。チャランの『これからの経営は「南」に学べ』(2014) では，ビジネスと経済のパワーが，北側の国々（アメリカ，ヨーロッパ，日本）から，北緯31度線より南側の国々（中国，インド，中東，メキシコ，ブラジル，インドネシア，サハラ砂漠以南のアフリカ）へとシフトしているという「傾いた世界（global tilt）」が指摘される。

3．個のグローバル化

　グローバル化が今後進む際に，企業には戦略的変化をなすための意思決定を行うトップマネジャーの役割が重視される。持続的な競争優位を確立するには，企業に卓越したリーダーシップをもたらすことが求められる。トップマネジャーは全社的なリスク管理を行いながら，戦略的変化を通じた成長を実行しなければならない。戦略的変化は，自社内の要因（資源・能力，既存戦略，過去の成果），環境要因（規制緩和，集積，密度）とともにマネジメントの傾向に左右される。

　そこにおいてキープレイヤーとなるのは「早い流動（fast flux）」という多方面での急激な予測不可能な変化に対応し得る「グローバル・マインドセット」を持ち合わせたリーダーである。

　グローバル・マインドセットは，①複雑な問題について多面的な視点からとらえて，解釈し，理解できること（cognitive complexity）。②多様性に寛容なだ

けでなく，それを価値ある資産だとみなすこと（cosmopolitanism）という2つの能力から成り立つと，レーンらの *International Management Behavior*（2009）で示されている。

　グローバル・マインドセットの育成については，グプタらが *Global Strategy and Organization*（2004）で挙げている次の4点を通じてなされていく。①世界について好奇心を持ち，その世界をもっと抜け目なく動かすことに関与すること。②現在のマインドセットをはっきりと自覚して表現すること。③多様性と新規性の世界に身を置き，それに関する知識を得ること。④多様な文化と市場についてのさまざまな知識を統合した見解を持てる能力を身につけること。

　特に企業のグローバル化に伴う重要な決定は，グローバル運営を標準化するか，ローカルの要求に適応化するか（スタンダードかカスタマイズか）ということになるが，モーイが『グローバル・マーケティング・コミュニケーション』（2016）で述べているように，これについては学究的議論が何十年も続いているにもかかわらず，未だ明快な解答はない。それゆえにグローバル・マインドセットによる判断に委ねられるところが大きい。

　グローバル・マインドセットを有するということは，異文化に柔軟な対応ができる「グローバル・コスモポリタン」という存在になるということを意味する。代表的な者には，本書第6章で取り上げるカルロス・ゴーンや，バラク・オバマが挙がる。

　グローバル・コスモポリタンの具体的な特徴には，①変化することは当たり前であるとみなす。②部外者として文化的しきたりに従い，創造的思考を備えている。③自己を再発見し，新しい独自性を試みる。④抜け目がなく，移り変わりに敏感である。⑤新しい考え方を学び，活用することがたやすくできるといったものがある。これらは，ブライムの *Global Cosmopolitans*（2010）で示されている。

　このようなグローバル・コスモポリタンは，国際経営においては不可欠な存在となる。というのも，国際経営では，① Care（利害関係者との関係保持）。② Communication（多様な文化との相互作用への従事）。③ Consciousness（自身の文化の背景とバイアスへの自覚）。④ Contrasts（文化的相違への寛容）。⑤ Context（状況

判断)。⑥ Change（柔軟な適応）。⑦ Capability（組織知の開発）といった，ウィブベケが *Global Business leadership*（2009）で提唱する 7C が求められるからである。

　7C を実現できるグローバル・コスモポリタンは，ブラックとモリソンが *Sunset in the Land of the Rising Sun*（2010）で指摘するところの「パスポート・ブラインド」という種類のリーダーシップを有する。ボーダーレス化したグローバル・ビジネスを遂行するリーダーには，出身地がどこであるとか，どこの国民であるかといったことはもはや関係なく，その力量こそが問われるのである。

> 本章を深く学ぶための参考文献

ダニ・ロドリック著，柴山桂大・大川良文訳『グローバリゼーション・パラドクス　世界経済の未来を決める三つの道』白水社　2013 年

イアン・ブレマー著，北沢格訳『「G ゼロ」後の世界　主導国なき時代の勝者はだれか』日本経済新聞出版社　2012 年

パラグ・カンナ著，尼丁千津子・木村高子訳『「接続性」の地政学　グローバリズムの先にある世界（上）（下）』原書房　2017 年

チャールズ・W.L. ヒル著，鈴木泰雄，藤野るり子，山崎恵理子訳『国際ビジネス 3　企業戦略と事業運営』楽工社　2014 年

ナンシー・ハバード著，株式会社 KPMG FAS 監訳　高橋由紀子訳『欧米・新興国・日本 16 ヵ国 50 社のグローバル市場参入戦略』東洋経済新報社　2013 年

● 本章を身近に感じるためのエクササイズ

1．あなたは将来，どのような仕事に就いているでしょうか？　想像してみましょう。そして，そこに「グローバル化の要素（たとえば，お店で働いていて外国人客と接する。社内で英語を用いて会議をする。海外勤務があるなど）」がないか，思い浮かべてみよう。そうすると，いまどのような学習が必要なのかがわかってきます。

2．毎年，各情報媒体が「就職人気企業ランキング」を公表しています。そうしたランキングに目を通してみましょう。そして，ランキングされている会社における「グローバル化の要素」は何かを考えてみましょう。

第2章 グローバル化とローカル化の両立

○**本章を理解するためのキーワード**
ソフトパワー，文化帝国主義，市場の教育，グローカル化

1．ユーロ・ディズニー開園時に学ぶ異文化の壁

(1) 文化的距離の克服という課題

　前章では，経済と企業のグローバル化について述べた。本章では，まず一般的なグローバル化とはどのようなものかをあらためて考えてみよう。

　グローバル化とは「グローバリズムが拡がること」を意味する。ナイとドナヒューの編著『グローバル化で世界はどう変わるか』(2004) では，グローバリズムは「互いに行き来して影響し合う関係のネットワークが，世界の幾つかの大陸に広がっている状態」と定義される。ネットワークには主に次の4つの側面がある。

①経済面（資本や財など）…他国通貨に両替する際にレート（相場）が出ていることは，その国どうしがつながっていることを示す。また，国境を越えた企業間の戦略的提携もこの側面に含まれる。

②軍事面（人，力など）…かつての米ソ間の冷戦や，現在の北朝鮮や中東問題など政治に大きく影響を及ぼすもの。この側面では外交が重視される。

③環境面（酸性雨，病原菌など）…オゾン層の破壊や地球の温暖化など世界規模で考えなければならない問題がこの側面には多い。大気に国境はないため，これまでにも狂牛病や鳥インフルエンザ，PM2.5 (Particulate Matter 2.5：直径2.5マイクロメートル以下の微小粒子物質) など「見えざる脅威」が取りざたされてきた。

④社会・文化面（情報，考え方，映像など）…海外アーティストのファンになる

ことや外国映画を観ること，大きなものでは宗教の伝来もこの側面に入る。

こうした4つの側面からなるネットワークは，それぞれが長い時間を経て変化したものの積み重なりである。そうしたネットワークを通じたグローバル化は，人々の文化的な体験に影響を与える。さらに現代では，海外に行きやすい環境が整っていることで，移動コストが劇的に短縮されており，トムリンソンが『グローバリゼーション』(2000)で言うように「距離の圧縮感」を得られるようになった。

距離の圧縮感は世界を収縮させ，結びつきを促すような空間的近隣性を与えている。ここで大事な点は，距離が圧縮されて異文化と接する機会が容易になったことである。つまり，物理的な距離が克服されることと文化的な距離が克服されることは別の問題であるということだ。

はるか昔では，シルクロードという中国とトルコを結んだ絹の道がグローバル化の象徴であった。そこでは，ごく限られたモノ（物と者）の往来しかなかった。現在から見ると，非常に薄っぺらなグローバル化である。今日では，膨大な数のモノや情報が世界レベルで動いており，その厚みは比べものにならないほどである。

そうした「厚みを帯びたグローバル化」において，企業もまたグローバル化していった。その追い風となったのは主に，次の2点である。

①輸送や通信コストの削減…1930年から1990年までの間に輸送マイル当たり平均航空輸送収入は0.68ドルから0.11ドルに下がった。また，同期間でニューヨークからロンドンへの3分間の通話料金は244.65ドルから3.32ドルにまで下がった。現在ではeメールが発達しており，さらにはSkype同士だと国際通話も無料になるなど，通信コストはグローバル化の障壁にならないようになった。

②輸送技術（冷蔵など）の向上…傷みやすい果実や鮮魚なども国際取引の対象になった。スーパーマーケットに行けば，実にさまざまな国から食材が仕入れられていることがわかる。2016年，日本にフランスの冷凍食品専門店であるピカールが開店したことも，冷凍技術の向上によるものである。近年では，

冷凍のパンが焼き立てのものと変わらない味を有している。

　この２点に加えて，貿易と投資についての政策の障壁が低くなったこともグローバル化を大きく後押しした。こうして物理的な距離は克服されていったが，それに応じて文化的な距離を克服することは，企業にとってきわめて困難なことになる。まさに国際経営の課題である。これについて以下では，フランスにディズニーランドが開園した時の事例から検討してみよう。

（２）アンチ・アメリカイズムという感情

　今日まで，厚みを帯びたグローバル化の主導権を握ってきた国はどこかというと，情報技術の最先端に立ち，それを用いて大量の情報を発するアメリカであるとみなすのが一般的である。そのアメリカを代表する企業の１つは，ウォルト・ディズニー社（以下，ディズニーと称す）である。

　ディズニーは「テーマパーク」というコンセプトを最初に生み出した。映画の世界観にもっと人々をひき込みたいという意図で，体感型の遊園地をつくった。子どもとともに大人も楽しめるテーマパークを，①ファンタジー，②ヒストリー，③アドベンチャーでつながり合った独特のエンターテインメントで経験させている。現在，ディズニーランドは世界に６つある。開園順に挙げると，カリフォルニア，フロリダ，東京，パリ，香港，上海である。

　1992年，パリ郊外に開園したユーロ・ディズニーは世界で４つ目となるディズニーのテーマパークである。なぜフランスだったかというと，まずヨーロッパは，ディズニーがライセンスを有する全商品の売上げの４分の１を占めるほど重要な市場だったからである。

　また，毎年200万人ものヨーロッパ人がカリフォルニアのディズニーランドやフロリダのウォルト・ディズニー・ワールドを訪れているからである。さらに1985年からフランスで毎週土曜日の夕方に２時間，ディズニー番組を放送し始めたところ，高い視聴率を記録したからである。

　このように，①グッズが多く売れている市場である。②わざわざアメリカのテーマパークまで足を延ばして来ている。③テレビ番組も好調であるという需要の高さが，ヨーロッパ市場進出への判断材料になった。中でもパリにテーマ

パークをつくったのは，パリがヨーロッパ各国からの交通の便が最も良かったからである。飛行機や自動車，鉄道などアクセス手段はいくつかあるが，そのいずれにも適したところがパリであった。

　地図で確認するとわかりやすいが，パリの周りにはベルギー，ドイツ，スイス，イタリア，スペイン，イギリスが囲むような形になっている。これらの国のどこからも行きやすい場所がパリなのである。

　テーマパーク建設に際しては，さらなるアクセスのしやすさが追求された。つまり，東京ディズニーリゾートにとっての舞浜駅のように，パリのメトロをテーマパークの正面入り口まで延長したのである。さらに，その駅を TGV (Train a Grande Vitesse：トラン ア グランド ヴィテス／フランス国鉄の超高速鉄道：French bullet train) の停車駅にもした。

　これにより，メトロでは日帰り客を，TGV では泊まり客を呼び込め，物理的な距離は克服される。しかし，それが文化的な距離を埋めることにはならないことが問題であった。

　一般にテーマパークの課題は，天候の問題にあるとされる。北フランスは，カリフォルニアやフロリダのように晴れる場合は少なく，とりわけ冬には曇った日が続いたり，午前中は晴天でも夕方には突然雨が降ったりすることも多いため，それに対応した建築デザインが求められる。しかし，これは日本でもなされているように，アーケードを多く設置するといった技術的な解決をすれば済むものである。

　それ以上に重要なことは，異文化という障壁である。ディズニーの場合は，フランス人の「アンチ・アメリカイズム」という感情であった。特にアメリカの農業政策（平たくいえば，フランスからアメリカに輸入しないのに，アメリカからフランスに輸出すること。また，アメリカに輸入する場合には高い関税を取ることといった不平等さ）に反対する現地の農場経営者たちが，ユーロ・ディズニー開園時に入り口を閉鎖するというハプニングがあった。

　フランスのジャーナリズムも，ユーロ・ディズニーについては「フランスの魂に付いた黒いシミ」「世界の均質化への恐るべき一歩」などと酷評した。一般市民からも「自国には本物のお城がたくさんある。なぜ，お金を払って"張

りぼてのニセモノ"を見に行く必要があるのか？」という批判的な声が上がった。

結果として，開園年の4月から9月までの全来園者のうちフランス人はわずか29％に留まり，1994年までに10億ドルの赤字を出した。進出前はあれだけの需要が見込めたテーマパークであり，来園者の半数はフランス人だと見込んでいたことに対して，この数値は大きな誤算だった。

（3）ソフトパワーでの文化的な距離の克服

これに対してディズニーは，このテーマパークをフランスやヨーロッパの文化に適合するように多くの修正をなした。たとえば「シンデレラはフランスの宿舎に住んでいた」「白雪姫の家はバイエルンの村にあった」といったように，過去のディズニー作品のストーリーラインにヨーロッパ色を強めた。さらには『ノートルダムの鐘』（1996）や『レミーのおいしいレストラン』（2007）など，フランスが舞台の映画作品を制作し，文化的な距離を縮めることに努めた。

また，パーク内では，禁止していたアルコールを解禁し，ワインを園内のほとんどのレストランで提供した。アルコールの提供は，その後にできた東京ディズニーシーでも適応された。

さらに重要なことは，その名称についてだった。ヨーロッパの中でもフランスは，外国文化の受け入れが最も厳しい国である。ただでさえ，よその国の「遊園地」が自国の土地で「営業」することに懐疑的になるところに加えて「ユーロ・ディズニー」と付けたことが大きく足を引っ張った。

たとえば，東京ディズニーリゾートが「アジア・ディズニー」と名づけられていたとした場合，我々はどのような気持ちになるだろうか？　「アジア」というならば，中国や韓国にでもつくれば良いではないか。なぜ，日本につくるのか？　という感情になるであろう。それと同じものがユーロ・ディズニーにあった。

そこでディズニーは1994年にユーロ・ディズニーから「ディズニーランド・パリ」へと名称を変更し，1990年代半ばでのフランスにおける足場固めをした。「ユーロ」という名称をなくすことで，ユーロに関するあらゆる公的

な不信から解放され，ヨーロッパの文化やアイデンティティといったものを議論することから免れた。ここには，イギリスがEUの統一通貨であるユーロを使わず，ポンドのままであり続ける理由も重なり合う。

　こうしたユーロ・ディズニーは，経営学におけるケーススタディにもされた。たとえばグラントは "Euro Disney：From Dream to Nightmare, 1987-94" つまり「夢から悪夢へ」と題して教材にした（*Cases in Contemporary Strategy Analysis*, Third Edition 2003）。

　マグレイスも *Discovery-Driven Planning*（2009）で，ユーロ・ディズニーはハード・データを持っていないのに，暗黙の仮説に基づいたデータを自明のこととして続行した点を指摘し，仮説ではなく，知識から基づく必要を唱えた。

　総じて，パリのディズニーランドは，あくまでパリに根差し，パリに密着して運営するテーマパークでない限り，文化的な距離の克服はできないのである。

　ユーロ・ディズニーが，文化の主権を守りたい現地の者たちによって閉鎖されたように，同じくアメリカを代表する企業であるマクドナルドも1999年に食の主権を守りたいフランスの農民たちからの襲撃を受けたことがある。これも「グローバル化（世界の均質化）＝アメリカ化（アメリカ文化の浸透）」という恐れへの強い反発からであった。

　それでは，どうしたら現地に受け入れられるのかというと「ソフトパワー」が決め手となる。ナイとドナヒューは，これを「自分たちが欲しがるものを相手にも欲しいと思わせる力」と定義している。

　強制的に買わせる・押しつけるといったハードパワーによるのではなく，あくまでも「これも良かったらどうですか？」という，やんわりとしたアプローチで商品やサービスを提示することである。これは，勉強しない子どもに「勉強しろ！」と怒鳴りつけるよりも，自ら進んで勉強がしたくなるような雰囲気にしたり，きっかけを与えたりするほうが勉学に取り組むようになることと同じ効果がある。

　ソフトパワーによるものならば，アメリカ発のグローバル化であろうとも，他国は自身の文化を保ち続けながら，それを受け入れることはできるという考

え方である。なぜならば文化というものは，前述したようなネットワークによって変化し続けるものだからである。

　グローバル化というのは，他の文化を吸収しながら進むものなので，文化は多様性を帯びる形で変わっていくしかないのである。多様性とは選択肢が増えるということである。今日はディズニーランドに行こうか，それとも地元のショッピングモールに行こうか。あるいは今日はマクドナルドで食べようか，それとも牛丼にしようかといったものである。そうした「あれとか，これとか」といった選択が，ソフトパワーによって決定されるというわけである。

　最もわかりやすい例が，日本でアメリカ映画が好まれて観られていることである。近年でも『アナと雪の女王』(2014)『スター・ウォーズ フォースの覚醒』(2016) など，日本での興行収入が高い作品が多い。映画鑑賞は開始時間を調べて，それに合わせて映画館に行き，チケット代を払うといった段取りを必要とする消費行動である。ソフトパワーが宿っていない限りは消費されない特性を有している。

　世界で見ると『アバター』(2010) は，わずか39日間で世界興行収入のトップになった。それまで首位だった『タイタニック』(1997) が1年半かかった記録を同じジェームズ・キャメロン監督が塗り替えた。『アバター』は当時導入され始めた3D映画という誘因もあり，ソフトパワーが十分にある作品だった。

　人には「センチメンタル・バリュー」という他者にはわからない自分だけの価値がある。しかし，たとえば世界各国で『タイタニック』は大ヒットし，国籍の異なる者が見ても，同じシーンに感動して涙を流した。つまり，映画という社会・文化面のネットワークでつながり，センチメンタル・バリューを共有することで，文化的な体験に影響を与えられたのである。

　これはまさにソフトパワーが受け入れられた好例である。2004年に日本で『冬のソナタ』が大ヒットし，ヨン様ブームが巻き起こったのも，日本の（特に女性の）センチメンタル・バリューに訴えかけるものがあったからである。

2．マクドナルドの市場の教育と現地仕様

（1）レクサスとオリーブの木が示すもの

　文化は変化すると言ったが，変わらないもの・根強いものがどの国にもある。フリードマンの『レクサスとオリーブの木』(1999)は，それを巧みに言い表している。「レクサス」とはもちろん，トヨタが社名を伏せて日本市場よりも先にアメリカ市場で販売し，成功を収めた高級車ブランドの名称である。これは時代の最先端，つまり先進性の象徴である。

　また「オリーブの木」とは，アイデンティティや故郷といった居場所を与えてくれるものであり，古くから根づくもの，すなわち普遍性を示している。

　つまり，世界の半分ほどの先進国はレクサスのような新商品（変わるもの）を追い求めるが，それ以外の世界ではオリーブの木（変わらないもの）にこだわり続けているのである。オリーブの木の所有によって支配関係が決まる国には，いくらソフトパワーをもってしても，変えることのできない文化がある。また，たとえ先進国であっても，あくまで選択肢が増えるだけで，それまでの生活習慣を変えてまでは求めたりしない。この点を企業は十分に留意しなければならない。

　いま一度，ここで言う文化とは何かを述べておくと「現在進行中の人々の"生活物語"に直接，役立つような日常の活動のすべて」となる。これはトムリンソンによる定義である。役に立たないものは物語の場所や文脈が異なるということ。つまり文化が違うということ。言わば「お呼びでない」というわけである。

　お呼びでないものの典型は，食文化の相違から生じるものである。有名なところでは，マクドナルドとヒンズー教が挙がる。ヒンズー教では牛が神聖な動物であり，牛肉を食べることは戒律に反することになり，大罪とされる。したがって，ヒンズー教徒にはマトンバーガーが提供される。また，日本でもイスラム教徒に対する食事には「ハラール（HALAL：イスラム法で許された項目）」の認証を受けた食材や料理を提供する店舗が増えている。これも食文化が違うこ

とへの対応である。

(2) 文化帝国主義の払拭

　食を扱うマクドナルドは宗教上の理由から生じる食文化の違いに配慮すれば，グローバル化できるかといえば，まだ解決しなければ問題が残されている。ディズニーもそうであると指摘されるが「文化帝国主義」の代表と見なされ，批判の的になるということである。文化帝国主義とは「一国から他国への大衆文化の一方的な押し売り」と定義される。

　文化を押し売りされることで，自分たちの街に他でも目にするような企業のロゴマークがあふれかえり，いったい自分がどの街にいるのかわからなくなる。いわゆる「ここはどこ？」といった気持ちになる。こうした不安感は，アイデンティティ・クライシスを呼び起こす。

　たとえば2009年，渋谷区とナイキ・ジャパンの取り決めで，宮下公園が「宮下NIKEパーク」に名称を変更するという案件があった。しかし反対派の運動により，ナイキがその命名権を実行することはないまま，この取り決めは2017年に途中解消された。この事例には，レクサスとオリーブの木やアイデンティティ・クライシスについて考えさせられるものが含まれている。

　一般にいわれる文化帝国主義は，アメリカ企業が進出した先の国をアメリカと同じようになることを強いる状況を示す。これは，アメリカとの同質化・均質化，さらにはアメリカ化と呼ばれ，アメリカ文化の押し売りだと批判される。しかし我々は実際，マクドナルドをそんな風に感じているだろうか？

　2004年にアメリカで1日3食のマクドナルドを1ヵ月間続けると，体にどのような変化が起こるのかということを実験したドキュメンタリー映画『スーパーサイズ・ミー』が公開され，話題になった。さすがにそこまでいくと文化帝国主義の恐れを感じるが，日本では現状はそうではなく，マクドナルドへの人足は途絶えておらず，そしてまた，お米を食べる習慣も廃れていない。

　たとえば1953年に創業した，お茶漬けの製造販売を行う永谷園は，海外展開をしないで（現在は海外進出の動きがあるが）日本の食文化を守り続ける防人のような存在である。日本では，このようにお茶漬けも食べるし，ハンバーガー

も食べるという選択肢が増えただけである。これはすでに述べたように，文化は多様性を帯びて変化するものであるので，声高に問題視することではない。

確かに現在では，日本のどこであってもマクドナルドのゴールデンアーチの看板を目にする。これは『ファウンダー』(2017) という映画にもされたマクドナルドの創設者レイ・クロックが，アメリカ経済の不況下にあっても「他社が縮小する時こそチャンス。拡大（エクスパンション）あるのみ！」として，店舗数を増やしたことが日本でも適応されたことによる。

極端にいえば，各駅に1店舗はマクドナルドがあるような感覚を受ける。そうしたすばやく安く口にすることができるハンバーガー（ファスト・アンド・チープ）にアメリカ化を感じる場合もある。しかしマクドナルドは，以下に見るような日本の食文化への適応と共存をしながらグローバル化を展開することで，一方的な押し売りとなることを和らげているということも見逃せない。

（3）市場の教育というグローバル化

まず，マクドナルドは現地展開において必要となる食事の形式を現地の人々が「受け入れる」というグローバル化を定着させている。マクドナルドに来店したお客は，①並ぶ。②自ら商品をテーブルに運ぶ。③直接，素手で食べる。④食べた後は片付けるという一連の「食べるプロセス」を受け入れているということである。

中でも，店員が注文を取りに来るのではなく，来店順にお客の方から注文を取りに行く時にできる行列は，産業化された食事システムの象徴である。また，自分でトレーを持ち運ぶというセルフサービスは，店員を注文取りや調理に集中させることになるので，合理性の追求となる。さらには，基本的にスプーンや割り箸を提供しないことも，マクドナルド・ルールである。

こうしたマクドナルドのグローバル化への過程が最も浮き彫りになった例が，ロシアへの進出時であった。1990年，モスクワにマクドナルド1号店がオープンした際，かなりの行列となり，賑わいを見せた。しかし，来店客はマクドナルド・ルールになじみがまったくなかったため，最初の1週間は店員が並んでいる人たちに，注文の仕方や支払い後にどうすればいいのかを記した注

意書を配るほどだった。

　店の外では，入店を待つ人々に向けて「店内の従業員は，あなたに微笑むでしょうが，それはあなたがおかしいから笑っているわけではありません。あなたがたに応対できるのが嬉しいからです」とスピーカーでアナウンスされた。ロシアは寒いので，顔の表情があまり変わらない。ロシア語も口をあまり動かさないで発音できるようになっているといわれる。

　そうしたロシアでは，マクドナルド特有の「スマイル０円」というホスピタリティ・サービス，つまり注文を聞く人が微笑むということは，それまでに経験がなく，ほとんどの者が「笑顔接客」を初めて受け入れた。

　また，ハンバーガーが何であるのかを知らない者も多かったので，トレーの敷紙にビッグマックやフライドポテト，ミルクシェイクなどの絵を描き，それらの食材（チーズ，ピクルス，ジャガイモ，イチゴなど）も描いた。さらには，ハンバーガーの食べ方がわからないので，ビッグマックを分解して，一層ごと食べる者も多くいた。

　つまり，あらゆることを初期設定する必要があったのである。マクドナルドのグローバル化には，店内での行儀作法を慣らすための「市場の教育（マーケット・エデュケーション）」が欠かせなかった。

　マクドナルド以外での市場の教育の代表例には，アップルによる音楽の買い方・聞き方が挙がる。21世紀初頭，パソコンが家庭に普及している状況を利用して，音楽をデータで配信する形で販売した。そのプラットフォームがiTunes Storeというアプリケーションであった。ここで楽曲をアルバム単位の他に１曲ずつでも買えるようにした。端末機としてはiPodを提供し，それをパソコンに接続し，同期させることで楽曲を持ち運べるようにした。

　これは，それまでの音楽の買い方・聞き方であったアルバムを買う，あるいは借りるというライフスタイルを一変させた。中でも大きな成功要因は，アップルの競合相手であるマイクロソフトのWindowsでもiTunes Storeがダウンロードできた点である。最も使用されているOS（Operating System：オペレーティング・システム）であるWindowsユーザーを取り囲むことで，iPodは世界的に普及できたのである。

本節の最初に述べたが，文化とは「生活物語」に直接，役立つものでないとならない。iPodはユーザーの生活物語に役に立つと見なされたので，多くの国で市場の教育（CDを買う・借りることから，欲しい曲だけダウンロードすることへの移行）を通じて，日常の生活に取り込まれていった。

（4）現地仕様というローカル化

　マクドナルドのグローバル化の過程では，逆側からの流れも必要となる。それはiPodが多くのユーザーのライフスタイルとして定着したように，現地の人がマクドナルドを自分たちの日常生活に「取り込む」ためのローカル化である。ローカル化とは現地性・現地色を帯びることである。生活物語の場所や文脈に見合った商品・サービスが提供されることで，その国の文化に混ざり合わされることができる。

　食べ物ほど，ローカル性が高いものはない。日本国内に限って見ても，ご当地グルメを決めるB-1グランプリや，もんじゃ焼き，馬刺し，イナゴやツクシの佃煮など実に多様であり，イノシシやシカ肉などを用いたジビエ料理なども注目されるようになった。また，世界から見て，日本人の生卵を食べる文化は信じられないことだともいわれる。このように食のローカル性については枚挙に暇がないが，マクドナルドの場合は，各国のメニューにそうした現地の嗜好に応じたローカル性を打ち出している。

　日本の場合，てりやきバーガーや月見バーガーがそれにあたる。てりやきバーガーの提供はモスバーガーのほうが早かったが，とにかく和食と言えばしょうゆ味となるので，照り焼きは日本で最も好まれるテイストである。そして，中秋の名月を迎える時期になると，季語のように月見バーガーが登場する。この意味で，てりやきバーガーや月見バーガーは，マクドナルド・メニューの中における和のテイストを持った商品である。

　こうしたローカル化は，日本のスターバックスコーヒーがフラペチーノに抹茶味という和のテイストを加えたことと同じである。外国人にとって日本のキラーフレーバーは抹茶とされ，キットカットでも抹茶味がよく売れる。抹茶フラペチーノは，日本市場がスターバックスをうまく取り込んだ好例である。

他にも，韓国のマクドナルドではプルコギバーガーがあり，フランスやイタリアではサラダが販売される。イギリスでは朝メニューにマックベーコン・ロールがあり，ドイツでは庶民に親しまれるためにビールが提供される。インドでは肉類を挟まないベジタブル・バーガーが用意される。このように世界各国のマクドナルド・メニューは，ローカル化を学ぶ教材ともなっている。

　このように，自社の標準的なやり方（スタンダード）に現地受けするような修正（カスタマイズ）を施すことが，文化帝国主義を払拭するための手段となる。これは，日本市場に参入する外食企業がよく用いる手法である。たとえば世界店舗数でマクドナルドを凌ぐサブウェイは2004年から日本市場で復活を遂げたが，その理由として次の3つを挙げることができる。

　①当初，欧米と同じパサパサしたパンを用いていたが，欧米人と比べて唾液の少ない日本人には不向きなので，1999年からはしっとりとしたパンに切り替えた。2000年からは国産のものにして安心感も付加した。

　②2003年からメニューを変更し，女性社員の意見を取り入れ，てりやきやエビとアボカドなど日本好みのものを具材として取り入れた。2004年からはすべてのメニューに野菜を入れて健康志向に訴えた。ちなみにタコベルも，日本市場ではエビとアボカドのテイストを提供しているが，食べ慣れたサンドイッチと比べると，タコスという食べ物自体に市場の教育が必要なので，日本市場での浸透度はまだ低い。

　一方で，食べ慣れたものであっても定着が難しい場合がある。ホットドッグを専門とするネイサンズは2003年に原宿店をオープンし，都内中心の出店をしていったが，5年経たないうちに日本市場から撤退した。ホットドッグは比較的どこでも食べられ，珍しさがないため，ネイサンズならではの日本向けの修正をなし，ソフトパワーを打ち出す必要があった。

　③オフィス勤めの女性がテイクアウトする場合が多いので，店舗を小型化した。イートイン・スペースを広く有する店舗を減らすことで，出店費の削減にもつながった。

　ほかにも，こうした現地仕様の例は豊富にある。日本では花王の洗剤「アタック」は洗濯機用に用いられることが前提であるが，タイやインドネシアで

は手洗いの生活習慣があるので，手洗い用の粉末洗剤として「アタック」の派生商品「アタック イージー」が販売されている。特にインドネシアは，汚れの落ちにくいカルシウムを多く含む硬水なので，それに対応した洗濯洗剤として 2014 年から「アタック ジャズワン」を販売している。

　また，ヤクルトはインドにおいてダノンとの合弁会社を設立して，2007 年から市場開拓をしている。インドでヤクルトは健康志向の中流層向けに向けて比較的高価な飲料として販売される。街頭販売されるチャイ（ミルクティー）1 杯が 4～5 ルピー（進出当初のレートで約 12～14 円）するのに，ヤクルトは 1 本わずか 65 ミリリットルしかないのに，その倍の 10 ルピーで販売した。

　この価格設定が現地で受け入れられるには，ヤクルトは単なる飲料ではなく，日本で特定保健用食品（特保）となっているように，機能性を持った飲み物だとみなされる必要がある。2017 年ではボリウッド（ボンベイでは映画制作が盛んなので，ハリウッドをもじってボリウッドと呼ばれる）女優をブランド・アンバサダーに起用した宣伝を行うことなどによって，市場の教育を進めている。

　一方，ヤクルトはブラジルでは「マラクジャ」という豆乳も販売する。パッションフルーツやリンゴジュースを混ぜることで，豆腐を食べない文化にも，健康志向を背景に，現地の生活物語に役立つような商品を提供している。

　他方で，市場の教育が失敗する場合もある。1990 年代後半にケロッグがインドに進出したとき，似たような商品はあったが，直接的な競合相手はまだ存在しておらず，未開拓の市場であるとケロッグはとらえた。しかし実際には，インドの食文化にケロッグは適したものではなく，そのための現地仕様も難しいものだった。というのもインドでは，朝食には温野菜を食べるのが一般的であり，コーンフレークなどのシリアルを食べる習慣はなかったのである。

　さらには，商品価格を類似品よりも 33％も高く設定したことで，購買層は都市中心部や富裕層だけに限られてしまい，ボリュームゾーンである中間層がなかなか買えないことが，インド市場での普及を妨げてしまった。当時，インドの人口は 9 億 5,000 万人であり，中間所得層は 2 億 5,000 万人であった。そこに提供できない限り，市場での定着は果たせないのである。

　視点を変えると，キユーピーのキユーピー人形（アメリカのイラストレーター，

ローズ・オニールが考案し、マヨネーズが販売された1925年から使用されているシンボルマーク）は、イスラム教徒の多いマレーシアとインドネシアでは、背中の羽を失くし、全身ではなく顔と手だけのものに変更されている。これは偶像崇拝が禁じられているためと、天使と受け取られると問題になる恐れがあるゆえの修正である。

以上に見てきたようなグローバル化とローカル化の両立は、コマツのダントツ経営を主導してきた坂根正弘が、囲碁の世界で用いられる「着眼大局、着手小局」がトップの仕事だと示すことと重なり合う。着眼大局とは、現状を把握して、仮説を立てて将来のビジョンをわかりやすくすることである。着手小局とは、何を犠牲にするかなどの具体策を立てていくことである。このように、グローバルに見て（視野は大きく）、ローカルに動くこと（行動は小さく）が国際経営では大事である。

特に着手小局に関しては、マッキンゼーが『マッキンゼー式 最強の成長戦略』(2009)で「グラニュラリティー（granularity：粒状であること）」と表現していることと異口ながら同義である。国から県・市・町への分類では構成要素が次第に増えるので、国と町では町のほうがグラニュラー（granular）、つまり粒が細かいということになる。国外市場への進出では、こうしたグラニュラーのレベルで対応しないと、開園当初のユーロ・ディズニーのように異文化から手厚く反発されてしまう。

これらの点も踏まえて、本章で述べてきたことをまとめると次のようになる。こちらが従ってほしい手順（ルール）については、市場の教育を通じて現地にそれを受け入れさせながらも、細部においては現地の嗜好や仕様に寄せていき（宗教上の理由にも十分に配慮しつつ）、ソフトパワーを通じてそれを取り込ませる。

このように、グローバル化とローカル化を絶妙なバランス加減で展開していくことを「グローカル化」と呼ぶ。

> 本章を深く学ぶための参考文献

ジョセフ・S.ナイ Jr.・ジョン・D.ドナヒュー編著，嶋本恵美訳『グローバル化で世界はどう変わるか　ガバナンスへの挑戦と展望』英治出版　2004年

ジョン・トムリンソン著，片岡信訳『グローバリゼーション　文化帝国主義を超えて』青土社　2000年

トーマス・フリードマン著，東江一紀・服部清美訳『レクサスとオリーブの木（上）（下）』草思社　2000年

ジェームズ・ワトソン編著，前川啓治・竹内惠行・岡部曜子訳『マクドナルドはグローバルか　東アジアのファーストフード』新曜社　2003年

● **本章を身近に感じるためのエクササイズ**

1．あなたが「ソフトパワー」を感じる外国製品・サービスを挙げてみましょう。また，それのどこに魅力を感じるのかを考えてみましょう。

2．「レクサスとオリーブの木」のように，日本にとって「先進性」と「普遍性」で対比できるものは何であるか，いくつか挙げてみましょう。たとえば「コカ・コーラと緑茶」「マクドナルドとおにぎり」「iPhoneと桜」「K-POPと演歌」といったように色々と対比すると，文化の変わる部分と変わらない部分が見えてきます。

3．身の回りにある商品やサービスの中で「市場の教育」に成功しているものには何があるか，いくつか挙げてみましょう。また，それらの市場の教育の仕方について考えてみましょう。

第3章 ロングホーン企業のローカル化
―ホンダを事例として―

○**本章を理解するためのキーワード**
ロングホーン企業，ホスト地域型，現地資本主義，アソシエーツ

1．ロングホーン企業の特性

(1) 国境を越えるという意識

　前章で取り上げたフリードマンの『レクサスとオリーブの木』(2000) は，先進性と普遍性という独特かつ鮮やかな区分を提示しているが，もう1つ「なるほど」と思える表現がある。

　それはFDIで成長するタイプの企業を「ロングホーン (long horn) 種」とし，ITで成長するタイプの企業を「ショートホーン (short horn) 種」とするとらえ方である。これは国際経営を論じる上で，説明しやすい線引きとなる。

　本書第9章でベスト・グローバル・ブランドのランキングを取り上げるが，そこには活動内容も設立年もバラバラなブランドが混在してランクインしている。ブランドランキングのチャートを競い合っているわけだが，たとえばトヨタとグーグルを同じ切り口でとらえるのは難しい。グーグルも最近では，親会社のアルファベットが「ウェイモ」という自動運転の研究開発部門を持っているので，いまやトヨタのライバルだろうという見方もある。

　しかし，まずは歴史的観点から，ロングホーン種とショートホーン種を分けてとらえ，正しく理解をした上で現状を論じる必要がある。そこで本章と次章では，ロングホーン種はロングホーン企業，ショートホーン種はショートホーン企業と便宜上表現して，これら2タイプの企業の特性について検討してみよ

う。

　まず、双方を比較すると、ショートホーン企業に比べてロングホーン企業は、海外に販売会社や工場などを建設し、販売員や組立員、事務員などを採用する。つまり他国の土地に目に見える物を構え、国籍の異なる者を雇わなければならない。2つのモノ（物と者）の国際化は、かなりの時間を必要とする進出となる。ロングホーン企業の代表例にはトヨタやホンダなどの自動車企業が挙がる。

　それに比べてショートホーン企業のビジネスの主戦場は、インターネット上にある。グーグルやアマゾン、最近ではウーバーやエアービーアンドビーなどがこれに当てはまる。近年にアマゾンはリアル店舗にも進出し始めている。書店は「アマゾン・ブックス」小売店は「アマゾン・ゴー」である。後者はAI（artificial intelligence：人工知能）とビデオカメラを使って、客が商品を入れたカートの中身を確認し、その客のアマゾンアカウントから自動的に課金する。つまり、財布もレジもいらない無人店舗である。

　とはいえ、まだこのサービスは緒に就いたばかりで、アマゾンのビジネスの基本は圧倒的にネット通販にあるので、ショートホーン企業と呼べる。ロングホーン企業との違いで強調したいのは、そうした活動内容ではない。「国境を越えるという意識」についてである。その意識はロングホーン企業のほうが強いということを指摘したい。

　ロングホーン企業はFDIを通じた企業成長を採る。FDIは、先に述べたような工場や店舗の建設、人件費など実際に経営するために必要な資金を親会社が現地に投じるものである。いわば、実家から下宿生への仕送りのようなもので、無駄使いはできない。

　しかし、国境を越える営利活動のため、前章で見たユーロ・ディズニーのように、海外での事業運営は多くの困難を伴う。その結果、企業のホーン（角）は傷だらけながらも鍛え上げられる。苦労して角を長くした分、容易にはその国から撤退できないような根っこもしっかりと生えている。

（2）ホスト地域型としてのホンダ

　本章で事例とするホンダは，ラグマンが The Regional Multinationals（2005）で「グローバル500（フォーチュン誌が毎年公表する世界企業の総収入トップ500）」の2001年度にランキングした500社を世界三大市場の売上げ比率から分類をしたところ「ホスト地域型」というものに入った。

　世界三大市場というのは，北米・欧州・アジアの3地域のことである。企業が国際展開する際に，まず進出するのが当然と見なされる市場である。しかし，大半の企業が実際には自国の地域で最も売上げがあるという偏った比率を示した。たとえばギャップは，北米市場だけで全体の売上げのうちの86.9％を占め，ディズニーも同じく83.0％を占めていた。

　このことから，ほとんどの企業はグローバルビジネスではなく，局地的ビジネスを行っているに過ぎないと指摘される中で，ホンダは自国地域（アジア）以外の地域での売上げが，全体の売上げの50％以上を示していた。その地域こそが北米である。このとき，ラグマンによって示された数値を見ると，ホンダの北米での売上げは全体の53.9％，アジアでは26.9％，欧州で8.1％だった。

　このように，自国地域以外の地域での売上げが50％以上ある企業は，500社中11社，つまり500社のうちの2.2％に過ぎない稀少な存在であった。さらには，11社のうち，サービス業が8社で，ホンダのような製造業はわずか3社だった。サービス業よりも製造業のほうが，他地域で販売活動を定着させるには地道さが求められる。

　同じホスト地域型で，ホンダのようにアジア地域の企業が北米で50％以上の売上げがあった企業は，もう1社あった。それはオーストラリアのメディア会社，ニューズ社である。イギリスのタイムズ誌を傘下に持ち，2013年に分社化したけれどもラグマンがデータ分析した当時には20世紀フォックスというアメリカの映画会社も有していた。20世紀フォックスが傘下にあったニューズ社の北米での売上げは全体の75.0％，欧州では16.0％，アジアで9.0％だった。

　ニューズ社の場合は，他国メディアの買収を行うことで，比較的容易にほかの地域での売上げを伸ばすことができる。実際，2007年にはウォール・スト

リート・ジャーナルを傘下に収めている。しかしホンダは，北米で大きな企業買収を行うわけでもなく，自力で製造・販売をなすことでホスト地域型となった。

入山章栄が『ビジネススクールでは学べない世界最先端の経営学』(2015) で行っている，2014年のデータを用いた後追い調査でも，ホンダは北米で全体の49%を売上げており，ホスト地域型の企業の特性をほぼ保っていた。ホスト地域型となるには，ホンダが北米という異文化に受け入れられていることが前提となる。

以下では，こうしたホンダのアメリカでの取り組みを探ることで，ロングホーン企業のローカル化についてとらえてみよう。

2．ホンダのアメリカ進出におけるローカル化

(1) あくなき成長の追求

1950年代，日本でのオートバイ市場はトーハツがトップのシェアを有していた。そこにホンダが1950年代末に市場の需要の50%も上回る増産を行って，そのシェアを奪った。アベグレンとストークの『カイシャ』(1990) では，このホンダの姿を「あくなき成長の追求 (strong bias toward growth)」の例として挙げた。ホンダがオートバイという当時の成長産業にうまく対応したことが，そのようにみなされたのである。

1950年代後半でのオートバイは，日本のモータリゼーションを促すものであり，成長市場にあった。そこにホンダは，よりデザイン性の高いオートバイをつくり出して，さらにそれがトーハツの優位に立つようなマーケティング戦略を打ち立てることで，日本のオートバイ市場を制していった。

当時，日本のオートバイ業界は外国からのオートバイの輸入を規制しようとしていた。しかし，本田宗一郎は「規制なんてとんでもない。オートバイを輸入すればいい。輸入して外国製品と競争していくと，日本のオートバイ・メーカーがちゃんとしたものをつくれるようになる」と主張した。

その結果，当時300社近くあった日本のオートバイ・メーカーはわずか4社

（ホンダ，カワサキ，ヤマハ，スズキ）に減ってしまったが，その中でホンダは切磋琢磨して，確かな競争力を身につけていった。

　ホンダの勢いは日本だけに留まらなかった。アメリカ市場の開拓においても，あくなき成長の追求がなされた。未来の市場をつくり出すために，現地の顧客ニーズやトレンドをつかむことで，競合他社を大きく引き離した。

　イギリス政府は，ホンダがアメリカのオートバイ市場でイギリスのメーカーを大いに凌いだ理由を知るために，ボストン・コンサルティング・グループ（以下BCGと称す）に調査を依頼するほどだった。当時，ヨーロッパでは主な交通手段や運搬がオートバイであり，イギリスやドイツ，フランス，イタリアは自国ニーズを自国メーカーで対応できる「オートバイ供給国」だったので，ホンダの躍進には目を見張るものがあった。

　BCGの報告書となる *The Strategy Alternatives for the British Motorcycle Industry*（1975）では「資本集約型で高度にオートメーション化した技術を駆使することで，車種ごとの大量生産・大量販売が可能になる」と示された。そうした技術ベースの量産と量販に基づき，ホンダはアメリカのオートバイ市場を制していったのである。

　ホンダがロサンゼルスのウエストピコに，本社から100％出資によるアメリカの販売会社，アメリカン・ホンダ・モーター（以下アメホンと称す）を設立したのは1959年だった。アメホンが販売した「スーパーカブC100」は1959年9月〜12月の総販売台数175台のうち115台も占めたことから，1960年からはスーパーカブ（商標登録の関係で「ホンダ50」となった小型モーターサイクル）を販売するためのネットワークが新規に築かれた。

　広告面では1964年に"Nicest Peopleキャンペーン"が展開された。"You meet the nicest people on a Honda：ホンダに乗る人はイカした人だ"と謳い，従来のオートバイの宣伝媒体である業界紙ではなく，ライフ誌などの一般誌に広告を掲載した。

　このキャンペーンは，単に商品そのものを売り込むのではなく，その商品が使われている生活の豊かさという部分にアピールしたものだった。今でこそ「モノ（製品）」消費から「コト（イベント）」消費といわれるが，ホンダは，そ

の遥か昔から「コト」を重視していた。

　販売面では，通常なら修理工場が併設するディーラー店で取り扱うところ，スーパーカブは，それまでのオートバイの流通ルートにはなかったスーパーマーケットやスポーツ用品店でも取り扱われた。直営店舗の中には，スーツにネクタイを締めた店員が接客するところもあった。

　このように，まだどこも行っていないような活動をすることによって，スーパーカブのソフトパワーは浸透し，ハーレーダビッドソンとは異なる客層である若い女性も取り込むことができた。女子学生が通学に使う乗り物として受け入れられたのである。

　こうしたアメリカでの新規顧客の創造は，ホンダの社是である「わたしたちは，地球的視野に立ち，世界中の顧客の満足のために，質の高い商品を適正な価格で供給することに全力を尽くす」を地で行くものであった。

　顧客の満足は技術者の独りよがりでは得られない。良い技術で作られた良い性能を持った製品で満足させない限り，市場は開拓できない。実際に，そうした技術と性能を兼ね備えたスーパーカブは，アメリカ市場で新しいライフスタイルを提案し，多くの賛同を得たのである。

　グラントは *Contemporary Strategy Analysis*（Fourth Edition 2002）で，こうしたホンダの成功はエンジンの開発と製造能力に基づく資源ベース戦略からもたらされたととらえる。つまり，外部環境を分析して自社のポジションを決めるのではなく，他社は持ち得ない，自社内部で築いた独自の技術を中心に据えて，モビリティー（移動手段としての乗り物）に関して，あくなき成長を求めていったというわけである。

　こうしたあくなき成長の追求は，ホンダが民間航空機に新規参入を果たしたという世界の航空史から見ても稀有な例を見せたことにも通じる。さらには，搭載する双発のターボファンエンジンも自前で開発している。機体もジェットエンジンも，すべてまるごと自社で開発し，生産するメーカーはほかに存在しない。この点にホンダの独創性がある。

　創業以来，パーソナル・モビリティーの会社であり続けるために「本田自動車」ではなく，あくまで「本田技研工業」として技術研究にこだわってきたこ

とが，ホンダジェットの誕生につながっている。外部からは意外だと思われることだが，ホンダ自らにとってみれば，小型ビジネスジェット機への参入は，至って自然な流れだったのである。

具体的には，エンジンの開発および生産を担う「ホンダ エアロ インク」を2004年に，そして航空機の機体の開発・製造・販売を行う「ホンダ エアクラフト カンパニー」を2006年に，いずれもホンダが100％出資する子会社としてアメリカに設立した。

機体とエンジンを自社開発していることで，航空機設計における複雑な空気圧（エンジンが主翼などと近接する場合，互いの回りの空気流に干渉が起こり，抵抗が生じやすくなること）が，全体として最良となるような圧力分布が考え抜かれ，ホンダジェット最大のセールスポイントである，主翼の上にエンジンを搭載するというデザインが実現された。

（2）先手必勝のサイクルとホンダ効果

ホンダがオートバイ市場をグローバル化できた理由について，ポーターは『競争戦略論Ⅱ』(1999)で，中流階級のアメリカ人にバイクに乗る面白さを感じさせた点にあると指摘する。具体的には，次の3つのステップによって，市場での地位を確実なものとし，競合他社に差を付けていった。

①広告やプロモーション活動，流通ネットワークへの大規模投資…市場の嗜好を自社製品の特性に有利になるように変えるとともに，アメリカやヨーロッパの競合製品には不利になるように変化させた。②ホンダ・ブランドに対するロイヤルティの定着…より高級な製品ラインへと顧客を誘導することで成長を維持した。③低コストの製造手法の確立…集中的な製造とロジスティックスによって規模の経済性を追求した。

ホンダは，こうした段階を通じた積極的な市場シェアの拡大によって，増益を続け，市場競争力を強めていった。製造とマーケティング，流通における規模の経済性を達成するとともに，競合他社の市場を小さなものにした。これをアベグレンとストークは「先手必勝のサイクル（winner's cycle）」と呼んだ。

また，パスカルは "Perspectives on Strategy : The Real Story Behind Honda's

Success" (*California Management Review* 1984) という論文の中で，別の成功要因を示した。ホンダは人や自社組織から多くのものを引き出しながら，柔軟に環境へ適応できるメカニズム（戦略的適応，適応へのこだわり）を有していると指摘し，それを「ホンダ効果（Honda effect）」と称した。

　一般に，日本企業が国際経営を行う場合，現地に権限が委譲されるとはいえ，最終的な意思決定をなすのは日本の本社である。しかし，ホンダは分権化された組織であり，各地が独立した意思決定権を持つ。それはホンダに「現場」に行くこと。「現物」を見ること。「現実」を知ることという三現主義の考え方があることによる。これがホンダの強みであり，まるで中小企業のように，すばやい対応ができるのである。

　ミンツバーグはBCGの報告書では，このようにホンダが三現主義に基づいて，アメリカで何かを学び取っていたという重要な期間を無視していると批判した。そうした学習を通じて「意図的戦略（intended strategies：当初実行しようとした戦略）」とはまったく別の流れから生じる「創発戦略（emergent strategy：時間の経過とともに生まれる戦略）」が当初の戦略に組み込まれる。ホンダの場合，それがホンダ効果をもたらしたのである。

　このように，先手必勝のサイクルが回り，ホンダ効果が発揮できるようになったのは，ひとえに本田宗一郎のタイミングを逃さないセンスの良さに求められる。そう指摘するのは，自動車メーカー（特にフォードと日産）の歴史的過程をとらえた『覇者の驕り』(1987) を著したハルバースタムである。

　その絶妙なタイミングのセンスは，ホンダが自動車業界に参入したとき（1962年）や，アメリカで自動車生産を開始したとき（1982年）にも確認できる。自動車業界への参入時に本田宗一郎は，こう語った。「もし，俺のチームがビジネスの分析なんてことをしていたのなら，絶対に自動車業界に参入するなんてしなかったよ。俺がやったのは世界有数の自動車メーカーの弱点を数え上げたことだけ。それが実にたくさん見つかった」。

　「人生は短い。スピードが必要だ」と言う本田宗一郎は，それならば，と実行に移した。時間を無駄に使わずに，直感を信じたゆえの参入だったのである。

（3）アソシエーツとのワイガヤ

　アメリカでの自動車生産の生産拠点となる工場はオハイオ州メアリーズビルに建てられたが，その決定がなされたのは1979年だった。このとき，アメリカの自動車産業は不振に陥り始めた時期であり，日本の自動車メーカーはアメリカでの工場建設を検討中の段階にあった。1978年にフォルクスワーゲンがペンシルバニア州に工場を建設したが，慣れた自国のドイツとは勝手が違うため，利益が出ずに，早々に閉鎖したほどである。

　そのような状況下でホンダは，先手必勝のサイクルとホンダ効果によって，アメリカでの自動車生産に着手し，成功を収めた。日本二輪車メーカーの中でホンダは，モーターサイクル市場への進出は遅めだった。四輪分野への参入も，日本自動車メーカー11社の中でもホンダは最後発であった。

　しかし，アメリカでの現地生産体制を敷いたことに関しては，日本自動車メーカーの中で最も早かった。しかも，進出先は自動車産業の激戦地・オハイオ州である。

　1985年にホンダは，アメリカでの自動車生産でアメリカン・モーターズを抜いて，ビッグ3（GM，フォード，クライスラー）に次ぐ第4位に入った。その2年後の1987年には，アメリカン・モーターズはクライスラーに買収された。

　そうしたホンダのアメリカでの現地生産は，1982年に「アコード」をラインオフし，後に「アキュラ」なども生産するようになったHAM（ホンダ・オブ・アメリカ・マニュファクチュアリング）が担った。HAMは，ホンダにとって，さらには日本自動車メーカーにとっても，初めての現地生産の会社だった。

　当初，本社の本田技研工業がHAMに出資したのは，わずか2.93％だった。残りの97.07％は，すでに設立していた販売会社のアメホンが出資した。言い換えると，円での出資よりもドルでの出資を圧倒的に多くすることで「日本色」をきわめて薄くして「アメリカ色」を濃く打ち出すという現地資本主義を採ったということである。

　こうした出資のあり方を象徴したのはHAMの事務所棟の前に立てられた3本のポールだった。そこには「アメリカの国旗」「オハイオの州旗」「HAMの社期」が掲げられた。アメリカの空に日本の国旗やホンダ本社の社旗をはため

かすようなことは決してしなかった。

　3つの旗は，現地主義で四輪車を生産することのアイコンのようなものだった。つまり，HAMは日本企業であるホンダが設立した「アメリカの会社」であることが，3つの旗（外側）と出資比率（内側）の双方で示されたのである。

　HAMでは日本国内と同じように，社員が自分のために働き，ものをつくる喜びを得ることのできる「ホンダ・ウェイ」が存在していた。ただし，それにはトップ・マネジャーが社員と理解し合うことが必要となる。

　当時，HAMの取締役副社長兼四輪工場長だったスコット・N・ウィットロックは，その時のトップ・マネジャーの入交昭一郎と頻繁に議論し合った。直接に対話することで，考え方の違いがどこにあるのかを知ることができる。さらには，その解決や新しい対応策をともに探っていけるようになる。

　これは，ホンダ特有の「ワイガヤ」という企業文化によるものである。つまり，みんなでワイワイガヤガヤと自由に話し合うことである。この手法が成功するには，次の4つのシンプル・ルールが守られる場合となる。

　①参加者全員が平等であり，誰でもアイデアを出せる。逆にアイデアを出さないことは良くない。②どのアイデアも，徹底的に議論し，有効か無効かを見極める。③アイデアが1人だけにでも共有されたら，それは個人のものではなく，ホンダのものになる。④最後には意思決定がされ，責任が生まれる。誰が何をいつまでにするかを正確に記したリストができる。このルールにのっとりながら，独創的なアイデアが抽出される。

　このような企業文化はHAMのあらゆる社員が同じ白い作業衣を着ていることや，社員食堂を1つだけにして，みんなが顔を合わせる場所を用意していることにも表れている。その中でも特に効果的なものは，社員の呼び方である。従業員（ワーカー）とは言わないで，アソシエーツ（associates：仲間）と呼んでいるのである。

　こうした一連の工夫によって，組織内の階層意識は薄められていき，よりフラットに情報が共有される。それがチームワークの強化につながり，さらにはアソシエーツのホンダへの忠誠心を高めることになる。社員が仕事を楽しんで行うことや，アイデアを出し合って会社に貢献することで，組織への求心力が

生まれるのである。

（4）あらゆる面でのアメリカ化

　HAMは，その後のホンダのグローバル戦略にとって非常に大事な役割を担うことが求められた。HAMが建設される時，ホンダはすでに世界に30数ヵ所の現地生産工場を持っていた。HAMはホンダにとって30何番目かの生産拠点となる。

　当時のホンダ・トップの河島喜好は，このHAMが未来のホンダの乗用車生産にとって重要な位置を占めることを見通していた。そこでHAMには，日本国内の5ヵ所の工場と，ベルギーの工場の次に設立された「7番目に重要な工場」という戦略的ポジションを与えた。

　1987年にはHAMが，その後の5年間で達成すべき目標を次の5つに定める「ファイブ・パーツ戦略」を採り，アメリカへのローカル化を推し進めた。①アメリカから日本を含めた外国に完成車を年間7万台輸出する。②現地調達率を75％に拡大する。③アメリカ市場への新モデル開発のR&D活動の増大と関連雇用を500人に拡大する。④エンジニアリング活動を拡大する。⑤自動車とエンジン生産能力を拡大する。

　このファイブ・パーツ戦略は実際にどうなったかというと，①の目標を通じて，ホンダはホスト地域型になる契機をつかんだ。②では，部品の現地調達率は1985年で約57％，1990年に75％，2000年には97％以上に達した。いわば，パーツのローカル化である。

　③〜⑤の拡大については，従業員数が1万人規模となり，1989年にはイーストリバティ工場（East Liberty Plant：ELP）が設立され，まずは「シビック」が生産され始めた。今では「エレメント」や「CR-V」なども生産されており，2015年には同工場の累計生産台数は500万台を達成した。

　1985年当時，ホンダ・ノースアメリカ社長だった茅野徹郎は，アメリカにおけるホンダが目指すところを次のように述べていた。

　「アメリカの一企業として認められるホンダを確立することである。そのためには"（R&Dを含む）製造のアメリカ化""資本のアメリカ化（利益をアメリカ

で再投資する)"そして"経営そのもののアメリカ化"を果たすことだ」。このようなアメリカ化を果たしていったことが、いまのホンダのローカル化を成立させ、さらにはホスト地域型となり、ロングホーン企業となりえた最大の理由である。

　ここまでの考察をまとめておこう。HAMを設立するにあたって、ホンダが現地との衝突（コンフリクト）を少なくすることに大きく貢献したものには、次の3点を挙げることができる。

　①ホンダ本社がきわめて低出資で操業したこと。つまり、アメホンというアメリカの会社が出資のほとんどを担うという現地資本主義による経営を行ったこと。

　②事務所棟の前に掲げる旗に日本やホンダ本社といった「日本色」を含めなかったこと。これにより、アンチ・ジャパニズム（日本が営利目的で自国の地を荒らし、利益を日本に持ち去っていると感じ、日本に嫌悪感を抱くこと）や、文化帝国主義に近い感情を現地に抱かせることはなかった。

　③従業員をワーカーとは呼ばず、アソシエーツと呼び、仲間意識を形成したこと。たとえばマクドナルドは社員をクルーと呼び、スターバックスはパートナーと呼び、ディズニーはキャストと呼ぶ。それは、社員は会社とともに成長していくための一番大切な経営資源と認識しているからである。

　世界で最も売れたビジネス書である『エクセレント・カンパニー』(1983)では「超優良企業」の共通した特徴を8つ示しているが、その中でも「人を通じての生産性向上」が最重要であるとされた。ホンダの事例は、それに説得力を増すものとなっている。

(5) 現地に名を根ざすということ

　アメリカでのホンダの成功の軌跡を追ったシュックの『ホンダ・ウェイ』(1989)では、ホンダがアメリカのユーザーの意見を聞き、そのテイストに合う自動車をつくることで、マーケットプレイスを満たしたことが描かれている。そして、そのように市場への対応を首尾良く行えたのは、現地の協力者との間でチームワークを吹き込める能力があり、その能力の活用がさらにチームワー

クを育む環境をつくり出したことが示されている。

　また，徹底した取材と膨大な資料に基づいてホンダを分析したロスフィーダーの『日本人の知らないHONDA』(2016)では，次のようなエピソードから始まる。

　1999年，ホンダはオハイオ州メアリーズビルに続いて，アメリカ南部に進出することを公表した。その場所は，アラバマ州東部のリンカーンという人口4,500人にも満たない小村だった。これは競合他社と比べると意外な選択だった。

　トヨタや日産，メルセデス，現代（ヒュンダイ）などはアメリカ南部では，豊富な労働者を獲得しやすく，出張してきた重役クラスのための高級ホテルやレストランのある大都市（テネシー州スマーナや，アラバマ州の中でもハンツビル，モンゴメリー，タスカルーサなど）に進出していたからである。

　しかし，ホンダは役員のために進出するのではないので，あえて都会の喧騒から離れて，人知れずひっそりと働くことができる場所を求めた。そこがリンカーンだった。

　その地に進出する際にホンダは，アラバマ州政府からの過剰な優遇策を求めなかった。アラバマ州ではそれ以前に，メルセデスに提供する資金に州の教育資金が充当され，その負担が公立学校に及び，仮設教室の小学校があるなどの悪影響を与えていることが問題視されていた。企業誘致をしたいがあまりに，州が大規模な優遇策を採ってしまったのである。

　そうした中，ホンダは土地購入と現地での従業員の雇用と訓練への支援，そして減税措置だけを中心に求めるという控えめな要求をなした。その結果，援助された資金額はメルセデスの60％（1億5,000万ドル）にとどまった。

　たとえば，中国で無印良品が現地バイヤーから引手数多なのは，無印良品の交渉の態度にあるとされる。つまり，条件を出してから2回目の交渉で決めるという一度出した条件は変えないし，後からふっかけることもしないのである。ここにホンダとの共通項を見て取れる。現地に対する謙虚さ，思慮深さである。

　現地から「あそこは欲深い会社だ」とか「傲慢な会社だ」などと思われてし

まうと，その土地で長期的な活動はおよそできない。「あの優遇策でも充分すぎるほどだった」というホンダ・オブ・マニュファクチャリング・オブ・アラバマのトム・ショープ社長の言葉には，ロングホーン企業になるための最も重要なエッセンスが込められている。

これらのこと以外にも，リンカーンへの進出においては，これぞホンダの独自性ということを周囲に知らしめる出来事が起こった。

2000年4月，広大な敷地を持つリンカーン工場の鍬入れ式で，当時の吉野浩行社長が「パワード・バイ・ホンダ」と記された自社製品の耕耘機で鍬入れをしようとした時のことだった。そのエンジンが始動しなかったのである。吉野社長が何度もスターターの紐を引っ張ったが，まったく反応しない。これからこの地で，自動車とともにそのエンジンを生産しようとしているのに，何とも皮肉的なことであった。

ここで社長がメンテナンス・スタッフを呼び，エンジンを直させるようなことになれば，一気にしらけるところである。ところが，吉野社長はしゃがみこんで，自ら耕耘機を調べ始めた。そして，2分とかからない頃にエンジンがかかったのである。

これは，会社のトップが自社技術に精通していることを如実に表しており，ロスフィーダーは，これをホンダの企業文化，つまり「ホンダをホンダたらしめている一風変わった特徴」を示すものだとみなす。

イギリスのジェームズ・ダイソンも，技術がわからない者が製品のデザインなんか到底できない。必要なのは，エンジンもわかり，デザインもわかるエンジニアリングデザインだという。それを踏まえると，エンジンのわかるトップだからこそ，ホンダをその技術が最も活用できる路へと誘導することができるのである。

第 3 章　ロングホーン企業のローカル化―ホンダを事例として―

> 本章を深く学ぶための参考文献

ジェフリー・ロスフィーダー著, 依田卓巳訳『日本人の知らない HONDA』海と月社　2016年

出水力『オートバイ・乗用車産業経営史　ホンダにみる企業発展のダイナミズム』日本経済評論社　2002 年

ロバート・シュック著, 崎谷哲夫訳『ホンダ・ウェイ　文化融合型の経営革新』ダイヤモンド社　1989 年

井出耕也『ホンダ伝』(ワック BUNKO) ワック　2002 年

● **本章を身近に感じるためのエクササイズ**

1. ホンダの創業者である本田宗一郎は，今でも経営学者が評伝を書いたり，研究対象にしたりしているほど魅力的な経営者です。また，本章で取り上げたように，これまでに多くの海外の研究者からもホンダは分析の対象にされてきました。そうした本田宗一郎に関する文献はたくさんあります。それらの著書を読むことを通じて，本田宗一郎の考え方（たとえば会社のモットーとした「三つの喜び」…創る喜び，売る喜び，買う喜びなど）に触れ，経営とは何であるのかについて学んでみましょう。
2. 本田宗一郎に関する文献を読むにつれて気づかされるのは，あるいは圧倒されるのは，本田宗一郎の人間性です。1 つだけエピソードを引くと，まだ輸出を始めたばかりの頃に，アメリカ人を接待していた。そのアメリカ人が間違って汲み取り式トイレに入れ歯を落としてしまった。本田宗一郎は，そのトイレからやっとの思いで入れ歯を探し出した。そして，綺麗に洗い，まず自分の口に入れて見せて「はい。大丈夫です」と，その入れ歯を相手に返したという。この時のアメリカ人が彼をどう思ったか，想像してみましょう。

第4章　ショートホーン企業の跳躍

○**本章を理解するためのキーワード**
ショートホーン企業，デジタル・ネイティブ・ビジネスモデル，ギフトエコノミー，プランＢ

1．第5の波に乗り，第5の権力を持ちつつあるビッグ5

（1）ニューモノポリーの形成

「神のなせし業」「ワトソン君，用事がある，ちょっと来てくれたまえ」。

これは何の言葉であるかというと，前者は1844年，サミュエル・モールスが発明した電報の最初のメッセージであり，後者は1876年，アレクサンダー・グラハム・ベルが発明した電話の最初の会話である。その後，双方向の媒体は，1966年にチャーリー・クラインが発明したインターネットによって，飛躍的な発展を遂げた。

インターネットを通じて事業を行う企業（インターネット・ベース・ビジネス）は，①バーチャル・コミュニティ（複数企業の知識のプラットフォームを創り出す）。②取引コストの劇的な減少（企業どうしが探り合うための費用がなくなる）。③情報の非対称性の有益な利用（ネットワークの外部性から情報を獲得できる）。④付加価値を持つ市場創造のプロセス（信頼を得ることで市場を創り出せる）といった新たな価値を生むことで，目覚ましい成長を遂げた。

こうした躍進企業が続出したことで21世紀初頭には，ニューエコノミーの到来と呼ばれた。つまり，インターネットによる新しい経済体制が生まれ，情報の生産を増やせば増やすほど利益率が上がるという収穫逓増の時代が訪れたのである。その後ITの熱狂的ブームは収まりを見せたが，現在においても存続し続けている企業にこそITで成長するショートホーン企業の特質を見ることができる。

たとえば2017年5月下旬時点での世界企業の株式時価総額の上位の顔触れを見てみよう。1位がアップル（8,000億ドル：88兆円）2位がアルファベット（グーグルの親会社, 6,800億ドル：74.8兆円）3位がマイクロソフト（5,400億ドル：59.4兆円）4位がアマゾン（4,700億ドル：51.7兆円）5位がフェイスブック（4,400億ドル：48.4兆円）と，ショートホーン企業勢の躍進が目立つランキングとなっている。ロングホーン企業の代表格であるトヨタをもってしても，その総額はフェイスブックの4割に留まるほどである。

　時価総額トップのアップルの2017年4月～6月期の純利益を見ても，昨年同期比12％増の87億1,700万ドル（約9,600億円）であり，売上高も同7％増の454億800万ドルと好調である。

　アップルをはじめとする時価総額の上位5社は，過去200年間におけるイノベーションの長波のうち「第5の波」を制度的に活用することで，その地位を確固たるものとした。「第5の波」とはITが原動力となった1980年～2000年代を示す。これは，ムーディとノグレーディーの『第6の波』（2011）でのとらえ方である。

　そこでは，第1の波（1780年代～1848年）での綿・鉄・水力，第2の波（1848年～1895年）での鉄道・蒸気機関・機械化，第3の波（1895年～1940年）での重工業・電化，第4の波（1941年～1980年）での石油・自動車・大量生産と区分される。

　それに次ぐ第5の波にうまく乗った上記5社はIT企業（テック系企業）のビッグ5でもあり，ニューモノポリー（新たな寡占）と呼ばれる。その状態は，グーグルのシュミットらが言うように，第5の権力を生むことになる。つまり，国家権力の三権（立法・司法・行政）と，政府を監視する役割を担う20世紀型の報道機関（第4の権力）に続く権力である。

　確かにビッグデータといわれるように，現在においてデータは「デジタル時代の石油」とみなされるほど重要な資源となっている。そのデータをビッグ5が独占した状態にあり，それが磁場となって，世界中の投資マネーと人を引き寄せている。第5の波を捕らえ，第5の権力を持とうとするビッグ5は，現代において無敵に近いビジネスモデルを築いている。それは，デジタル時代に対

応したものなので，デジタル・ネイティブ・ビジネスモデルと呼べよう。

（2）デジタル時代を主導するスマート・クリエイティブ

　ビッグ5による新しい製品やサービスの開始は頻度が高く，注目度も高い。たとえばアマゾンは，ホールフーズを137億ドル（1.5兆円）で買収し，生鮮食品を取り扱う「アマゾン・フレッシュ」を行い出した。また，ボタンを押すだけで洗剤などの日用品が届く「アマゾン・ダッシュボタン」などの新規ビジネスを絶えず始めている。電子書籍端末ではアマゾンの「キンドル」か，アップルのiPadが2強である。会話型のAIスピーカーでは「アマゾン・エコー」が主導権を握り「グーグル・ホーム」がそれに続く。

　グーグルのシュミットとローゼンバーグは，このようにイノベーションを興すには，まず創造に必要な多様な要素が自由自在に，これまでにないユニークな形で衝突し合うような環境を生み出すことが必要であると述べる。それは「原始スープ（primordial soup：原始地球での初めての生命体であるアメーバを進化させ，生存競争に生き残るボードゲーム）」のようなものだという。つまり，そうしたプレーヤーにビッグ5は恵まれているのである。

　アメリカの大学生の人気就職先でも，ビッグ5の名が上位に挙がる。たとえば2016年に，ユニバーサムが調べたランキングでは，ビジネス分野専攻生の1位にグーグル，3位にアップル，9位にアマゾンが入る。エンジニアリング分野専攻生の2位にグーグル，7位にアップル，10位にマイクロソフトが入る。

　実際の採用に関してはどうかというと，たとえばグーグルは「スマート・クリエイティブ（自らの専門分野に関する深い知識を持ち，それを知性，ビジネス感覚やさまざまなクリエイティブな資質と組み合わせる人物）」という新種を求める。

　そのため，採用には，①情熱（何かに対して強い思い入れがあること）。②地頭の良さ（知力）。③学習を続けること（ラーニング・アニマルであること）を基準にする。①は職務に関連する知識，②は全般的な認知能力，③はリーダーシップに関するものである。ラーニング・アニマルとは大きな変化に立ち向かえて，それを楽しめる力を持つ者であること。それは，安全なメリーゴーラウンドではなく，動きの激しいジェットコースターを好むようなことである。

さらには「おもしろい」という意味での人格を重視する。それを試すことをLAX（Los Angeles International Airport：ロサンゼルス国際空港）テストと呼ぶ。LAXは一番不愉快な環境のたとえであり、そこで同僚と6時間足止めをくらったことが想定される。この予期せぬ時間で、ともに楽しく過ごせることができるかどうかを問うのである。

　この時、1人でタブレットを取り出したりするようならば、グーグルには必要ない人材だと見なす。これは「グーグラー（グーグルマン）らしさ」を測る4つ目の項目である。

　そして、入社後にも「70・20・10」の資源配分のルールにより、それらの才能が充分に発揮される。グーグルでは、エンジニアリング・リソースの70％をコア・ビジネスの強化に使い、残りの20％を成長プロダクトに、10％を新規プロジェクトに充てている。

　基本事業以外に30％の資源を用いることができるので、社員はさまざまなアイデア（fringe idea）を試せる。それが「グーグルアース（バーチャル地球儀ソフト）」などを生み出している。時には「グーグルグラス（拡張現実ウェラブルコンピュータ）」のように一般消費者まで届かないアイデアもあるが、トライ＆エラーも最大の学習となっている。

（3）中国市場進出での障害

　ビッグ5に代表されるように、現代において勢いのあるショートホーン企業は「成長」という言葉よりも「グロース」という言葉を用いることが多い。技術を用いて爆発的に成長するという意味をグロースに含めるからである。

　一般に、企業の成長は各種数値（売上高、利益率など）を量で測ることと、現地とうまく折り合いが付くようになったなどの質的な側面を含める。グロースには、利用者数や閲覧数といった量的な伸びだけで判断する意味合いが強い。

　ロングホーン企業と比べて、ショートホーン企業のプロダクトでのローカル化は現地の言葉に翻訳する程度で、基本的なフォーマットはグローバル化して展開できるという強みがある。ローカル化で苦労することが少ない分、国境を越える意識も薄く、比較的容易に世界中の国境を越えてローンチ（launch：新商

品やサービスを世に送り出すこと）できる。

　しかしながら，ショートホーン企業のデジタル・ネイティブ・ビジネスモデルがたやすく定着できない，つまりはオリーブの木の存在が大きな国もある。その最たるは中国である。

　たとえば，グーグルは2006年に中国に進出し，3年ほどで中国市場でのシェアを現地事業者の百度（バイドゥ）に次ぐ30％以上にまで伸ばした。しかし，その際に中国政府の望まない情報（民主化や少数民族問題など）は非表示にするという自主検閲に応じていた。天安門事件は検索しても出てこないと，当時にいわれていた。

　そうした中，2010年に中国政府からのさらなる厳しい検閲がかかり，中国国内からとみられるハッカー攻撃をGメールが受けたことで，中国市場からの撤退を決めた。検閲に従うのは，グーグルが中国に対して示したローカル化であったが「誰でも何でも検索できる」という，そもそものグーグルの志である"Don't be evil（邪悪になるな）"に反するため，わずか4年で中国版サイトは終了した。これは，制度的な障害（administrative obstacle）である。

　他にも，たとえばグーグルがロシアに進出した際には，まず文化的な障害（cultural obstacle）として，ロシア語の難しさがあった。名詞の性が3種類，格が6種類あり，動詞には例外的な活用が多く，単語の意味が変わることもある。このことで検索しにくくなる。したがって，地元企業のヤンデックスなどに対する優位性が出せなくなる。

　そして，地理的な障害（geographical obstacle）もある。ロシアではオフィスの存在が重要とされ，現地にオフィスを設立して，現地でエンジニアの採用が求められた。また，経済的な障害（economic obstacle）として，ロシアでの資金決済のインフラ未整備という問題に直面した。クレジットカードでのオンライン支払いではなく，銀行で支払わなければならないため，手間がかかり，競争不利な状態になってしまう。

　国境を越える意識が薄いショートホーン企業とはいえ，異文化の壁はやはり厚いものである。特に中国はホンダも20世紀末から，日本自動車メーカーの中で一番早く現地生産を広州ホンダで行っているが，創業3年目にしてやっと

黒字に転換するなど，難攻不落の市場である。

2．グーグルに見るデジタル・ネイティブ・ビジネスモデル

（1）ギフトエコノミーの時代

　デジタル時代では，ユーザーからの信頼が世界各国の通貨と同じくらいの価値を持つ。そこにおいて企業が成功を続けるには，プロダクトの優位性を持続させることである。

　グーグルでは，そのためのプライム・ディレクティブ・ルール（最重要事項）を「ユーザーに焦点を絞ること」とする。グーグルの創業者であるラリー・ペイジとセルゲイ・ブリンがIPO（Initial Public Offering：新規公開株）に際して「エンドユーザーに役立つことは，私たちの活動の中心であり，今後もナンバーワン・プライオリティであり続ける」と述べた。

　また，グーグルは"To provide access to the world's information in one click"というビジョンを有する。ここで注目すべきは10ワードしかないことである。このハイ・コンセプトに感銘したのが，セコイアキャピタルの投資家たちであり，グーグル創設のための資金提供の決め手となった。グーグルに続く起業家たちにも，自社ビジョンを10ワード以内で表現することを求めたほどである。

　そうしたグーグルのデジタル・ネイティブ・ビジネスモデル（デジタル時代に対応した利益の得方）は，アンダーソンの『フリー』（2009）では，無料経済（フリーエコノミクス）によって築かれたものだとされる。フリーには自由と無料の両方の意味があるが，その語源はフレンド（友人）と同じで，古英語の"freon" "freogan"（自由，愛）にある。これはつまり，親愛なる者であるので，無料で提供するということを示している。この意味で，無料経済は贈与経済（ギフトエコノミー）と等しいものとなる。

　グーグルの検索は，誰でもお金をかけないで行える。グーグルを使用した料金がユーザーに請求されることはない。スポンサー企業から広告料をもらっているのである。これは，民法テレビ局が視聴者から受信料を取らずに，スポン

サー収入で賄っている形式に似ている。ユーザーはお金を払わない代わりに，スポンサーの広告を見るという仕組みである。その仕組みにおいて，ユーザーの得たかった情報は，雲（クラウド）の上から誰かはわからないがタダで放り込んでくれる。

このような取引のあり方は，お代を払って品物と交換する貨幣市場とは異なる。無料経済・贈与経済では，グーグルがユーザーに無料で情報を与え，ユーザーはグーグルに注目や評判を与える関係にある市場が形成される。これは非貨幣市場と呼ばれ，ビッグ5の中ではグーグルとフェイスブックが非貨幣市場で，デジタル・ネイティブ・ビジネスモデルを構築している。

（2）非貨幣市場が成り立つ活動スペース

グーグルの競合相手となるフェイスブックは「世界をよりオープンにつなげる」ということをミッションに掲げ，グロース（ユーザー数の伸び）を得るための要因を次の3つに分けて考える。

ひとつは，プロダクトの北極星（注目すべき指標）としての月間アクティブユーザー数（MAU），デイリーアクティブユーザー数（DAU），そして月間アクティブユーザー数におけるデイリーアクティブユーザー数の割合（DAU/MAU）である。

またひとつは，ユーザーが初めてニュースフィード（フォローしているページの更新情報などを新着順に表示する機能）で友人の姿を見る瞬間というマジック・モーメント（最も重要となる瞬間）である。

いまひとつは，常に友人とつながっている感覚というコア・プロダクト・バリュー（プロダクトの利用価値）である。

フェイスブックは，こうしたグロースのさらなる追求のため，2010年にローンチして3年もたたないうちにインスタグラム（2017年4月に月間利用者数が7億人を超えた写真共有アプリ）を10億ドルで買収し，マルチ・アプリ戦略を採った。そうしたフェイスブックのグローバルビジネスマーケティング部門のディレクターを務めていたホフリンガーは，外部の世界とユーザーの間には，4つのメディア形態があると説明する。

1つ目は，スマートフォンやタブレット，パソコンなどのデバイス。2つ目は，携帯電話会社（キャリア）やケーブル会社などのパイプ。この2つは代替ができる。

　同じカテゴリー内の製品なら，デバイスはどれを用いても支障はない。iPhoneで見ても，アンドロイドで見ても，得られる情報は同じである。パイプも圧倒的に価格が違うか，つながりやすい場合には優位性が生じるが，日本のキャリアは未だにあの手この手を尽くしていて，顧客獲得競争に余念がない。フライトをJALにするかANAにするか，あるいはコスト・パフォーマンスをとってLCC（ローコスト・キャリア）にするかといった選択に近い。

　3つ目は，ソーシャルメディア上のコンテンツとして情報を配信する企業や団体であり，外部の世界と最も近い。ニューヨーク・タイムズやユーチューブ，ネットフリックスもここに入る。公的な人物（タレント，セレブ，政治家など）やユーザーの有人・知人の配信するものもこれに含まれる。これは，有料会員数やフォロワー数で差が付く。

　4つ目はコンテンツを見るレンズであり，ここが最も大きな違いを生んでいる。知りたいことが決まっている場合は，主にグーグルで検索をかける。知りたいことが決まっていない場合は，主にフェイスブックを閲覧する。1日の頻度では検索より閲覧の回数のほうが多い。このレンズこそが，非貨幣市場の成立する，ショートホーン企業特有の活動スペースなのである。

　そうした閲覧のレンズを提供するフェイスブックは2017年6月末時点での月間利用者数が20億600万人（前年比17％増）であり，毎日利用する者が13億2,500万人に及んでいた。

　そこでの動画や携帯端末向けの広告収入が好調であるため2017年4月〜6月期決算では，売上高が前年同期比45％増の93億2,100万ドル（約1兆300億円）で，純利益は71％増の38億9,400万ドルと，どちらも四半期で過去最高を記録した。売上高については日本円換算で1兆円を初めて超えた。

　フェイスブックの売上げのほとんどは広告事業（91億6,400万ドル）から得ており，そのうちモバイル広告は約87％を占めているので，まさしくSNS（Social Networking Service：交流サイト）時代に適合したデジタル・ネイティブ・

ビジネスモデルを築いている。

　ただし，このレンズでは，グーグルとフェイスブックでは考え方が違う。グーグルは，インターネットという誰にでも開けた世界で，何でも検索できることを当たり前とする。

　しかし，フェイスブック内のものはグーグル検索で引っかからない。申請登録をした者でないとアクセスできないからである。そこに検索と閲覧の違いがあるといえばそれまでだが，せっかくできた広大なインターネット空間に区切りを付けて，見ることのできる人・できない人の線引きをしてしまっていることで，フェイスブックとグーグルの競合意識は強いものとなっている。

（3）プランB到達で生まれたユーザー・ファースト

　ハメルは『経営の未来』(2008)で，グーグルのビジネスモデルは，わずか10年足らずで次のような5段階を経てきたと見なす。

①グーグル1.0…ウェブ検索エンジンの開発。まだ実質的な売上げはない。
②グーグル2.0…ヤフーなどの大手ポータルへの検索能力の販売。つまり，検索エンジンを他サイトにライセンス供与して売上げること。
③グーグル3.0…バナー広告を控え，アドワーズ（Adwords）の販売。インターネット広告スペース小売業者大手になりつつある。
④グーグル4.0…アドセンス（AdSense：グーグルの大規模な広告ネットワークに加盟するパブリッシャーのウェブサイトに，広告を配信するプロダクト。ウェブコンテンツにターゲット広告をリンクさせて，それら全てに広告収入を配分するもの）の開始。
⑤グーグル5.0…2017年には国際宇宙ステーションの内部も見ることができるようになった「グーグル・ストリート・ビュー」など新サービスの開始。

　このうち，アドワーズとは検索結果をもとにした広告（検索連動型広告）を提供することで，グーグルの主力広告プロダクトにして，収益の大半を稼ぎ出す広告エンジンである。このようにグーグル2.0からグーグル3.0への転換が，デジタル・ネイティブ・ビジネスモデルの成功を呼び寄せた。

　マリンズとコミサーの『プランB』(2011)では，こうした切り替えは「プランAから脱出・プランBへの到達」とみなされる。プランBとは，プランA

がうまく行かなかった時に考えておくもので、プランAと比べて想定外のことまで含めて練られているため、完成度はプランAよりも高いとされる。

そうしたプランBを採用することにより、グーグルは「最高の検索エンジンを提供する」という信念を曲げることなく、お金のあるところからお金を払わせる方法を見いだした。それが、クリックスルー広告（click-through ads）である。サイトの端に関連性の高いテキスト広告（スポンサーリンク）を表示し、ユーザーがその広告をクリックした回数だけ広告主はサイト管理者に広告料を支払い、それがサイトとグーグルで分配される。

こうしたプランBにたどり着いたのは1990年代末、グーグルが最高の検索サービスを実現するために、5つの指標を掲げ、それらを追求したからである。つまり、①スピード…遅いよりは速いほうが良いに決まっている。②正確性…検索結果の検索語に対する妥当性。③使いやすさ…高齢者でもグーグルを使いこなせるか？　④網羅性…インターネット全体を検索できているか？　⑤鮮度…検索結果には最新の情報が表示されるか？の5点である。

こうした検索プラットフォームへの集中が、ポータル化（幅広い興味やニーズに対応する多機能なメディアサイト）を目指したヤフーとの分岐点となった。ヤフーのポータル化とグーグルの単なるポータルとでは、スタンスが正反対である。

グーグルのトップページは、検索のための簡易な窓口しかなく、すばやく必要なサイトにたどり着けることができることが最大の売りになっている。それだけではなく、検索結果についても、ページランク（PageRank）というリンク・レーティングシステムを独自でつくり出し、重要なサイトから表示されるようにした。

これは、ペイジとブリンがネットに数学的関心を持って、世界中のwww（ワールド・ワイド・ウェブ）を自分のコンピュータにダウンロードしたいと考えたことによる。つまり、ネット上は日々膨張する巨大なグラフ構造と見なして、その分析に専念したのである。その結果として、グーグルは意志あるデータベース（database of intention：意志を持ち、考えるサーチエンジン）となった。

（4）グーグルとヤフー，アップルを分かつもの

　ヤフーは情報の提供もするが，自社サイトにできるだけ長く留まってもらい，ショッピングやオークションをしたり，メールをチェックしたりすることに時間とお金をかけてもらおうとしている。多種のポータルを用意して，ステイ・ロング型のデジタル・ネイティブ・ビジネスモデルを築いているのである。

　これは新聞や雑誌などの既存メディアの手法をネット上に置き換えたものである。だから，ユーザーには関心のないバナー広告やポップアップ広告がランダムに掲載される。「ヤフートピックス」では見出し 14 文字以内原則が採られ，クリックを促すような記事タイトルが人の手で考えられている。まさに新聞や雑誌媒体をネットで読んでいる形である。

　それに比してグーグルは，ユーザーが求めるウェブサイトに瞬時に到達させることを第一に考えた。いわばユーザー・ファースト型である。グーグルのトップページは，検索ポータル以外は真白である。唯一ロゴマークだけが遊び心で変わる程度である。このトップページに広告を出したい会社は数多いる。ネット上の地代が最も高い一等地だからである。

　しかし，グーグルは，それはユーザー・ファーストとは何の関係もないので，決してトップページに広告が貼られることはない。「知りたいことに 1 秒でも早く，このポータルから飛んで行ってほしい」という精神がトップページに現れている。

　付け加えていうと，これまでにグーグルとフェイスブックおよびヤフーとの相違点を挙げてきたが，アップルとも相違点がある。それは，システムがオープンであるか，クローズであるかである。

　グーグルは 2005 年にアンドロイドという小さなモバイル OS の会社を買収し，それをオープンソースとした。そうすることで，細分化されたモバイル OS の世界において，一気にスケールを得られると判断したからだった。結果，その通りになり，パソコンからのモバイル・シフトに際して，マイクロソフトのウィンドウズが対応端末に出遅れている間に，アンドロイドは跳躍的に普及した。

モバイルのプラットフォームは，検索との相性が非常に良い。スマートフォンですぐに何でも調べることができるというデジタル時代にうまく対応できた。その一方で，アップルはiPhoneのベースであるiOSをクローズにした。スケールよりもコントロールの維持を選んだのである。

また，無料経済・贈与経済という観点から見ると，スポンサーからお金を取るか，ユーザーからお金を取るかという違いもある。グーグルはすでに見てきたように，クリックスルー広告によってネット広告市場を創り出した。一方でアップルは，高額な端末機を購入させて，そこにアプリや楽曲・映像などを随時，課金制で取り込ませるという形を採る。

日本で数年前，ソーシャルゲームに夢中になった小学生が課金を続けた結果，翌月の請求代が何万円にもなったという問題が起こった。グーグルの「邪悪になるな」という志から見れば，それはユーザー・ファーストではないビジネスとなる。ビジネスのあり方が対立する両社なのでiPhoneには未だアンドロイドは搭載されていない。

しかし「邪悪になるな」というグーグルも，ロングホーン企業が文化帝国主義と批判されるように，グーグルの利便性が人々の学習行為の妨げになっているという指摘もある。パウンドストーンは『クラウド時代の思考術』(2017)で，瞬時にオンラインで見つけることができる情報は，脳内で「記憶の必要なし」と判断され，自動的に忘却されるという「グーグル効果」に注視する。

また，知識をデジタル・コモンズに外部委託すること（その場でスマートフォンなどを用いて調べること）で，自分が本当には何を知らないのかということに対して，まったくの無自覚になってしまうことへの恐れを示す。こうした無知から来る自己の過信は，それを研究した心理学者たちの名を取って「ダニング＝クルーガー効果」と呼ばれる。

これらの効果は，何の脈絡もない形で得た知識（トリビア的なものなど）は役に立たないため，つながりを持つ文脈的知識（contextual knowledge）をデジタル時代において，いかに得ていくかということへの警鐘を鳴らしている。

3．アマゾンに見るデジタル・ネイティブ・ビジネスモデル

（1）書籍販売での3Wの構築

　アマゾンを始めるに当たり，ジェフ・ベゾスは当時インターネットで販売可能な商品の上位5品目だった書籍，CD，ビデオテープ，コンピュータのハードウェアとソフトウェアについて徹底的に市場調査を行った。その結果，顧客がオンライン購入において選択の幅が広い書籍を取り扱うことを選んだ。その理由には創業当時，①書籍の小売市場が820億ドルに達していること。②書籍が安価であること。③書籍のタイトル数が世界で約300万に及ぶことであった。

　確かに書籍は取り扱いやすいものである。CDと比べて流通途中で破損する恐れはきわめて少ない。また，新しさを売りにしなくとも，古くても名著は売れるし，逆に稀少価値の付くものもある。最近では，法事での「お坊さんの派遣」などが話題になったほど，今では取り扱っていない商品はないといえるほど，商品の幅は非常に広くなっているが，最初は書籍の販売から始まった。

　その際に，アマゾンは次の3Wと呼べるデジタル・ネイティブ・ビジネスモデルを築くことで，目下のITブームの中で生き残る競争力を身につけた。

①ウェブサイト（Website）…顧客どうしでの書評の伝え合い。すでにそれを読んだ者による5つ星制度でのブックレビューは，書店で書籍を買う時にはない機能であり，購入時での参考にすることができる。

②ワークフロー（Workflow）…書籍検索エンジンでのサーチ・スピードの速さと，手元に届くまでのリーチタイムの速さ。探したい書籍がすぐに見つかり，"one-click-to-buy"としてネット上での決済もすみやかで，購入して受け取るまでの時間がきわめて短い。しかも送料無料の場合が多い。ただし日本では近年，こうしたサービスは物流業者へのしわ寄せが問題視され，見直しされ始めた。

③ウェアハウス（Warehouse）…その書籍を購入した者が一緒にどのような書籍も買ったかを知らせる。また，過去の検索履歴から関連したお薦めを提

示するレコメンド機能の設置。これにより，トップページには自身が好みそうなアイテムが並び，購入の促進につながる。

（2）ロングテール・ビジネス

アンダーソンの『ロングテール』(2004) では，ネット上で書籍や楽曲が売れる仕組みがわかりやすく説明された。これらの商品では，ベストセラーやベストヒットとなるものは数としては少ない。その代わり，本は少しずつ売れるものが圧倒的に多く，また，楽曲もスマッシュヒットがほとんどである。

統計学では，こうした売れ方を描く曲線を「ロングテールド・ディストリビューション（裾の長い分布：曲線のテールがヘッドに比べて長くなること）」と呼ぶ。アンダーソンが，これを単に「ロングテール」と称して，著書のタイトルとし，5年後 (2009年) にはアップデート版も出したことで，アップルの iTunes での楽曲販売やアマゾンの書籍販売などがロングテール・ビジネスに当てはまることへの理解が一気に広まった。

ロングテール・ビジネスには，次の3つのような特徴がある。①手に入る商品のテールは思ったよりずっと長い。これは多数性（abundance）という商品特性である。②経済的にテールの商品にも手が届くようになった。③全部足せばニッチは重要な市場になりうる。これは多様性（variety）という商品特性である。

実際に iTunes で購入される楽曲は，ダウンロードが少数の楽曲のほうが数的には多い。その連なりがロングテールを描き，巨大市場を形成する。アマゾンの書籍も同様である。アマゾンで最初に売れた本が『流動的概念と創造的類似：思考の基本メカニズムのコンピューターモデル』というマニアックな本であったことも，書籍の多数性を象徴している。

アンダーソンは，こうした商品特性を98％の法則と唱えた。つまり，ビッグヒットは全体の2％であり，後の98％はニッチおよびテール商品であるということである。日本でいうと，書籍では村上春樹やハリー・ポッターシリーズなどが書籍全体の売上げの2％であり，楽曲では AKB48 や EXILE などが楽曲全体の売上げの2％であり，その他の書籍や楽曲の総売上げが全体の98％

を占めるというわけである。

したがって，ロングテール・ビジネスを発展させるためには，①すべての商品が手に入るようにすること（Make everything available.）。②欲しい商品を見つける手助けをすること（Help me find it.）となる。2010年にiTunesでビートルズの楽曲が，また2013年にはサザンオールスターズの楽曲の購入ができるようになるなど，ロングテール・ビジネスは促進していった。

（3）「キンドル」で進めるメッシュ戦略

アマゾンは書籍を販売する過程において，書籍をデータで配信するほうが，在庫切れや配送遅延などの問題を解決できるとみなした。その端末機となる「キンドル」を自ら開発し，2007年から販売している。開発当初，人は書籍を読む経験において，膠（にかわ：接着剤）や白カビなど本特有の匂いを嗅ぎながら読書をしており，これが重要ではないかという仮説を立て「キンドル」にもそうした匂いを付けて試したことがある。

しかし，結果としては紙媒体を越えることはできないということになり，むしろ本の形跡を消すことのほうが良いと判断した。書籍の形を意識させないで，言葉や考えを追いかけていけるような読書経験を提供することが「キンドル」の役目だとしたのである。

これは，ジェフ・ベゾスの「キンドルはデバイス（装置）ではなく，サービスだ」という考えに沿うものだった。「キンドル」にはそれまでの読書経験ではなかったサービスを提供するために，通信モジュールを内蔵して，ワイヤレス接続機能を備えた。

そして「地球上で最大級の品揃え（Earth's Biggest Selection）」という「エブリシング・ストア」となるために，書籍のタイトルを大量に取り揃え，安価でそれらを買えるようにした。これにより，いつでもどこでも好きなコンテンツをダウンロードでき，わからない言葉があるとインターネットにつなげてすぐに調べることができるようになった。

2011年には「キンドルファイア」を発売し，動画のネット配信サービスも始めた。2015年からは日本でもプライム・ビデオのサービスが開始されてお

り，アップルやネットフリックスと凌ぎを削っている。

　ガンスキーは『メッシュ』(2011) で，このようなビジネスのあり方を「所有」から「共有」への移行ととらえる。つまり，ネットワークによる共有をベースにし，所有よりもアクセスを強調するビジネスである。それは，網の目のように張り巡らされたアクセス・デバイスによって多くの顧客を捕らえることで，同じ製品（映像や楽曲などのデータ）を何度も繰り返し販売する形式である。これはメッシュ戦略と呼ばれる。

本章を深く学ぶための参考文献

デビッド・ヴァイス，マーク・マルシード著，田村理香訳『Google 誕生　ガレージで生まれたサーチ・モンスター』イースト・プレス　2006 年

エリック・シュミット，ジョナサン・ローゼンバーグ，アラン・イーグル著，土方奈美訳『How Google Works　私たちの働き方とマネジメント』日本経済新聞出版社　2014 年

リチャード・ブラント著，井口耕二訳『ワンクリック　ジェフ・ベゾス率いる Amazon の隆盛』日経 BP 社　2012 年

ブラッド・ストーン著，井口耕二訳『ジェフ・ベゾス　果てなき野望　アマゾンを創った無敵の奇才経営者』日経 BP 社　2014 年

● 本章を身近に感じるためのエクササイズ

1．IT 企業のビッグ 5 に関しては，新商品・サービスが途切れることなく登場してきます。それらのトレンドをチェックし，日常生活にどのようにかかわってくるのか，その可能性について検討してみよう。

2．IT 企業のビッグ 5 以外にも，ラインやユーチューブ（グーグル傘下）など，日常生活において利用度の高いものがあります。また，エアービーアンドビーやウーバーなど，これからの発展が予想できるものもあります。それらの「デジタル・ネイティブ・ビジネスモデル」について調べてみましょう。

3．ロングホーン企業でもショートホーン企業でも定着が難しいのが，中国市場です。中国市場に進出して成功している会社を取り上げ，その成功要因は何かを探ってみましょう。

第5章　機会のある場所への進出と内なる国際化の促進

> ○**本章を理解するためのキーワード**
> 心地良い場所，機会のある場所，大企業病，内なる国際化

1．輸出・現地販売・現地生産による国際化

（1）多種多様な業界で進む国際化

　現在，多くの日本企業が国内だけでの活動にとどまらず，海外での活動を積極的に進めている。本書第3章では製造業の事例としてホンダを取り上げたので，ここでは製造業以外の国際展開の動向に目を向けてみよう。

　小売業について，日本のコンビニエンス・ストアは2017年7月時点で57,000店舗以上もあり，飽和状態のため，コンビニ各社は海外へとさらなる市場を求めて出店している。

　セブン-イレブンは2017年3月末現在で17ヵ国に62,243店舗を構える。日本に19,423店，海外に42,820店である。出店数が多い国は，タイ9,788店，韓国8,679店，アメリカ8,424店である。ファミリーマートは2017年6月末現在で8ヵ国に24,494店舗を構える。日本に17,964店，海外に6,530店である。出店数が多い国は，台湾3,106店，中国1,999店，タイ1,133店である。

　2社に共通しているのが，タイへの進出の多さである。これはアジア特有の屋台文化にコンビニが提供するホットフード（中華まん，おでんなど）が適合するからである。とりわけアジアでは共稼ぎが多く，夕食は夫婦揃って外食で済ませることが多い。つまり，テイクアウトよりもイートインのほうが現地に適しているので，日本の店舗レイアウトに比べて，店内で食事ができるスペース

を広く取るというローカル化を行っている。

　また，良品計画が展開する無印良品は，2016年度までに世界での店舗数が821店を数え，そのうち国内が418店，海外が403店と，ほぼ半々の割合までになっている。2016年にはサウジアラビアやインドなどにも進出し，売上高3,000億円のうち，1,000億円を海外市場から得ている。

　視点を転じて，吉本興業について見ても，国際経営への動きが見られる。台湾の衛星放送会社である東風衛星電視台との合弁で，現地に番組制作会社（吉本東風衛視）を設立して，総合エンタテインメントチャネルを運営するとともに，イベント運営やコンテンツ企画制作，マネジメント業務も行っている。

　現地に演出法やキャスティングの仕方，劇場運営の方法を教えるという形での「ノウハウの輸出」がなされているのである。これは中国，韓国，タイにおいても展開されている。また，テレビ制作については，2013年から朝日放送がベトナムHTV（ホーチミン市テレビ）に『新婚さんいらっしゃい』のフォーマットを販売していることも，ノウハウの輸出といえる。

　あるいは，日本文化（クールジャパン）の代表である「MANGA」も，国境を越えている。2001年に集英社は『週刊少年ジャンプ』の新旧人気作（「ドラゴンボール」や「遊戯王」など）を英訳した月刊誌『SHONEN JUMP』をアメリカで発行した。創刊号は当初の25万部に5万部を増刷するという人気を博した。この雑誌は，アメリカ人にとって2つの点で日本の漫画形式のグローバル化を受け入れることになった。

　ひとつは，英語圏では，英語の辞書やテキストのように，書物は左開きでページをめくる。しかし，この雑誌では日本の縦書きの台詞を英語に直しただけで，作品自体はオリジナルの流れを活かすために右開きのまま販売された。自動車で言えば左ハンドルに変えず，右ハンドルのまま販売したようなものである。

　いまひとつは，アメコミとの違いである。たとえば『スーパーマン』などの新作が発表されるときは，それだけが単品でホッチキスに綴じられて販売される。しかし，日本の漫画雑誌では複数作品が同時に掲載される。日本のように毎週あるいは毎月のペースで，複数作品が1つも原稿を落とさずに，足並みを

揃えて連載されるのは世界でも珍しい編集スタイルとされる。締め切り通りに描き続けられる作家が多くいるということが、日本漫画の独自性である。

　これら2点がアメリカ人にとってのソフトパワーとなり、大ヒットにつながった。2012年にはデジタル時代に対応して、月2回刊の電子書籍となった。2013年からは日本と同日に『週刊少年ジャンプ』に掲載される漫画の最新話が読めるようになり、さらにはカナダ、イギリスなど10ヵ国で配信されている。

　漫画に関しては、講談社が編集技術を活かして2012年から中国で、中高生向けの月刊少年漫画雑誌（頭漫画：チンマンホウ）を発行している。中国人の漫画家のオリジナル作品を掲載することで、現地での漫画家の育成にも努めている。

　漫画が国際化する一方で、教育費にかける割合の高いアジア各国を中心に、教育の輸出も進んでいる。代表的なところでは公文の公文式教室は世界50ヵ国で展開している。学研は科学実験教室を2012年からインドで、2014年からはベトナムで始めている。ベネッセは幼児向け講座を2006年から中国で始めており、2012年からは「こどもちゃれんじ」も始まっている。

　また、ミズノはベトナムに15,000ある公立小学校を対象として2012年から「ヘキサスロン」という小学生向けの体育プログラムを提供し始めている。手狭な場所でも安全な用具を用いて、児童が運動遊びを覚えられるという「体育の輸出」を展開している。

　たとえば、投げることを覚える「エアロケット」走ることと跳ぶことを覚える「マルチハードル」体全体を使って回すことを覚える「エアロディクス」などの用具を独自に開発している。ベトナムでは食生活の変化や運動場がない小学校が多く、肥満傾向の児童が多い。そこで、今までの体育での運動量を倍近くに増やすプログラムを提案して、運動不足を解消するというアプローチを採っている。

　このように、多種多様な業界が自社のやり方をグローバルに推し進めながらも、各国での違いに応じてローカル化もなすというグローカル経営を展開している。その事例は企業の数だけあり、枚挙に暇がないが、いまひとつユニーク

なものを挙げてみよう。

　日本で1970年代にアニメでも楽しまれてきた野球漫画に『巨人の星』がある。それが2012年にインドで『スーラジ ザ・ライジングスター』としてアニメ化された。作品内の濃い人間関係や格差などがインドで受け入れられやすいと判断されたからである。ただし，インドでは野球よりもクリケット（イギリス発祥のスポーツ。日本では横浜居留地内にクリケット場があったが，跡地は横浜スタジアムになっている）が親しまれているため，主人公の星飛雄馬はクリケット選手に変更された。

　また，作品内でのシーンで，2点ほど大きな修正が加えられた。1つは，飛雄馬の父・一徹がちゃぶ台をひっくり返すシーンである。日本ではアーケードゲームにもなっているほど有名であるが，これは食べ物を粗末にしないインドではNGとなるので，水の入ったグラスだけが乗ったテーブルをひっくり返すものに変えられた。

　もう1つは「大リーグボール養成ギブス」である。これを身に付けると拘束具に見え，児童虐待と受け取られかねないので，自転車の廃チューブを用いたものに変えられた。ほかにも一徹の飲酒や飛雄馬を殴るシーンも子ども向け番組の倫理規定に接触した。こういった変更点にこそ，異文化を学び知ることができる。

（2）キッコーマンの「飛び級」なき国際化

　和食には欠かせない調味料に「しょうゆ」がある。そうした和食の国である日本市場に対応していたキッコーマンは1990年代の中頃から国内市場の成熟にともない，本格的な成長の機会を海外へと求め始めた。

　この国際化の過程は，ヒルとジョーンズが編集した *Cases in Strategic Management*（Sixth Edition 2004）の中で "Kikkoman Corporation in the Mid-1990s：Market Maturity, Diversification, and Globalization" というケースにもなっている。

　日本のしょうゆ市場でのキッコーマンのシェアがピークだったのは1983年の33％だった。そこを頂点として1993年には28％，1994年では27.2％に下

がった。1994年から1995年の間には，海外での売上げはわずかに増えた一方で，国内での売上げは1％以上減少した。このことが海外市場に向かうことを後押しした。日本食への関心が高まり，しょうゆの利用機会が増えていた海外市場への進出をキッコーマンは本格的に始めたのである。

　キッコーマングループがしょうゆを生産する工場は現在，日本の他にアメリカと中国に2ヵ所ずつあり，さらには台湾，シンガポール，オランダにまで及び，世界三大市場を網羅する形になっている。販売面においても，1974年度から2016年度までの海外でのしょうゆ類販売量の平均伸び率は7.7％と右肩上がりの伸びを示している。

　キッコーマンのCEO（Chief Executive Officer：最高経営責任者）として同社の海外事業・国際戦略を率先した茂木友三郎は，①製品・商品を国内から輸出するのは高校生の段階。②海外で現地人を雇用して生産活動を行うのは大学生の段階。③海外で商品開発をして，新たに商品を世界に発信していくのは大学院の段階というたとえ方をする。

　高校から大学に進むとき，つまり輸出から海外での生産活動に移る際には，工場を作らなければならない。キッコーマンがアメリカに進出したときには，次のようなメリットとデメリットが存在した。

　メリットには，①輸出時の海上輸送コストが削減できること。②関税がなくなること。③原材料である大豆・小麦の供給地（アメリカ・カナダ）に近くなるので，輸送費が安くなることがあった。デメリットには，①陸上輸送コストがかかること。②設備投資がかかることがあった。

　双方を照らし合わせた上で，キッコーマンは，それでも国際化を目指して大学に進むことを決意した。この進学で持つべきダイナミズムな姿勢は，海外に活用できる経営資源が「ある」という発想ではなくて，海外の経営資源を活用できるように「する」という考えである。

　キッコーマンはアメリカで1957年という早期にしょうゆの販売を始め，1973年にはウィスコンシン州に工場を建設し，1998年にはカリフォルニア州に第2工場を構えた。いまでは海外での売上げや営業利益の割合が高くなっている。2017年3月期での売上高は海外で57％を占め，そのうち北米が75％も

占めている。また，営業利益も海外で72％を占め，そのうち北米で70％を占めている。

こうした結果は決して「飛び級」で大学院に進学したからではないと茂木友三郎は見なす。進出先に企業も社員も溶け込むというローカル化が必要であり，また，商品の普及活動が欠かせなく，さらには，日本とは違う組織体制を敷いて意思決定を迅速にすることが求められる。キッコーマンにとっても国際経営の過程は苦難にみちており，その道のりは長く，険しいものである。そうした一筋縄ではいかない過程を「飛び級ではない」と表現しているのは言い得て妙である。

ただしこれは，学問もひたむきに取り組んでいればいずれ成就するように，地道に経営活動を行っていると道が開けることも意味している。その1つの証しに，キッコーマンが日系企業の中で唯一ウォルマートのカテゴリーアドバイザーを任されていることが挙がる。

アメリカのキッコーマンの卸子会社であるJFC（ジャパン・フード・コーポレーション）インターナショナル社がアメリカのウォルマート全店のアジア食品売り場（Asian）を管理しているのである。

同社は「しょうゆは地味に需要開拓する必要がある脇役の商品」であると考えるがゆえに，クオリティの高い営業で価格競争には巻き込まれないようにしている。

たとえば，独自に取扱商品を組み合わせて提案するというパッケージ営業（米や酒などとセットでのしょうゆ販売）を行っている。また，アメリカでは和食よりも肉を焼くときにしょうゆを使うことが多いので，肉コーナーでも取り扱っている。そして，多くの拠点を持つことで広大で時差のあるアメリカ全土を網羅するという広範囲の物流網で差異化を図っている。

このように海外の経営資源を活用できるように「する」キッコーマンは，アメリカに根をしっかりと張ることができている。

もともとキッコーマンの名前は「亀甲萬」と書く。「鶴は千年，亀は万年」という言葉から来ており，そこには「できる限り長生きするように」という意味が込められている。

長生きする企業は，リビング・カンパニーあるいは企業生命力などと表現される。本書ではロングホーン企業と称しているものと同義である。そうした企業になるためには，やはり飛び級なしで地道に現地での活動を行うことしかないことをキッコーマンの成長の轍は語っている。

2．心地良い場所と機会のある場所

　1970年代にマクドナルドが日本に進出して以降，日本人のパン食への移行が大きく進んだ。これは和食を支える調味料を製造・販売するキッコーマンにとって，国内市場でのしょうゆ販売量の低下を招いた。しかし，世界では和食への注目度が増しており，そこに大きな成長機会があった。キッコーマンは，こうしたプッシュ要因（国内市場の衰退傾向）とプル要因（海外市場での需要増加）によって，海外での生産と販売を強化していった。

　このように国内市場から，どこか新しい市場，あるいは何か新しい事業に挑もうとするとき，それは「機会のある場所（慣れ親しんでいないゾーン）」への進出を意味する。前節で取り上げた多種多様な業界の企業も，それぞれに機会のある場所を求めて海外市場に進出している。

　しかし，プラハラードとオスターバルトが『MITスローン・スクール　戦略論』(2003) で示すように，企業は機会のある場所よりも「心地良い場所（慣れ親しんだゾーン）」に留まっていたいという保守的な停滞心理を持つことも多い。たとえば，日本でGM車をほとんど見かけることがない理由をこのことから説明できる。

　1950年代の終わり，ヨーロッパで自動車ブームが起こっているのにもかかわらず，GMはヨーロッパ市場への進出を考えていなかった。ヨーロッパには2つの子会社（ドイツのオペル，イギリスのヴォルソーク）を所有していたが，トップ直結ではなかった。ヨーロッパ市場は，エクアドルなどに補修部品を輸出する海外事業部が担当していた。つまり，かなり下のレベルの部署がヨーロッパ市場を任されていたのである。

　ヨーロッパ子会社にアメリカで実績を持つ者が出向に来ることはなかった。

また，ヨーロッパ子会社の者が本社で昇進することもなかった。GM本社においても，経営幹部の中には海外経験を持つ者がいなかった。自動車大国であるアメリカの需要に応えるだけで十分な利益が上がっていたので，ずっとGMは「ヨーロッパ・スルー」を行っていたのである。

その結果どうなったかというと，ヨーロッパの自動車市場は1980年代までにフォード，フォルクスワーゲン，フィアット，ルノーなどが主導権を握ることになった。その時期までGMは北米市場を心地良い場所として，ヨーロッパ市場という機会のある場所に向かうことができなかった。

当時，世間一般には「管理の行き届いたアメリカの代表的企業」「精密なマネジメント・マシーン」などといわれたGMだったが，その本社14階（重役室：エグゼクティブ・ウイングがあるフロア）では，経営幹部の間でのいがみ合いが絶えなかった。そのせいで，有効な計画の立案や意思決定がされることはなく，事業運営に支障が生じていた。その実情が社内にも広く知れ渡ったために，事業部長たちの士気は大きく低下していた。

そうした事業部長たちへの業績評価も公正なものとはいえなかった。GMにとってのハイ・ポット（前途有望な社員）とは，個人の能力ではなく，GMへの忠誠を誓うことや上司にうまくゴマをすることだった。つまり，顧客に向き合うビジネスマンではなく，社内に気を配るシステムマンとしての実績で評価されるという不完全なマネジメント・システムがGMを支配していたのである。

これは，企業が成長する過程で組織が官僚化してしまい，ビジネスチャンスに挑むことよりも，現状維持に組織が走ってしまったことを示している。新市場や新事業に取り組んで，もし失敗したら自身の首が飛ぶ。そんな事態は避けたいので，保身に動く者ばかりになってしまったのである。このように海外市場へと柔軟に対応できなくなってしまうことを「大企業病（ゴリアテ・コンプレックス）」と呼ぶ。

それまでのGMは，同社初の専門経営者（プロフェッショナル・エグゼクティブ）となったスローンが詳細な組織研究を行った結果，大企業を首尾良く管理するための組織形態を採っていた。運営の分権化と管理の集権化を統合した複数事業部制（M-form organization：M型組織）というものである。

それとともに，意思決定を専門に行う経営者グループ（エグゼクティブ・オフィサー）を形成した。こうした分権構造により，経営幹部には重要な意思決定をなすに必要な時間と十分な情報が与えられたが，その反面，上下の階層関係や委員会組織を発達させることになってしまった。

　このスローンの組織モデルは，1920年代から1940年代まではうまく機能した。しかし，スローン以後の経営幹部が，その複数事業部制のメリットを発揮できず，デメリットを増長させてしまった。そうした大企業病によってヨーロッパ市場に乗り遅れるだけでなく，アメリカ市場でも1980年代の10年間で，GMは市場シェアを10%も落とした。これは，GMがヨーロッパ市場や日本市場といった機会のある場所に踏み出せずにいたことと，ホンダやトヨタ，日産などがアメリカ市場を機会のある場所としてとらえて進出した結果であった。

　本書第3章で取り上げたラグマンによる2001年度のデータ調査をみても，GMは北米市場が売上げ全体の81.1%を占めた。これもGMが自国市場という心地良い場所に居続けている証しである。

3．内なる国際化

（1）経営資源としての英語力

　本章ではさまざまな業界の国際化を見てきたが，ここであらためて何をもってして国際化と呼べるのかということについてまとめておこう。それには以下の4点があり，それらは国際化の4条件と呼べるものである。

　①世界三大市場である北米・欧州・アジアに参入している：市場性の高い場所で拡大している。②世界三大市場に向けて製品やサービスを開発し，販売している：現地に適したものを提供している。③グローバルな視点から考えて，ローカルに対応している：グローカル経営を行っている。④国籍に関係なく，人材を活用している：内なる国際化を進めている。

　①〜③は，これまでに本書で触れてきた企業の対外的な取り組みであり，④は，まだ触れていない企業の対内的な取り組みである。以下では，この④につ

いて述べてみよう。

　内なる国際化とは，本社における情報の共有と意思決定のプロセスに，本国以外の国籍を持つ者が参加できるようにすることである。また，その際に社員が共通語でコミュニケーションをできるようにすることである。

　共通語という点で問題となるのは，日本企業は国際経営を何語でするべきかという問いである。これにアプローチしたのが，吉原英樹他による『英語で経営する時代』(2001) である。彼らのアンケート調査では，日本の多国籍企業のマネジャーの98.6％が「英語は必要である」と答えた。

　しかし実際は，依然として日本語が中心言語になっている。日本にある親会社は日本人が日本語で仕事をしている。親会社と海外子会社の間では英語が使われることも多いが，そうした国際的なコミュニケーションのうち，重要な事項に関しては日本語で話し合われているのが現状である。

　このような言語的な理由によって生じる問題を，彼らは「言語コスト」として把握した。言語コストには，コミュニケーションに関する直接的なものと，言語の使い方による間接的なものがある。直接的な言語コストとしては，①通訳や翻訳する際の時間や費用が負担になること。②異文化などに対する誤解があること。③意思決定が遅れて時機を逃すことがある。

　間接コストには，①日本語で経営がなされることから，就職先としての人気が低くなり，優秀な人材の採用が難しくなること。また，現地社員の意欲が失われ，退社していくことになること。これらは総じて，現地社員が活躍できないということになる。

　②E経営から取り残されてしまうこと。E経営とは「英語 (English) を使う経営」と「情報技術 (Electronics) を活用する経営」という意味を併せ持つものである。英語を使うのはITを用いて行うことが多いので，英語力の格差（イングリッシュ・デバイド）が情報力の格差（デジタル・デバイド）となる。

　こうした考察のもと，吉原他が構築したのは「言語コストと言語投資の経営資源モデル」である。このモデルは，①経営資源としての英語力，②言語コスト，③言語投資という3つを中心とするものである。着眼点として新しいところは，言語能力を経営資源としてみなした点である。

このモデルにおける言語投資についても，直接的なものと間接的なものがある。直接的な言語投資には，①英語研修，②海外留学，③地域の専門家育成のための海外トレーニーがある。

たとえば1999年，日産自動車社長にカルロス・ゴーンが就任したときには，ECCやアルクなどの英会話教室や通信教育が社員に紹介される程度だったが，2000年から短期集中の英語研修が始まった。これに続いてSKILL別研修や部門主催語学研修，海外赴任前研修といったプログラムも開始された。

また，R&D部門ではネイティブと対等に話し合える英語力を養成するための「Over the wall 研修」が実施され，生産事業本部では部門全体の英語力の底上げをめざした「TOEICテスト500点突破コース」が設けられた。

これらの研修に社員は積極的に参加したが，それは「勉強（スクール・サブジェクト）としての英語」が「実務（コミュニケーション・ツール）の英語」との連動性が高いと考えられたからだったと安達洋の『日産を甦らせた英語』（2004）で明かされている。直接的な言語投資には，こうした社員の目的意識が鍵を握る。現在，日産自動車では経営会議は英語で行っており，資料には英語も併記している。

一方で，間接的な言語投資には，①英語を重視した採用人事・昇格人事，②海外勤務，③内なる国際化（親会社に外国人を増やす），④外なる国際化（海外子会社社長を外国人にする）がある。

（2）楽天の内なる国際化への挑戦

以上のように，日本企業は言語コストを最小にしながら，言語投資によって英語力という経営資源を社内に増やすため，英語で経営していかなければならない。しかし，この「言語コストと言語投資の経営資源モデル」には障壁となるものもある。

1つは，親会社の経営資源（技術やノウハウなど）が日本語で蓄積されていることである。また1つは，日本企業でのコミュニケーションが非言語（以心伝心）的なものを含むハイコンテクストなものだということである。いま1つは，日本の親会社が日本語で経営している（非国際化）ということである。さ

らには，日本人が英語を使うこと自体，時間がかかってしまい，発信される情報量が限られていき，心理的なストレスも否めないということがある。

それでは，どうしたら英語で経営できるようになるかというと，吉原他が導く処方箋は，①英語しか選択肢はないという長期大局観を持つこと。②とにかくまず英語で経営し，その副産物として社員の英語力を向上させるという逆の因果を得ること。③英語ができなければならないと社員に確信させるような戦略メッセージを口頭や文書，予算，人事などで示していくことである。

たとえば，楽天が2010年以降，グループの公用語を英語（厳密にいえば「グロービッシュ」…英語を母語としない者同士の英語）にし，約6,000人の正社員全員が英語でコミュニケーションできるように努めている。同社は，こうした英語化を「イングリッシュナイゼーション（Englishnization）」と呼ぶ。

これは，海外のネット通販大手の買収による国際経営の展開を推進するにあたって，言語の問題を解消し，楽天が日本企業から世界企業（世界一のインターネットサービス企業）に転化するための措置である。

つまり，楽天が2000年代後半に，アメリカのアフィリエイト広告会社リンクシェアを買収したり（2005年），台湾（2008年）やタイ（2009年），インドネシア（2011年）にインターネット・ショッピングモールを展開したりする際に，通訳を通しているため，スピード感や一体感が持てず，ビジネスコミュニケーションが不完全であると楽天を指揮する三木谷浩史が痛感したからだった。

具体的には，2010年4月から朝会（火曜朝に全社員が参加する会）を英語で行ったり，昇格要件にTOEICのスコアを組み込んだり，社内文書や会議での使用言語を英語に切り替え始めたりした。2年以内に，役職別に設定されたスコアに到達できなければ，昇進ではなく降格になる可能性もある。2011年の新入社員には，入社までにTOEIC650点の取得を指示した。2014年4月からは全社員の昇格要件として800点のクリアが課せられている。

こうした取り組みは「言語の習得において最も重要なことは，その言語になるべく長く触れ，使う時間も十分にあることだ」と三木谷浩史が考えており，それならば英語に触れられる環境を社内につくり出すことが一番の近道であると見なしたからである。ただし，これには，①社員の語学学習のための時間的

コスト。②英語で仕事をすることによる生産性の低下。③部下のほうが英語力の高い場合での上下関係の乱れという文化的な影響といった困難も伴うものである。

　それでも三木谷浩史は「楽天が目指すのはネイティブのように流暢な英語を使う企業ではなく，非英語圏も含むグローバルで伝えるシンプルな英語を使いこなす企業だ」と説き，楽天が他社の見本になることを目標にイングリッシュナイゼーションを推進している。

　こうした楽天の英語化をケーススタディ（Language and Globalization : "Englishnization" at Rakuten 2011）で取り上げたニーリーは，楽天の英語化の特徴を次のように指摘する。

　「野心的なグローバル化戦略のために"先回り"の意味合いの強い，準備としての施策であるという点。そして英語の能力を向上させるのに，一部のグループを選ぶのではなく，全社員で取り組もうとしている点。特にeコマースをプラットフォームに，テクノロジーを基盤としたビジネスを展開する企業が，全員で取り組んでいるという点に私は注目する。なぜならば，この分野では，将来どのグループ，どの個人が一緒に仕事をすることになるか現時点で予測できないからだ」。

　同じように，ファーストリテイリングも社内会議を英語で行い出している。こうした「英語で経営する事例」は，上記の処方箋の実践となる。他にも，語学研修・海外研修，TOEIC受験などを促すといった形で日本企業の「英語化」は顕著になってきている。

　語学研修・海外研修に関しては，伊藤忠商事が入社後4年以内に3～6ヵ月海外に，クボタが大卒以上の新入社員を1ヵ月アメリカに，NECが新入社員のうち40人を2年目から海外に行かせている。

　TOEICに関しては，パナソニックや住友商事などが管理職への昇格試験にTOEIC得点を導入しており，武田薬品工業ではTOEIC730点以上が新卒採用の条件とし，三菱商事では入社2年間でTOEIC730点の取得を目指している。三井住友銀行の総合職では，中小企業の新興国進出のサポートの際に英語が必要になるのでTOEIC800点以上の取得を目標と定めている。

このように見てくると，日本企業の内なる国際化のヒントは，野球やサッカー，相撲といった異分野にあるのかもしれない。野球チームの監督や選手には外国人が多く，サッカーの日本代表監督にも外国人登用が多い。彼らのコミュニケーションの取り方に学べるものはないだろうか？　あるいは，相撲の世界は日本的な制度（お茶屋，桟敷など）を残しつつも，外国人力士が活躍し，横綱にもなり，彼らは流暢な日本語を話している。こうした異分野の組織における国際化・グローカル化は，企業にとって大いにヒントになるものが潜んでいるといえる。

本章を深く学ぶための参考文献

古賀義章『飛雄馬，インドの星になれ！　インド版『巨人の星』誕生秘話』講談社　2013年
茂木友三郎『キッコーマンのグローバル経営』生産性出版　2007年
茂木友三郎『国境は越えるためにある』日本経済新聞出版社　2013年
パトリック・ライト著，風間禎三郎訳『晴れた日にはGMが見える』ダイヤモンド社　1980年
吉原英樹・岡部曜子・澤木聖子『英語で経営する時代　日本企業の挑戦』有斐閣　2001年
三木谷浩史『たかが英語！』講談社　2012年
三木谷浩史『楽天流』講談社　2014年

● 本章を身近に感じるためのエクササイズ

1．あなたが関心のある業界を取り上げ，その業界内の企業がどのような海外進出を行っているか，調べてみましょう。
2．あなたが将来，働いている職場に外国人が含まれていると想定してみましょう。彼らとどのようにコミュニケーションを図れば，仕事が円滑にいくか，考えてみましょう。

Part II　国際経営者による企業再生

　このパートでは，国際経営者（インターナショナル・マネジャー）に焦点を当てて，グローバルな活動を行う企業が，いかに社内の統一感を図るのか。また，偉大な創業者が去った後でどのように企業価値を保ち，さらには進化を果たすのか。あるいは，企業が何を大事にして，それにこだわり続けることでブランドを築いていけるのかといったことについて考察している。

　「第6章　カルロス・ゴーンの日産復活へのコミットメント」では20世紀末に日産のトップとなり「ルネッサンス」と呼ばれた経営改革を行い，いくつもの成果を挙げてきたカルロス・ゴーンのリーダーシップに着目している。

　「第7章　マイケル・アイズナーによるディズニー・パストの継承」では，ウォルト・ディズニーが死去した後，業績が低迷していたディズニーのトップとなり，同社の「大いなる遺産」を最大限に活用することで蘇生を実現したマイケル・アイズナーの経営手法をとらえている。

　「第8章　ハワード・シュルツのスターバックスにおける経験価値の創造」では，コーヒー業界で圧倒的な存在感を有するスターバックスのブランド価値を築いたハワード・シュルツが大事にしてきたものについて取り上げる。また，一時期そこから離れてしまったがために陥ってしまった問題についても言及している。

第6章 カルロス・ゴーンの日産復活へのコミットメント

○**本章を理解するためのキーワード**
CFT，コミットメント，トランスパレンシー，計画モデル

1．ルノー・日産アライアンス

　1999年3月，ルノーは日産自動車（以下，日産と称す）とのアライアンス（提携）を発表した。以来，ルノー・日産アライアンスは2016年から資本提携をした三菱自動車を加えながら，今日に至るまで戦略的パートナーシップを強固なものにしてきた。

　2016年度でのルノー・日産アライアンスの相乗効果は，前年度比16％増の50億ユーロ（約6,500億円）だった。共同開発や調達協力によるコスト削減が功を奏したのである。2016年に，ルノー・日産アライアンスは世界約200ヵ国で9,961,347台を販売しており，9台に1台がアライアンスによる自動車となっている。

　2016年の販売実績の上位3国を見ると，ルノーはフランスで651,778台，ドイツで198,609台，イタリアで190,610台を販売し，ヨーロッパを主要市場としている。日産はアメリカで1,564,423台，中国で1,354,552台，日本で534,392台を販売し，ヨーロッパ以外の主要市場を押さえている。アライアンスで見ると，アメリカ（1,660,690台）中国（1,472,588台）フランス（738,344台）日本（625,409台）の順となり，世界三大市場でまんべんなく販売している形となる。

　現在，世界の自動車メーカーは，ルノー・日産アライアンスの他に，①「プ

リウス」「カムリ」「カローラ」などを販売し，ダイハツ工業，日野自動車を傘下に持つトヨタグループ。②「ポルシェ」「ランボルギーニ」「アウディ」などを有するフォルクスワーゲングループ。③「キャデラック」「シボレー」「ビュイック」などを販売するGMの4社が販売台数を競い合っている。

　2016年の世界販売台数では，フォルクスワーゲンが首位で，その次にトヨタ，GM，ルノー・日産と続いた。それが2017年1月～6月の世界販売台数では，ルノー・日産アライアンスは前年比7％増で過去最高となる5,268,079台となり，トヨタの同期間での5,129,000台，さらにはVWの5,155,600台を抜き，世界トップとなった。トヨタも前年比2.7％増で上半期では過去最高となる値であったが，ルノー・日産アライアンスがそれを上回ったのである。

　こうした日産の現在の堅調さをもたらしたのは，1999年に日産のCOO（Chief Operating Officer：最高執行経営者）となり，2001年からは同社社長兼CEOとして，ルノー・日産アライアンスを率先してきたカルロス・ゴーンであった。

　それまでにブラジル・ミシュラン，北米ミシュラン，フランス・ルノーという「2企業・3地域」で企業再建の経験を積んだ「ターンアラウンド・アーティスト（再建の名人）」が，日産の経営危機を救ったのである。本章では，こうしたカルロス・ゴーンの日産改革から，国際経営のメソッドを探ってみよう。

2．再建にコミットするアウトサイダー

（1）ベストパートナーの条件

　近年では日本の企業でも，外国人がトップを務めることが多くなった。かつてソニーではハワード・ストリンガーが，また，スターバックスコーヒー・ジャパンではマリア・メルセデス・エム・コレーラスがCEOに就任していたことがある。現在でもタカラトミーのハロルド・ジョージ・メイ（2017年12月31日で退任），日本マクドナルドのサラ・カサノバといった具合に，日本での外国人社長の例はいくつか挙がる。その中でも，最も注目されてきたのは，日産のカルロス・ゴーンであろう。

かつて日産は「技術の日産」「流行の発信源（トレンドセッティング・リーダー）」などと呼ばれており「ブルーバード」や「フェアレディZ」など，魅力的な自動車を市場に出していた。

　それが20世紀末を迎える頃には，深刻な業績不振に陥っていた。1998年3月期決算で，約4兆3,000億円の連結有利子負債があった。当時，日産のメインバンクだった日本興業銀行や富士銀行（みずほ銀行の前身）は，自社の不良債権の処理に追われており，日産に資金を供給するほどの余力はなかった。また，社債を発行して，資本市場から直接調達しようとしても，劣悪な財務状態に対する格付けは低く，資金繰りは難しかった。

　そうした日産に救いの手を差し伸べたのがルノーであった。ルノーにとって日産は，次のような理由で理想的なパートナーだった。

　まず，ルノーはすでに欧州市場を制しているので，欧州市場以外の企業と組むことが良い。次に，欧州市場以外とはいえ，アメリカ市場でGMやフォードといった巨大企業と組むと釣り合いが取れず，子会社のようになってしまう。そこで，世界三大市場の残りの1つである日本に目を向けると，経営難で苦しんでいて，助けを必要としている日産があった。日産ならばルノーと企業規模が近く，バランスの良い提携ができる，と。

　こうしたベストパートナーの組み合わせは，漫画『ドラゴンボール』で出てくる「フュージョン」という技にたとえることができる。フュージョンとは2人の戦士が1人に融合することで，さらなるパワーアップを図ることになるというものであるが，誰とでも融合すればよいということではなく，同じような能力を有する者の掛け合わせが，最も強力な戦士を生み出すとされる。要は，対等の能力を持っているというところにある。

　漫画の世界でのフュージョンは簡単だが，現実世界では企業文化の異なる2社を融合させることは容易なことではない。しかし，ルノー・日産アライアンスの立ち上がりは成功を収めた。それは，カルロス・ゴーンが1989年からCEOとして赴任した北米ミシュランでの経験があったからだった。

　当時の北米ミシュランは，アメリカのタイヤメーカー，ユニロイヤル・グッドリッチを買収し，市場の拡大を進めようとしていた。

北米ミシュランは「ミシュラン・タイヤ」という単一のブランドだけを持ち，新車組立用品（自動車メーカーが買う装着タイヤの市場：B to B）に強い。ユニロイヤル・グッドリッチは「ユニロイヤル」「BFグッドリッチ」などマルチ・ブランドを持ち，サービス部品（自動車の所有者が個人で買う交換タイヤの市場：B to C）に強い。

　そうした両社にはマネジメント・スタイルに違いがあった。ミシュランは製品・技術・品質志向で，長期目標に沿う企業だが，ユニロイヤル・グッドリッチは市場志向で，短期的利益を重視しがちな企業だった。

　1990年代前半に，こうした2社の足りない部分をバランス良く補完し合う形で調和を図り，融合していったのが，カルロス・ゴーンであった。具体的には，北米ミシュランには利益志向を入れるためのインセンティブ・プログラムを導入し，ユニロイヤル・グッドリッチには戦略性やR&Dへの投資などを行った。

　このように，双方の弱みを補い，強みを足し合わせる形での統合の進め方が，ブランディングに強いルノーと技術力の高い日産のアライアンスでも活かされた。

（2）CCTとCFTの形成

　ルノー・日産アライアンスが始まるにあたり，形成されたのが，クロス・カンパニー・チーム（CCT）である。CCTは，両社のマネジメント・スタイルをいかに「異種交配（クロス・ファーティライゼーション）」できるかを見いだすためのものである。

　CCTは，多くの企業が提携相手や買収相手とともに，そのあり方や利点を考えるために採用している。カルロス・ゴーンが形成する場合には，その提携や買収が検討中の案件であってもCCTの機能や組織構造は正式に定められていて，強力な権限も与えられる。

　このCCTが1社内で適用されるのが，クロス・ファンクショナル・チーム（CFT）である。CFTは，チームのメンバーを社内の各部門から選び出し，組織立った方法で問題の解決にあたるというものである。

これに関して，カルロス・ゴーンは「そもそも顧客の要求はクロス・ファンクショナルなものである。コストにせよ，品質にせよ，納期にせよ，1つの機能や1つの部門だけで応えられるものではない。どんな企業でも最大の能力は，部門と部門の相互作用の中に秘められている」と述べる。

　下記に見る日産リバイバル・プランを立てる際には，①事業の発展，②購買，③製造，④研究開発，⑤販売マーケティング，⑥一般管理費，⑦財務コスト，⑧車種削減，⑨組織と意思決定プロセスという9つのテーマを検討するため，それぞれにCFTが形成された。それはカルロス・ゴーンが日産のCOOに就いて，2週間も経っていないときだった。

　9つのCFTには共通して，2人のリーダーと1人のパイロットが置かれた。リーダーはメントール（良き指導者という意味。英語でいうメンター）とも呼ばれた。2人のリーダーは違う部門から選ばれ，自分のチームの意見を社内に伝える役割を持つ。パイロットには43歳から52歳の社員が選ばれ，自分のチームが本来のタスクを遂行し続けるように，チームを管理する責任を持つ。

　こうしたCFTには意思決定権はない。経営委員会に事業の発展・収益改善・コスト削減を目的とする計画の提案を行うだけである。つまりCFTは決断を下す組織ではなく，提案をする組織であった。しかし，その提案は実現可能性の高いものばかりだった。

　カルロス・ゴーンが，このCFTの効果性に気づいたのは，1986年にブラジル・ミシュランのCOOとなった時だった。当時のブラジルはハイパー・インフレーションであったにもかかわらず，ブラジル・ミシュランの営業部門は欧州流の方式を採り続けており，納品したタイヤの支払い期日を2ヵ月後のままとしていた。

　つまり，ブラジル事業部はミシュラン本社のビジネス慣行（スタンダード）をそのまま現地に当てはめていて，その地域の環境変化に対して臨機応変な行動（カスタマイズ）をとれなかったことで，危機的状況にあったのである。

　ブラジル・ミシュランは，形式上はフランス人とブラジル人のマネジャーが混在して運営されるマルチ・カルチャー企業だった。しかし，互いが異文化の壁を乗り越えて，チーム一丸となって，直面している問題を解決していこう と

する能力は不足していた。ブラジル・ミシュランが進むべき道を明るく灯すリーダーが不在だった。

そこに光を当て，ブラジル・ミシュランのビジョンを明確に示したのが，カルロス・ゴーンであった。1986年には赤字だった状態が，翌1987年には黒字に転換し，1989年にはミシュラングループの中で優秀な売上げと利益を出す子会社の1つになっていた。その改革の手法が，真のクロス・カルチャーを行うためのCFTだった。

フランス人とブラジル人の部門横断的な協同作業が，ブラジル・ミシュランを蘇生させた。そこには「アイデンティティを無視するのではなく，世界中のアイデンティティを受け入れて，発展していく」というゴーン流のグローバル化への見解が横たわっていた。

（3）トランスパレンシーで向き合う

部外者（アウトサイダー）として，日産の再建に携わることが決まったカルロス・ゴーンは，着任前に世界各国の日産の営業所や工場，テクニカル・センターを回り，ディーラーやサプライヤー，ユーザーたちの声に耳を傾けた。

カルロス・ゴーンは，とにかく人の話をよく聞いた。「神は人間に耳を2つ与えたが，口は1つしか与えなかったのは，人の話を聞くことに話すことの倍の時間をかけろという意味だ」とみなすからである。

そうしてよく聞き回った結果，見つけ出したのは「混沌とした社内」であった。日産のどの社員も「いったい，いま何が起こっているのか」がわかっておらず，経営がどんどん悪化しているのは自分たち以外の部門に原因があるからだと，どこの部門も思っていた。

当時の日産取締役副社長の小枝至は「日産の社員に危機感がなかった」「日産ほどの大企業が倒産するはずがない。政府や銀行が助けてくれる」といった空気が社内にあったという。

日産社員の誰もが，どうしてここまでの危機に陥ったのかを説明できなかった。向かうべき先にあるものが何かもわかっていなかった。全社で共有するビジョンも，優先順位の取り決めもなかった。技術力は高くても，それをどのよ

うに商品化するかについてまとめ上げる組織力に欠けていた。

そうした日産の姿をカルロス・ゴーンは「会社としては，頭もなければ尻尾もないような不思議な物体」「深い考えもなければ，戦略もない。いろいろな要素を寄せ集めただけの，個性のはっきりとしない会社」と表現した。

そうした不思議な物体にカルロス・ゴーンは「グレート・トランスパレンシー（傑出した透明性）」で向き合い，その組織と文化を変えることに挑んだ。これは10年間通った，レバノンのイエズス会系の学校であるノートルダム・カレッジのラグロボール神父からの教えの実践でもあった。

ラグロボール神父の教えとは，①分かりやすい人間であり，明瞭な言葉で説明すること。②自分でいったことは，やり遂げること。③まず周囲に耳を澄まし，それから考えることの3つである。

これが「シンプル＆クリア」「コミットメント（公約として必達目標を掲げて，その実現に向けて積極的に関与すること）」「トランスパレンシー（企業の全てを明るみに出して，外部に対して何も隠すことがない状態にすること）」といったゴーン・ウェイの基礎となった。

中でもトランスパレンシーについては2016年から東京都知事となった小池百合子のアプローチ方法でもある。それまでの知事は不透明な活動が多かったが，小池都知事になってからは連日のようにメディア報道がなされ，日々の動向が目に見えたもの（ガラス張りの活動）となっており，各種の意思決定プロセスの見通しが良いものとなっている。

（4）3つの指標・5つの弱み・5つの強み

1999年10月に発表された2000年度から3年間での再建への道筋を示した「日産リバイバル・プラン（NRP）」は，そうしたカルロス・ゴーンの経営力が問われる最初の変革計画だった。この時には，まず日産の現状が3つの指標から示された。

①グローバル市場でのシェアが1991年から落ち続けている。1991年の6.6%から4.9%になっていて，生産台数も1991年と比べて60万台減っていた。国内シェアも1974年の34%がピークであり，以来下降線をたどり，1999年では

トヨタの半分以下の生産台数となる19％のシェアしかなかった。②収益性が1991年以降8年の会計年度のうち，7回が赤字になっている。③負債が販売金融を除いて1998年度末で約2兆1,000億円にまで膨らんでいる。

　要するに，右肩上がりになっていかなければならないもの（市場シェア，収益性）が下がっており，上がってはいけないもの（負債）が上がっていたのである。

　この3つの指標に続き，カルロス・ゴーンが示したのは「なぜそうなったのか？」ということについてである。その理由として，次の5つが不足しているからだと示した。

　①収益志向が足りない。つまり，利益を大切にしていない。経営幹部が各種データを活用できておらず，数値的目標も掲げられていない。新しく販売する自動車がどのくらい売れれば良いのかなどについて定まっていなかった。

　②顧客嗜好が足りない。つまり，ユーザーについて考えていない。競合他社の動向を意識し過ぎて，肝心の乗り手のことを想定することができていなかった。

　③部門を横断して連携するような活動ができていない。つまり，セクショナリズム（部門ごとに独立していて，横のつながりがない状態）となっている。これは，サイロ・エフェクトとも呼ばれる。気密性に優れた穀物貯蔵庫（silo）のように，風通しが悪い状態のことを示す。当時の日産は自分たちの縄張り意識が強く，他の部門の者には書類のコピーすら見せないという状態であった。

　これは，社内で主語が違うということを意味する。すなわち「われら（we）」と「やつら（they）」である。たとえばエンジニアは「このクルマが売れないのは，やつら（ディーラー）の営業不足のせいだ」といい，ディーラーは「このクルマが売れないのは，やつら（エンジニア）が力不足だからだ」という。これでは，社内の一体感は得られない。

　④危機感が足りない。つまり，切羽詰まった感じがない。時間の大切さが理解できていないので，すばやい対応を取ることができなかった。

　⑤ビジョンや共通の長期戦略の共有が足りない。つまり，社員それぞれが異なる行動をとっていて，たどり着きたい企業像が描けていない。

こうした5つの弱みを明らかにするとともに5つの強みも同時に示された。つまり，強みを伸ばし，弱みを失くしていくことに取り掛かるべきだという指針を提示したのである。

　5つの強みとは，①広く海外展開を行っていて，世界的な知名度がある。②世界でもトップレベルの製造システムを持っている。③特定の重要な分野で，最先端の技術を豊富に持っている。④ルノーとのアライアンスが始まる。⑤社員が優秀であり，日産のために努力を惜しまない人がたくさんいるというものである。

　現在の視点からとらえると，③の技術については2010年に「日産リーフ」を初の量産型 EV（Electric Vehicle：電気自動車）として販売し，世界で最も売れているEVとしていることにも表れている。2011年にはルノーも「ゾエ」を販売し，累計で約425,000台のEVを販売している（2016年末時点）。

　ニューヨークのタクシーに日産の「NV200」が採用されたことも，技術面で優れる点があったからである。旧型タクシーであるフォードの「クラウン・ヴィクトリア」が12マイル／ガロン（約5km/L）であるのに対し，NV200は23マイル／ガロン（約9.8km/L）であり，横幅は約30cmスリムで，居住空間が広く取られている。

　また，⑤の社員の優秀さについては，カルロス・ゴーンが実際にNRPの終了時に「日本人の優れた資質」があるからこそNRPは現実のものとなったと高く評価している。それまでの日産で活かされなかった社員の潜在能力が発揮されることで，日産は蘇生したとみなすのである。

　この点については，ボーゲルが『ジャパン・アズ・ナンバーワン』（1979）で，日本はインフラが完備していて，資本や知識（特に技術関連とノウハウに関する知識）が豊富にあり，世界でもトップクラスの良質な労働力があると指摘していた。

　日産にもそうした人材が豊富にあったのだが，それをうまくマネジメントできていなかっただけなのである。要するに，人材が活用される機会が求められていたのである。実際，カルロス・ゴーンは，日産に向かうこととなったルノーのメンバーに「日産の再生させるのは，日産の人々だ。私たちはただ，そ

の手伝いをするだけだ」と語っていた。

　これに関しては，クリステンセンが『イノベーションのジレンマ』を改訂した時（2001）に加筆した「組織の能力をどのように捉え，それを活かすか」という方法から指摘することもできる。

　クリステンセンによる「組織の能力」のフレームワーク（組織に何ができて，何ができないのか）は，資源（物と者）・プロセス（意思決定のパターンなど）・価値基準（仕事の優先順位を決める時の基準）の3つから成り立つ。企業がひとたび成功すると，その時の資源・プロセス・価値基準が正しいものだという固定観念が生まれる。それが企業文化・組織文化というものとして定着する。この文化の程度が組織の能力を定めるのである。

　近年では，企業文化を説明する際に，フォーカル・ポイント（focal point：焦点）という言葉が用いられる。これは，明確に定義しなくても，当事者の多くが何となく合意できる点というものである。GMの時に触れた大企業病の原因も，このフォーカル・ポイントが社内にできてしまうことにある。

　組織の能力は資源・プロセス・価値基準で決まるのにもかかわらず，それが文化で包まれてしまうと，企業は真の実力を出しにくくなる。あるいは出せなくなってしまうのである。日産も，こうした悪しき文化で覆われていた。それを拭い去り，真の実力を発揮させて，日産が本来有していた組織の能力を蘇らせるきっかけを作ったのがNRPだった。問題の所在は企業の外側（経営環境）ではなく，企業の内部（企業文化・組織文化）にあったのである。

（5）計画モデルとコミットメント

　3つの指標・5つの強み・5つの弱みを示した上でNRPでは次の3つがコミットメントとして掲げられた。①計画の初年度となる2000年度に黒字転換する。②3年後の2002年度までに，売上げに対する営業利益率を4.5％以上にする。③金融事業を除いた実質的な有利子負債額を現在より半額に削減する。

　このように「いつまでにどのようになっていたいか」を明確にすることで，いま何をすべきかがはっきりする。デッド・ライン（締切期間）を設けて，それがどの程度達成されたかを判断しやすくするように数値目標を立てること。

それが，カルロス・ゴーンの掲げる計画の特徴である。そこには「数字こそすべて（Numbers speak louder.）」という考えが宿っている。

　NRPで具体的に示されたのは，①1兆円のコスト削減を行う。②部品や資材メーカーなどサプライヤーの数を半減する。③1兆4,000億円ある負債を2002年度までに7,000億円に減らす。④2002年度までに22種の新モデルを投入する。⑤全世界で社員を21,000人減らす。⑥国内にある自動車組立工場の数を7から4に減らす。⑦プラットフォーム（車台）の数を24から15に減らすといったものだった。

　こうしたNRPは，目的と目標を明確にしたものであった。目的とは「国籍の異なる者をまとめ，共通のビジョンを示し，短期間で革新的な製品を出し，継続した収益増が見込めるようにする」という日産の再建である。これは，質的・定性的なものである。

　その目的を果たすために必要となるのが目標である。これは，定量的・数値的に示すことができるので，上記のように項目別に目標値が設定された。たとえば「痩せてスリムな体型になりたい」ということが目的であるとすれば，そのために求められる「1ヵ月で何kg体重を減らす」といったことが目標となる。

　NRPでのコミットメントが果たせなかった場合，社長を辞めるとまで公言したカルロス・ゴーンだったが，初年度には記録的な利益を挙げ，以後も確かな成果を収め，公約通りのマネジメントをなしていった。

　一般にマネジメント・モデルには，次に挙げるように4つあるが，その企業の現状に応じて，どのマネジメントを採用するかが決まる。カルロス・ゴーンの場合は，①の計画モデルを選択し，自らは立案者・管理者に徹することで，日産蘇生への道筋を描いたのである。

　①計画モデル…先のことが予想できるほど静的な産業での成熟ビジネスにおいて，もしくは明確な規則が必要となる転換期や危機的状況の場合。リーダーは立案者ないし管理者として振る舞う。

　②探求モデル…確立され，成長している産業で，市場競争が激しい場合。リーダーは「勝つことがすべて」と見なし，市場競争をスポーツや軍隊のよう

に見立てて，戦略や戦術を強調する。

　③科学的モデル…専門的なサービスやR&D組織などの人的資本集約型ビジネスで，市場状況は穏やかで，市場機会が豊富にある場合。リーダーは控えめになることが多い。

　④発見モデル…不確実性が高く，変化の早い環境下でビジネスを始める場合。リーダーは実験者となり，即興劇をするかのように振る舞い，対話や共同作業を進んで取り入れる。

　これら4つのマネジメント・モデルは，バーキンショーとゴダードの"What is Your Management Model ?"（*MIT Sloan Management Review* 2009）という論文で説明されている。

　また「数字こそすべて」という方針は，その後の計画においても踏襲された。たとえば2002〜2004年度での「日産180」では，①1…この期間で販売台数を100万台増やす。②8…営業利益率を世界の自動車メーカーのトップクラスの数値となる8％にする。③0…自動車関連の負債をゼロにするということが目指された。また2011〜2016年度での「パワー88」では，世界販売シェアと営業利益率の双方を8％にすることが目標に置かれた。

（6）「火星人」と「金星人」の歩み寄り

　1998年度の日産のコスト構造は，購買コスト60％，販売・一般管理費23％，製造コスト11％，研究開発費3％，その他3％であった。カルロス・ゴーンは，企業の負の遺産を清算した上で再建するために，まずはこれらのコスト削減に取り掛かった。

　このことで，日産改革当初は「コスト・カッター」と称されるようになった。具体的には，購買コストを減らして，部品調達をグローバルな規模で効率良く行うために，サプライヤーの数を減らした。また，製造コストを減らして，工場の稼働率を高めるために，いくつかの工場を閉鎖した。

　このような大幅なコスト・カットは，カルロス・ゴーンが1996年末にルノーの副社長に就任した時の経験が活かされている。その時に，製品の工場出荷価格を1台平均3,000フラン（約460ユーロ，5万円）下げることを行っている。

これは，1997年3月に発表された，競争力を高めるためのルノー再建計画である「200億フラン削減計画」につながった。この計画は，次の5点が目指された。このように項目ごとの到達点を，数値目標を合わせながら掲げることは，NRPにも適用されている。
　①余剰生産力を削減し，残る工場での生産性を向上させる。②コスト削減や新車開発のスピードアップの一環として，プロダクト・エンジニアリング機構を再編する。③グローバル市場でサプライヤーと新しい関係を確立し，既存のサプライヤーを300社から150社に削減する。④主要プラットフォームの数を5つから3つに削減する。⑤製品イノベーションを促す。
　中でも，③については，カルロス・ゴーンがそれまでにフランスのタイヤメーカー，ミシュランにいたので，サプライヤーの視点で物事を見ることができ，その提案には説得力があり，信頼も高いものだった。したがって，サプライヤーからの協力を得ることにつながった。
　ただし，カルロス・ゴーンがミシュランからルノーに来た時にもアウトサイダーであり，現場からは「火星人（Martian）」といわれていた。火星人とは経営者のたとえとして用いられる言葉である。これに対して，ものづくりに携わる者は「金星人（Venusian）」と呼ばれる。
　要するに，セクショナリズムによって，社内の主語が違うことと同様に，火星人と金星人では用いている言葉（専門用語）や重きを置くところが違うので，会話が成り立たないということである。たとえば，経営者は定量的調査を好み，数字を重視するが，現場は定性的調査を好み，ストーリーを重視するという相違がある。
　それでもルノーは，この計画に沿った改革によって1997年は業績が回復し，1998年，1999年でもコスト削減と売上げの増加から数字的成長を遂げた。そうした実績をもってして，カルロス・ゴーンは金星人からの支持を集めたのである。

3．マネジャーとリーダーの相違点

　1959年7月，日本に初めて招聘された際にドラッカーは，リーダーとは「自分が成果をあげて賞賛を浴びる人」ではなく「仲間の協力を得て成果をあげ，仲間を賞賛する人」と述べた。仲間の協力を得るには，周囲からリーダーとして認められなければならないということである。

　この指摘から半世紀以上たったが，カルロス・ゴーンも同様の見解を示している。つまり，会長・社長・マネジャーといった言葉は，組織上のポジションを指しているだけにすぎない。しかし，リーダーであるということを決めるのは自分ではなく，周囲の人達である。周りから認められて初めてリーダーになれるという。そのポジションで役割を果たし，周囲の人達からリーダーと認められた時に，その人はリーダーとなることができるとみなしている。

　カルロス・ゴーンは，周囲から認められるには，まず人々と心を通い合わせる必要があるという。人とのつながりの中で「ああ，この人は興味深い」と魅力を感じさせることが大切である，と。

　さらに，もう1つは結果を出すことにある。厳しい経営環境にあっても，良い結果を出せるかどうか。実現が難しいものであればあるほど，その人のリーダーシップが明確になってくる。そうした予想外の結果を1回だけ出すのではなく，さまざまな状況下で何回か繰り返し，コンスタントに期待以上の結果を出していくことで，周囲からリーダーと認められるようになるのである。

　このようなリーダーに求められるものとして，コリンズは『ビジョナリー・カンパニー3』（2010）で，①自社存続以上の大きな目標のための戦いに勝つという確信。②そのためにならどんな行動でもとるという強い意思の2つを挙げる。確信と強い意思があることで「充分に根拠のある希望（well-founded hope）」が出てくるという。

　中でも，確信については，カンターが『「確信力」の経営学』（2009）で，次の4段階に分けてとらえている。①自己に対する確信…ポジティブ思考になっている。②相互に対する確信…チームでの責任をとったり過ちを認めたりでき

る。③システムに対する確信…勝者の習慣が定着する。④外部からの確信…資金援助者や顧客，支持者がネットワーク的に集まる。

　こうした確信が経営の成功を導き，次の成功にもつながっていくとしている。これらの確信で基本となるのは，アカウンタビリティ（責任をとること），コラボレーション（ともに働くこと），イニシアティブ（率先すること）である。このようなカンターの指摘は，ゴーン改革は確信に裏づけされながら進められていったことを示すものでもあるといえる。

　NRPの成功を通じて，カルロス・ゴーンは，2つの教訓を得たと当時述べていた。1つは，世の中には救いようのない事態はなく，あきらめずにまずはやってみること。そうでなければ何も始まらないのである。

　もう1つは「こうなりたい」というビジョンを誰もがわかるように示して，その次に，それに必要な戦略を具体的に打ち出すと，実質的な成果をあげることができるということ。そのために必要なものがマネジメントであり，そして，それを遂行するためのリーダーシップなのである。

| 本章を深く学ぶための参考文献 |

カルロス・ゴーン著，中川治子訳『ルネッサンス　再生への挑戦』ダイヤモンド社　2001年
カルロス・ゴーン，フィリップ・リエス著，高野優訳『カルロス・ゴーン　経営を語る』日本経済新聞社　2003年
カルロス・ゴーン『ゴーン・テキスト　ビジネスの教科書』文藝春秋　2006年
公益財団法人　日産財団監修，太田正孝・池上重輔編著『カルロス・ゴーンの経営論』日本経済新聞出版社　2017年

● 本章を身近に感じるためのエクササイズ
1．自動車産業は，20世紀初頭のフォードの大量生産システム以来，長きにわたり，経営学の分野で調査対象にされてきた業界です。現在も各社のトピックスは豊富に出てきています。どのようなトピックス（新技術開発，資本提携，市場競争など）があるのか，調べてみましょう。
2．リーダーと呼ばれる経営者には，孫正義，三木谷浩史，イーロン・マスク，ジェフ・ベゾスなど，多くいます。そうしたリーダーが本章で取り上げた「4つのマネジメント・モ

デル」において，どこに当てはまるか，考えてみましょう。

第7章 マイケル・アイズナーによる ディズニー・パストの継承

○**本章を理解するためのキーワード**
ハイ・コンセプト，ウィンドウ戦略，バリュー・フォー・ザ・タイム，スローサイクル市場

1．新しい消費の手段，消費の殿堂としてのディズニーランド

　本書第1章の冒頭で「グローバル化への6つの視点」を挙げたが，その中の④でグローバル化とはアメリカ化，あるいはマクドナルド化，ディズニー化であるとあった。そのうち，マクドナルド化については，本書第2章でグローバル化とローカル化のバランスという点で取り上げた。
　それでは，ディズニー化とは何かというと，ブライマンの『ディズニー化する社会』(2008)では，①テーマ化，②ハイブリッド消費，③マーチャンダイジング，④パフォーマティブ労働というディズニーのテーマパークにみられる4要素が，世界の多くの分野で支配的になってきており，その点でディズニー化とはアメリカ化であるとみなされる。
　①テーマ化とは，施設，物，組織，場所などを何らかの物語仕立てで包み，そこに意味と象徴性を与えることである。たとえばキッザニアは少年少女の職業体験に特化している。
　②ハイブリッド消費とは，分野の異なる消費形態が交じり合って多様性を帯びたことで，何に消費しているのかの線引きが難しくなっていることである。たとえば，ヴィレッジ・ヴァンガードは「遊べる本屋」として，本以外の商品も多数取り扱っている。また，新宿のビックロ（ビックカメラとユニクロの複合店舗）もこれに当てはまる。

③マーチャンダイジングとは,イメージやロゴを有するか著作権を持っている商品を販売促進することである。つまり,版権事業のことであり,ライセンス生産された商品も含まれる。ジョージ・ルーカスは『スターウォーズ』の映画本編よりも,映画のスピンオフ商品（ライト・セーバー,フィギュアなど）のほうで多くの収益を得ている。

④パフォーマティブ労働とは,サービス労働が一定の雰囲気をつくり出すパフォーマンスとしてみなされるようになっていることである。これは,従業員が感情を伝えるという意味で「感情労働（emotional labor）」とも呼ばれる。日本でもほとんどの施設や店舗での接客（挨拶,笑顔,きめ細やかな対応など）でこれは確認できる。

　リッツァは『消費社会の魔術的体系』(2009) で,こうしたディズニー化は新しい消費手段であり,消費の殿堂であると指摘する。新しい消費手段とは,あらゆるものの消費を可能にする環境または構造の手本ということであり,消費の殿堂とは,魔術化され,時には神聖化さえされた宗教的性格を持つものという意味である。

　このような新しい消費手段であり,消費の殿堂であるディズニーのテーマパークは世界中の人々を魅了し,夢中にさせ,消費を促している。テーマ・エンターテインメント協会による世界のテーマパーク入場者数ランキング（2015年）をみても,下記のようにトップ10のうち8つがディズニーのテーマパークで占めている。

1　マジック・キングダム（ウォルト・ディズニー・ワールド）
　　フロリダ州　20,492,000人
2　ディズニーランド（ディズニーランド・リゾート）
　　カリフォルニア州　18,278,000人
3　東京ディズニーランド（東京ディズニーリゾート）
　　東京　16,600,000人
4　ユニバーサル・スタジオ・ジャパン
　　大阪　13,900,000人

5　東京ディズニーシー（東京ディズニーリゾート）
　　東京　13,600,000 人
6　EPCOT（ウォルト・ディズニー・ワールド）
　　フロリダ州　11,798,000 人
7　ディズニー・アニマル・キングダム（ウォルト・ディズニー・ワールド）
　　フロリダ州　10,922,000 人
8　ディズニー・ハリウッド・スタジオ（ウォルト・ディズニー・ワールド）
　　フロリダ州　10,828,000 人
9　ディズニーランド・パリ（ディズニーランド・リゾート・パリ）
　　フランス　10,360,000 人
10　ユニバーサル・スタジオ・フロリダ（ユニバーサル・オーランド）
　　カリフォルニア州　9,585,000 人

さらに11位にもディズニー・カリフォルニア・アドベンチャー（ディズニーランド・リゾート：カリフォルニア州，9,383,000 人）が入っており，テーマパークにおいては，紛れもなく1人勝ちの状態となっている。

また，東京ディズニーリゾートを運営するオリエンタルランドの2017年4月～6月期の連結営業利益をみると，前年同期比10％増の約250億円であり，同期間では2年連続で増益となっており，堅調さを示している。

もともとディズニーランドは1950年代初頭，それまでの遊園地があまりにも粗雑で，子どもだけを対象としたものであったため，ウォルト・ディズニー（以下ウォルトと称し，ディズニーはディズニー社のことを示すものとする）が家族連れや大人同士でも楽しめる場所をつくりたいと思い立ったことによる。「新しい遊園地」ではなく「世界初のテーマパーク」として，誰にとっても娯楽になるようなところとして企画されたのである。

この事業をウォルトは「博覧会，展示会，遊技場，コミュニティセンター，サーカス，美と魔法の展示場などの要素を持つもの」としていた。そのディズニーランドは，今や実際の入園者数や営業利益からとらえても，文字通りの新しい消費の手段となり，消費の殿堂となっている。

しかし，過去を振り返ると，ウォルトというファウンダーを1966年に亡く

した後での約20年間では，ディズニーは試行錯誤の時期を過ごしていた。長編アニメーション映画は制作しておらず『くまのプーさん』の版権を買うことなどがなされた程度で，表立った成果はあまりなかった。

それが1984年にディズニーのCEO（会長）となったマイケル・アイズナーの経営改革によって，そのブランドは再び輝きを取り戻したのである。以下では，そうしたマイケル・アイズナーのディズニー蘇生法についてみよう。

2．映画制作という基軸を取り戻す

(1)「節約の美学」とハイ・コンセプト

マイケル・アイズナーは，ディズニーのトップになる前には，パラマウント・ピクチャーズの社長として『ビバリーヒルズ・コップ』『フラッシュダンス』『エレファントマン』『インディ・ジョーンズ』といった作品を手がけてきた。アメリカの映画スタジオは大手6社が占めており，そのうちの2社がディズニーとパラマウントである。

他の4社には，①ユニバーサル…『E.T.』『ジョーズ』『バック・トゥ・ザ・フューチャー』『ジュラシック・パーク』など。②ワーナー・ブラザーズ…『スーパーマン』『バットマン』『ハリーポッター・シリーズ』など。③20世紀フォックス…『スターウォーズ』『ダイハード』『アバター』など。④コロンビア…『スパイダーマン』『ゴーストバスターズ』などがある。

こうした強豪揃いのハリウッド映画スタジオの中で，マイケル・アイズナーが鍛え上げられたのは，いかに予算を抑えながらも魅力的な作品を作ることができるかということだった。もちろん，映画ビジネスには創造性と自発性は大事である。その上で財務的にも規律さと健全さを持つというアートとコマースの均衡を重視してきた。

お金をかければ，スター俳優や著名な監督を起用できるし，優れた脚本も購入することができる。そうした大作でホームランを打つことはできる。しかし，それは「有名料」をタレントに支払ったからであり，大ヒットして当然である。それよりもスタジオの差別化につながるのは，アイデアで勝負し，低予

算でつくるという「節約の美学」によって，手堅いヒットを飛ばす能力である。

たとえば『フラッシュダンス』はプロモーションビデオのように音楽を重視した作りになっており，アイデアが活きた映画であった。これは当時，開設されたばかりのMTV（Music television：音楽専門チャンネル）で流れるマイケル・ジャクソンの『スリラー』やマドンナの『ライク・ア・ヴァージン』などに代表される「魅せる音楽」を先導した。

マイケル・アイズナーは，パラマウント以前にABC（American Broadcasting Company：NBCの補助的なものとして1943年に創設された放送局。1996年にディズニーが買収）で勤めていた。ABCは1960年代末に危険度の高い映画制作に乗り出したことがある。

その時にマイケル・アイズナーは，ハイ・コンセプト（そのアイデアが簡単にわかりやすく表現されたもの）で伝わる企画の趣旨が最も重要であると学んだ。こうしたハイ・コンセプト・ファーストの映画づくりは，1986年にウォルト・ディズニー・プロダクションズからウォルト・ディズニー・カンパニーに社名が変わってから，本格的にディズニーの映画制作に持ち込まれた。

当時のディズニーは1982年に利益が前年比19％減となり，翌年でさらに7％減と低迷していた。その理由には，次に挙げる4点があった。

① 1982年にウォルト・ディズニー・ワールド（1971年にフロリダ州中部オーランドに開園したマジック・キングダム）に開設したEPCOT（Experimental Prototype Community of Tomorrow：実験型未来都市。中心にショッピング街とオフィス街があり，それを囲い込むように住宅地があるというハブ・アンド・スポーク型。ウォルトが描いた都市の形でありEPCOTを地域社会の探索の場所としようとしていた）の建設費が予算を越えた。② EPCOTの2年目の入園者数が期待値を下回った。③ ディズニーチャンネルの立ち上げに費用がかかった。④ ウォルトの死後，物語の展開がよく練られていないアニメーション映画がほとんどであることによる映画部門の不振。

(2)「新しい古典」とウィンドウ戦略

　こうした低迷期にディズニー・トップとなったマイケル・アイズナーは，就任時に「ディズニーの過去における成功は偶然などではない。ここには守るべき遺産がある」と語り，新作映画を連続して制作するとともに，ディズニーの往年の名作にも光を当て直した。

　当時のディズニーは4年に1本のペースでしかアニメーション映画をつくっていなかったので「ディズニーがやるべきことは映画制作である」ということを強く押し出し，新作制作のペースを速めることを促した。

　具体的には『リトル・マーメイド』(1989)で久しぶりのヒットを生み出し，その後も『美女と野獣』(1991)『アラジン』(1992)『ライオン・キング』(1994)と途切れることなく，新作映画を公開し，アニメ・フィルムの売上げを急増させた。

　それとともに過去の作品にも光を当て直した。『シンデレラ』や『ピーターパン』『わんわん物語』などの続編を制作し，かつてそれらの作品に触れた大人たちがディズニーの世界に戻ってこられる，いわば「再入場口」となるようなコンテンツを増やしたのである。さらに収益性を高めるために，劇場用ではなくOVA（オリジナル・ビデオ・アニメーション）とした。これは，多様化したライフスタイルに合わせて楽しめるものにするためでもあった。

　これらのうち，新作映画を「新しい古典」として位置づけるというのが，マイケル・アイズナーの戦略だった。つまり『リトル・マーメイド』以降の作品をリアルタイムで観た世代が大人になり，親となった時に，自身の子どもとその作品を観返す。そうしたことができる作品を1本でも多く残そうとしたのである。

　『白雪姫』(1937)や『シンデレラ』(1950)は「古典中の古典」であるので，それとは別に，いつまでも観続けることのできるスタンダード作品を新たにつくっていったのである。

　この時期には技術革新もあり，それが新しい古典の特徴づけにもなった。1986年にCGI（Computer Generated Imagery：コンピュータで絵を作ること）が導入され1990年からはCAPS（Computer Animation Production System：アニメーション

の絵に色を付けて，背景と組み合わせる作業をコンピュータで行うこと）が用いられ始めた。

　さらには，ピクサー（2006年にディズニーが買収）と提携して『トイ・ストーリー』（1995）以降，主に人間以外（玩具，昆虫，魚，超能力者，クルマ，料理好きなネズミ，ロボットなど）の世界を舞台としながら，普遍的なテーマを描くということを行ってきている。

　このように，まずは映画制作をディズニー蘇生の主軸にした。それは，マイケル・アイズナーがディズニーの強みは創造性であり，それに特化することがディズニーの価値を高めるとして，その強みを映画づくりで表現していくことに狙いを定めたからである。

　ただし，すでに述べたように創造性（アート）も大事だが，商業的な部分（コマース）も同じくらい必要なので，アイデアをすばやく実行に移していった。それが新作の連続制作や続編の制作である。アイデアは時間が経ったところで良くも悪くもならないので，同じアイデアなら早く具現化したほうが良いという考えによる。

　また，特にアニメーション映画はスタジオジブリ作品に代表されるように，テレビでの再放送を何度繰り返しても視聴率が取れる。つまり，耐久性のあるコンテンツである。商品としての寿命が長く，収益性も高い。劇場公開という一次利用が終わっても，テレビ放送やビデオ（現在ではDVD）販売といった二次利用の機会が多くある。つまり1粒で数度おいしいのである。

　1本の映画作品を劇場用→ビデオ用→ビデオ・オン・デマンド用→有料テレビ用（BS, CS）→無料テレビ用（地上波）の順に，時期をずらしてリリースして，同一作品の各権利から運用収入が得られる時期を長く保つようにすることは，ウィンドウ戦略と呼ばれる。

　それらの権利利用期間が状況に応じて開閉できるということから，ウィンドウ（窓）とされる。マイケル・アイズナーによってラインナップが増えていったディズニー作品も，このウィンドウ戦略からの収益を多く得た。

　こうしたウィンドウ戦略に加え，1980年代半ばには，完全に撤退していたテレビ番組に再進出した。ディズニーは1954年から29シーズンにわたり，番

組名は何度か変わったが，プライムタイムで週に1度のレギュラー番組を有していた。

これを日曜夜に『ディズニー・サンデー・ムービー』と名づけて復活させ，ディズニーがまた新たに映画を作り始めたことを伝え，親しみを持ってもらえるような場所を創出した。この番組には，マイケル・アイズナー自らがホスト役を務めるほどの熱の入りようだった。

（3）すべての事業は映画から生まれる

当時のディズニーの事業領域は，①スタジオ，②商品，③アトラクションの3つに分かれており，それにR&D，不動産，経営管理の部門が置かれていた。

①映画制作は，ウォルト・ディズニー・スタジオズが担い，すべてのアニメーションや実写映画に責任を持つ。また，ディズニーチャンネルやブエナ・ビスタ（Buena Vista Home Video：BVHV）もこの傘下にある。ブエナ・ビスタは，ビデオを低価格（30ドル以下）で販売した先駆者であり1988年から1992年までのアメリカのホームビデオ市場（販売とレンタル部門）では，ディズニーが首位を保ち続けた。

ブエナ・ビスタは，スタジオジブリ作品の北米市場での公開とビデオ・DVD販売も手がけている。他のハリウッド・スタジオもジブリ作品の取り扱いを求めていたが，北米市場向けに修正を要求した。その中で，ジブリを尊敬するディズニーだけが修正なしでの公開を認めたのだった。

ただし，作品への理解については別であり，マイケル・アイズナーは『千と千尋の神隠し』（2001）を観終わった後，一言「分からん」と言ったと，スタジオジブリのプロデューサー・鈴木敏夫は明かしている。ここには「増築」の考えがあり，部分から全体を構築する日本と，教会に代表されるように外観（全体）から先に作って部分を整える西洋との違いが，映画制作にも表れているとみなされる。

こうした映画制作では2006年にピクサーを，2009年にマーベルを，2012年にルーカスを買収したことで，それぞれのスタジオで世界的なヒット作をつくり出す仕組みが整っている。

ディズニーの 2016 年の興行収入は，全世界で約 70 億ドル（約 8,120 億円）であり，単独企業としては過去最高となっている。そのうちアメリカで約 27 億ドル，国外で約 43 億ドルとなっており，国境を越えたセンチメンタル・バリューの共有が，ディズニーの配給する映画によってなされている。

　②商品は，ディズニー・コンシューマー・プロダクツが担い，ディズニーのあらゆるライセンスや他社との共同事業，宣伝活動を管理する。また，グッズの販売や出版も担当する。

　1987 年に開店したディズニーストアは，マイケル・アイズナーの「エンターテインメントとしての小売り」というコンセプトのもとに始まったものである。映画やテーマパークのアトラクションとの連動性を持つ店舗の展開によって，どの地域にもディズニーマジックのスライスを届けることができるようになり，自社の力だけでディズニーブランドの認知度を高めることができた。

　現在では『カーズ』(2006) 関連のミニカーが，男児向けのグッズ販売の成功例となっている。興行収入では『ファインディング・ニモ』(2003) のほうが 2 倍以上を記録したが，グッズ販売では『カーズ』のほうが，ニモ関連グッズの 25 倍を売上げている。また，女児向けでは『アナと雪の女王』(2014) 関連グッズ（人形，玩具のカラオケマイク，小さな宮殿セットなど）が大成功している。

　日本のディズニーランドでもグッズ販売は大きなものであるが，そこには日本の土産文化が関係しているとされる。粟田房穂と高成田亨の『ディズニーランドの経済学』（増補版 2012）では「みやげ」は，神社などの配り物である宮笥（みやけ）と，その土地の産物である土産（どさん）が組み合わさったものとされる。

　これをディズニーランドに当てはめると，ディズニーランドに行くことはお伊勢参りであり，ミッキーマウスは祭りの氏神となり，グッズが神仏の力を持続させるお守り・お土産であるととらえられる。ディズニーランドも伊勢神宮も日本に 1 つしかなく，バリュー・フォー・ザ・タイム（時間をかけてそこに行く甲斐がある）がある。そして，せっかく訪れたのだから，そこで何かを買って帰ろうという意識も共通している。

③アトラクションは，ウォルト・ディズニー・アトラクションズが担い，世界にあるディズニーのテーマパークとホテル，ツアーなどのサービスを手がける。

ディズニーランドには常に最新の技術の成果が反映されている。代表的なものには，オーディオ・アニマトロニクスというものがある。これは，オーディオとアニメーションとエレクトロニクスという音・動き・電子頭脳の3要素を結びつけたものであり，人形や動物ロボットの声や動作をコンピュータで制御するシステムである。

またR&Dはウォルト・ディズニー・イマジニアリングが担い，新しいアトラクションの開発を担当しており，不動産はディズニー・ディベロップメント・カンパニーが担い，ホテルなどの開発を行っている。

このうち，ウォルト・ディズニー・イマジニアリングの社長を務めたスクラーは，自身が学び取ったことを「ミッキーの十戒」として次の10点にまとめている。

①顧客を知る。②ゲストの立場になる。③人とアイデアの流れを組織する。④ウィニー（視覚的な磁石）をつくる。⑤視覚リテラシーでコミュニケーションを取る。⑥詰め込みすぎず，気分転換を用意する。⑦一度に1つのストーリーを語る。⑧矛盾を避ける。同一性を保つ。⑨1つの対応に山盛りの楽しみを。⑩（メンテナンスについて）努力を怠るな。これらはテーマパーク指針とも呼べるものである。

総じて，以上の3つの事業領域（スタジオ・商品・アトラクション）の関連性はきわめて高い。ウォルトは1957年にエンターテインメントにおける価値創造について，そのビジョンをマップにまとめていた。

そのマップの中心には，スタジオの創造性を活かして制作する映画が置かれた。その映画から音楽，テレビ，マーチャンダイジング，出版，ディズニーランドのそれぞれに関係線が引かれた。また，音楽とテレビ，マーチャンダイジングとディズニーランドといったように，それぞれの関係性も示されていた。

ここにみるエッセンスは「すべての事業は映画から生まれる」ということである。最初に映画があるから，そこから音楽が生まれ，テレビに流れ，グッズ

になり，書物となり，アトラクションにつながるのである。

マイケル・アイズナーは，このウォルトの思想を継承し，ディズニーブランドの蘇生のために映画制作から手を付けた。要するに，ディズニーの過去の歴史（ディズニー・パスト）から離れるのではなく，それを受け継ぎ，現代のテイストに合うように用いていったのである。

3．映画制作という基軸から離れない

（1）版権は手元に

マイケル・アイズナーはディズニー・パストを大事にしたと述べた。それでは，ディズニー・パストとは具体的にどのようなものであるのか，ウォルト時代のディズニー史を辿ることで，それを確認してみよう。

「役者かアーティストになりたい」という夢を持っていたウォルトは，アーティストとしての道を選び1920年代初頭，昼はカンザスシティーのフィルム・アド社（映画館で上映する1分間の広告フィルムなどを制作する会社）で働き，夜は自分のスタジオで1分間のフィルムを制作していた。

1922年にはフィルム・アド社を辞めて，自身の会社となるラフォグラム・フィルム社を設立した。ウォルトは20歳にして社長となり5名のアニメーターと秘書，営業マネジャーなどを管理する立場にあった。

この会社では，おとぎ話を現代風にアレンジしたシリーズとして『赤ずきん』『ブレーメンの音楽隊』『ジャックと豆の木』『三匹のくま』『長靴をはいた猫』といった短編作品が作られた。しかし，資金調達で失敗したため1年余りで倒産した。

1923年，ウォルトは映画の都（映画制作の拠点）として定着しつつあったカリフォルニア州ロサンゼルスへと移り住んだ。ここで兄のロイをマネジャーとして，ディズニー・ブラザーズ・スタジオを設立した。名称は以後，ウォルト・ディズニー・スタジオ，ウォルト・ディズニー・プロダクションズと変更したが，このスタジオがディズニー作品制作の拠点となった。

ハイピリオン通りにスタジオがあった時には1階が管理部門で2階が制作部

第7章 マイケル・アイズナーによるディズニー・パストの継承

門となっており，ロイが下からウォルトを支える構図を示していた。ネクタイをしているのは経理担当の2人だけで，アニメーターは自由闊達に制作にとりかかっていた。

敷地内には野球場やバドミントンのコートがあり，そこで気分転換をすることができた。また，職場内ではファースト・ネームで呼び合われた。誰もがロイ，ウォルトと呼ぶことができ，上下関係のない和やかな職場環境があった。

初期のスタジオでは，実写とアニメーションが組み合わさったアリス・コメディのシリーズが作られた。ウォルトは自身の絵を描く能力に見切りを付けていて，ストーリーやギャグなどの脚本作りに専念し始め，アニメーターは制作スタッフに委ねた。ウォルトは才能のあるスタッフには，自分よりも高い報酬を与えた。

また，アニメーターのためにアート講座を開き，実際の動物の動きを観察させることで，表現力の向上を促した。ウォルトが優秀なアニメーターの資質として考えていたのは，主に次の5点である。

①デッサンが上手なこと。②戯画化の方法，ものの動き，ものの特徴をつかんでいること。③演技に対する目と知識を持っていること。④良いギャグを考え出すと同時に，それを上手く表現する能力があること。⑤ストーリーの構成と観客の価値観について熟知していること。

こうしたスタッフの能力を活用しながら1927年からは新シリーズとして『しあわせウサギのオズワルド』というアニメーション映画をつくり出した。この制作を通じてウォルトは，アニメーションには創造的なストーリー性と，個性的な動きと魅力を持つキャラクターの存在が欠かせないことを知った。特に，曖昧なところを残さずに「読ませる」作品でなければならないことを学んだ。

そして，もっと重要なことには「版権は自分たちで持っておくべき」ということを，身を持って覚えた。というのも，このシリーズは自分たちが作ったものであるのにもかかわらず，契約上はユニバーサルの所有物となっており，利益が自身に入って来ないという事態になってしまったのである。

(2) キャラクタービジネスの開始

オズワルドの代わりとして創出するキャラクターからの権利関係は，兄のロイが厳しく押さえることになった。当初，モーティマー・マウスと名づけられた，そのキャラクターには，大きな真珠のボタンの付いた赤いベルベットのズボン，大きな靴，そして4本指の手袋が施されていった。それがミッキーマウスの誕生であった。

1928年には，映画デビュー作となる『飛行機狂』が公開された。ミッキーマウスは今でいうミニマムデザイン（ハローキティのように極力書き込みを抑えるデザイン）である。その理由は2週間ごとに700コマの映画を仕上げるために，描くのに手間のかからないものである必要があったからである。

ミッキーマウスの3本目の作品である『蒸気船ウィリー』では，それまでサイレント（無声映画）だったのに対し，アニメーション映画としては初めてのトーキー（音声が効果的に取り入れられた有声映画）となった。

この映画でミッキーマウスはミニーマウスと初共演を果たした。その公開日が1928年11月18日だったので，その日がミッキーとミニーの誕生日となっている。また，ミッキーマウスの吹き替えは1946年までウォルト自らが担当していたことも有名である。

この作品ではまだ白黒であったが，1932年のシリー・シンフォニーシリーズ（音楽をストーリーの語りとして用いるシリーズ）『花と木』で，テクニカラー社と独占契約を結び，初めてカラーが使用された。この作品がアニメーション作品で初となるアカデミー賞を受賞したことで「ディズニーと言えば，もうミッキーマウスだけではない」ということが世間に認められた。

そうしたディズニーは，増加する制作費と上映用フィルムのプリント代を賄える資金源を必要とした。そこでロイは，サンフランシスコに本社があるバンク・オブ・イタリア（後のバンク・オブ・アメリカ）を融資先に得た。ここの経営者がアニメーション映画に関心を持っていたからである。この銀行との取引関係は，以後30年間続くことになる。

こうした1930年頃からは，キャラクター商品の販売を行うことで，その利益を制作費に充てた。キャラクターの効果は絶大であり，この時期に破産の危

機にあった玩具メーカーのライオネル社は，ミッキーマウスとミニーマウスの付いたクルマの玩具を発売し，大ヒットした。また，同じく苦境にあったインガソル・ウォーターベリー社もミッキーマウスの時計を発売し，大量の注文を得た。こうして2社ともディズニーのキャラクターで倒産を免れたのである。

このようなライセンス販売のほかに，新聞への漫画掲載やミッキーマウスの映画で用いられる歌の楽譜出版，映画館でのミッキーマウス・クラブ（会員向けのバッジや旗を加入料と引き換えにする）の結成などが制作費の源泉となった。

また，この頃には，アニメーションの新しい技法として，①作品が完成してスクリーンに映される前に，その動きを確認できる試写室（狭くて通気口がない部屋だったので「スウェット・ボックス（汗かき部屋）」と呼ばれた）。②ストーリーボード（1枚の板の上にスケッチをピンで止めていくことで，物語の流れを視覚で説明できるもの）が開発されている。

（3）映画に販売促進の要素を入れる

1934年には，手にした資金源や新たな技法を活かして，初の長編アニメーション作品となる『白雪姫』の制作が始まった。当時のハリウッド・スタジオではアニメーションとは短編で，作品と作品の間に流すジャンクション（つなぎ）という認識があり，長編アニメーション1本だけで勝負するスタジオはなかった。

そこにディズニーは，①入念に練られたストーリー構成。②高い音楽性（ハイホー，ハイホーなど）。③性格がはっきりとしたキャラクター設定（7人の小人）という短編制作で培ったノウハウを存分に活かした作品で挑んだ。

ちなみに「キャラクター」という言葉は日本でも定着しているが1950年代に日本がディズニー映画の配給をする際の契約書に"fanciful character"とあり，それを「空想的キャラクター」と訳したことが最初であるとされる。

そうしたキャラクター設定も明確にされた『白雪姫』は，上映時間83分，原画200万枚という大作となり1937年に公開された。ニューヨークのラジオシティ・ミュージックホールでは，前例のない3週間というロングランを記録した。1939年には新たなスタジオが，ブエナ・ビスタに設けられた。前節で

触れたブエナ・ビスタ（ディズニーの配給会社）は，この地名から取られたものである。

その後，ディズニーは『ピノキオ』(1940) で，アニメーションとして成立させるために，原作では脇役にすぎなかったコオロギのジミニークリケットに，ピノキオの良心という重要な役割を与えるといった修正を加えた。主人公の周りに興味を引かせるような登場人物を配置するという工夫をしたのである。

この『ピノキオ』は長編アニメーションで初めてマルチプレーン・カメラ（画像に立体感を出すために，何枚も重ねたセル画を上からカメラで写すこと）が使用された。

また，この時期には戦争直前だった関係で低予算かつ短期間で制作された『ダンボ』(1941)，人間を描かずに登場するのがすべて動物である『バンビ』(1942) など，今でも観る価値のある「古典中の古典」が連続して公開されていった。

戦後においては，ロイが「映画の中に，顧客の受ける新しい視点，役作り，魅力的な音楽などを盛り込めば，販売促進の強力な武器となり，現在最低の水準に落ち込んでいる興行収入を回復できる」というディズニー作品の改善策を示した。

具体的には，①短編をまとめたもの（理想は18本）。②アニメーションと実写の合成作品。③長編アニメーションの3点を毎年の主要作品とすることが目指された。

プリンセス・ストーリーの王道である『シンデレラ』(1950) は，この事業計画から生まれた最初の成功例であり『白雪姫』以来の大ヒットを果たした。アメリカ人は映画にハッピーエンドを求めることで知られる。

かつて『フランダースの犬』をアメリカで制作することがあったが，原作はアンハッピーで終わる。そこで，映画ではエンディングを2つ用意した。1つは原作通りで，もう1つはハッピーエンドとしたところ，ハッピーエンドのほうが多く観られたのである。このことからもプリンセス・ストーリーはアメリカ人好みであり，支持されやすいということが伺える。

1949年では，実写映画への多角化も試みられ，イギリスで『宝島』(1950)

が制作された。ただし，これは増加傾向にあった長編アニメーション映画の製作費を賄うためのものだった。短編アニメーションは市場が縮小しており，十分な利益が見込めなかったのである。宣伝面では，後にマイケル・アイズナーが復活させたテレビのレギュラー番組が一役買い，ディズニー映画やテーマパークのプロモーションの場所として活用された。

1960年代には『わんわん物語』や『101匹わんちゃん大行進』などが制作された。後者ではゼロックス・プロセス（同じ絵を何枚も描く手間を省くために，ゼロックスコピーを用いること）が導入されたので101匹ものダルメシアンを容易に描けることに貢献した。

4．スローサイクル市場の創造

マイケル・アイズナーは，以上のようなディズニー・パストを大事にしながら，ディズニーの事業に確かな方向づけを行っていった。バーニーは『企業戦略論（上）』（2003）で，その方向づけとして次の3点を挙げる。

①ディズニーのテーマパークの入場料を高くしたこと。ディズニーのテーマパークはディズニーしか提供できない稀少性（レアリティ）がある。入場料が上がったからといって，他のテーマパークに足を運ぶことはしない。本物（オーセンティック）を味わえるところは，そこしかないからだという考えによる。単に入場料を上げるだけではなく，それに見合う魅力（アトラクション，パレードなど）を新たに創り出したので，1990年代におけるテーマパークの売上げは好調だった。

②ディズニーのキャラクター商品にプレミアム価格を付けたこと。特に新しく制作した映画（『ライオン・キング』など）のキャラクターの価値は，最初からプレミアムの付いたものとして取り扱われた。

③ディズニーがこれまでに築いてきた独自の資源である有名なキャラクターを，映画やテーマパークにおいてフルに活用していける組織能力を形成したこと。キャラクターの活用の場は，ディズニーストアやディズニーチャンネル，出版，音楽，劇場にまで広がりをみせている。

このようにマイケル・アイズナーは，ディズニーが所有するキャラクターを最大限に活かす路線を採った。企業戦略論で有力なリソース・ベースト・ビュー（経営資源に基づく視点）では，企業内の貴重かつ稀少で模倣困難な経営資源が持続的な競争優位をもたらすとされる。ディズニーの場合，数多くのキャラクターがその経営資源にあたり，それがディズニー最大の強みとなっている。

　企業の競争優位が長期にわたって持続できる市場を「スローサイクル市場」と呼ぶが，ディズニーはキャラクタービジネスをスローサイクル市場とし，そこから優位性を確立しているのである。そのキャラクターは映画から生まれ出るので，その基軸から離れることなく，新しい技術を取り入れながら進化を促すことがディズニー・ウェイであるといえる。

| 本章を深く学ぶための参考文献 |

ボブ・トーマス著，玉置悦子・能登路雅子訳『ウォルト・ディズニー』講談社　1995年
ボブ・トーマス著，山岡洋一・田中志ほり訳『ディズニー伝説』日経BP社　1998年
マイケル・アイズナー著，布施由紀子訳『ディズニー・ドリームの発想（上）（下）』徳間書店　2000年
マーティ・スクラー著，矢羽野薫訳『ディズニー　夢の王国をつくる』河出書房新社　2014年

● **本章を身近に感じるためのエクササイズ**
1．日本においてディズニー化の4要素が，どのようなところでみられるか，いくつか事例を挙げてみましょう。
2．マイケル・アイズナーが映画制作で最も重要だとみなした「ハイ・コンセプト」は，現在もクリエイティブな手法の1つとして欠かせないものとされています。これまでのディズニー映画やピクサー映画を取り上げて，それらの作品内容をハイ・コンセプトで示してみましょう。
3．ザ・ドリフターズのいかりや長介さんは，アメリカのディズニーランドに行った際に「魅惑のチキルーム」でセットが動き，しゃべるということに驚き，それをコントのセットに持ち込んだと明かしています。このように，ディズニーランドのアトラクションや映画のサウンドやカラー，表現方法は，その時代の最新技術に裏づけされたものです。トー

マスとジョンストンの『ディズニーアニメーション 生命を吹き込む魔法』(2002) や，テロッテの『ディズニーを支えた技術』(2009) などの関連書を読んで，どのような技術がこれまでに採用されてきたか，学んでみましょう。

第8章 ハワード・シュルツのスターバックスにおける経験価値の創造

○**本章を理解するためのキーワード**
経験価値，サードプレイス，ピープルビジネス，ファストチョイス

1．「グルメコーヒー」「スペシャルティーコーヒー」の創出

　現在，コーヒー業界では，サードウェーブ・コーヒーという豆の産地や入れ方にこだわる店舗が増えてきており，コーヒー市場における企業間競争は世界規模で激しくなっている。そうした中，シアトル系コーヒーと呼ばれるものが2社ある。1社はトム・タリー・オキーフが創業したタリーズ・コーヒー。また1社は本章で取り上げるスターバックスである。

　シアトルでコーヒーが多く飲まれる理由として，まず気温が低いことがある。そして，ニューヨーク市場との時差が3時間あり，ニューヨークが朝9時だとシアトルは朝6時から仕事を始めないといけないため，ホットコーヒーの需要がある。さらに，シアトルにはマイクロソフトやボーイングなどの拠点があり，最先端のライフスタイルへのこだわりがある街なので，コーヒーとの相性が良いとされる。

　また，シアトルにはマリナーズの本拠地であるセーフコフィールドがあり，ここのオフィシャルコーヒーになるとレフトフェンスに広告が打てるので，この場がタリーズとスターバックスのもう1つのコーヒー戦争となっている。

　世界市場では，スターバックスの存在感が圧倒的である。質の高いコーヒーと心のこもったサービス，強力なブランドによって「グルメコーヒー」あるいは「スペシャルティーコーヒー」という市場を新たにつくった。

そうしたスターバックスを率いてきたハワード・シュルツは，サービスは「人間の真心」からもたらされる必要があるとして，エモーショナル・コネクション（感情的な結びつき）を大事にしてきた。

　このような経営努力は数値面にも表れている。2017年4月～6月期のスターバックスの売上高は前年同期比8％増となる56億6,000万ドルだった。純利益では8.9％減の6億9,160万ドルであったが，既存店売上高は世界全体で4％増，アメリカで5％増，アジアで1％増となった。

　常に新しい話題もふりまいており，たとえば日本では京都に2017年6月，入り口に暖簾をかけて，畳の間がある二寧坂ヤサカ茶屋店を開いた。築100年以上の2階建ての日本家屋でコーヒーを提供するというグローバル化とローカル化が融合されたグローカル店舗となっている。

　また，東京では中目黒に2018年，シアトル・上海・ニューヨークに続く，世界で4番目となる「スターバックス リザーブ ロースタリー」をオープン予定である。敷地面積1,200平方メートルの広さで，世界のコーヒーの焙煎と抽出を五感で味わえる店舗となる。

　このように絶えず新たな試みをなすことで，世界のコーヒー業界をリードするスターバックスだが，設立当初は焙煎したコーヒー豆を販売するだけであった。それをハワード・シュルツが店内でコーヒーを飲むことができる，いわゆる喫茶店タイプへと路線を変更し，グローバルな成長を実現した。

　本章ではスターバックスの歴史をとらえながら，いかにしてハワード・シュルツがグルメコーヒーないしスペシャルティーコーヒーという業態のチェーン展開を世界規模で行ってきたかについて探っていこう。

2．顧客との絆の欠如

（1）「カフェラテをイタリア方式でアメリカ人に伝える」という使命

　ジェラルド・ボールドウィンとゴードン・バウカー，ゼブ・シーゲルの3人がシアトルに，良質なコーヒー豆（深煎りしたてのアラビカ種）だけを取り扱う「スターバックス・コーヒー・ティー・スパイス」を創設したのは1971年のこ

とだった。

　スターバックスという名前は，ハーマン・メルヴィルの小説『白鯨（モービー・ディック）』に出てくる一等航海士・スターバックからとったものであり，大洋のロマンスと初期のコーヒー貿易商品たちの船旅を想起させる。

　家庭雑貨を取り扱うハマープラスト社で働いていたハワード・シュルツは，1981年にドリップ式コーヒーメーカーを大量に注文してきたスターバックスに興味を持ち，実際にシアトルにまで足を運んだ。

　その際，同社のコーヒーにかける情熱に強く惹かれたハワード・シュルツは，翌1982年にスターバックスの営業とマーケティングの責任者として入社した。そこで気づいたのが，自社が提供する商品の高品質さに対する誇りが大きく，顧客へのサービスが少し傲慢になっていることだった。

　そう感じていたハワード・シュルツはミラノに出張した際に，どこのエスプレッソ・バーでも常連客がバリスタ（イタリア語でバーテンダーの意味で，コーヒーを抽出する者）と楽しそうに，ひと時を過ごしていることを目の当たりにした。

　イタリア人にとってコーヒースタンドは単に飲食をするところではなく，ポーチ（porch：家の入口から突き出た屋根のある部分）の延長であり，毎朝行きつけの店に寄って注文する1杯を通じて，個人的なかかわりと社会的なつながりを持つところであった。

　このような顧客との絆こそが，スターバックスに足りない部分だと気づかされたのである。当時のスターバックスは，良質のコーヒー豆やコーヒーマシンなどを売っているだけで，店内でお客にコーヒーを飲ませてはいなかった。

　それをミラノのようなスタイル（イタリア方式）に変えて，アメリカ人にカフェラテ（泡立てた温かくて甘いミルクを加えたエスプレッソ）を伝えることが自身の使命だと確信したのである。そうして1984年にシアトルのフォース・スプリング通りに開いた6号店が，店内でコーヒーを提供する最初の店舗となった。

（2）イル・ジョルナーレの開店とスターバックスの買収

　6号店オープン後での経営方針は，創業者とハワード・シュルツとの間で違

いが生じていた。ハワード・シュルツは，この路線で拡大したいと主張したが，ボールドウィンは「自社はコーヒー焙煎業者であって，レストラン業として展開はしない」と一蹴した。お客が混雑しすぎたら，丁寧に商品の説明ができなくなることを危惧したのである。こうした意見の食い違いから，ハワード・シュルツは退社して，自らがエスプレッソ・バーを経営することを決めた。

1985年末に独立したハワード・シュルツだったが，ボールドウィンは最初の株主となり，また取締役になることで応援した。店名はイタリア最大の新聞の名前からとって，イル・ジョルナーレとした。

ジョルナーレには毎日という意味があり，日常生活に1杯のコーヒーは欠かせないという思いを込めた。その1号店が開店したのは1986年4月のことであり，その半年後に2号店，さらにその半年後には3号店がオープンした。

イル・ジョルナーレが3店舗目を数えた1987年3月，ボールドウィンらはスターバックスの6店舗と焙煎工場，商標を売却することを決断した。これを知ったハワード・シュルツは，すぐさまスターバックスを買収することを決意した。

「鮭が鯨を飲み込むような話」だとハワード・シュルツには思えたが，イル・ジョルナーレの喫茶店事業とスターバックスのコーヒー豆販売事業に相互補完性があることと，スターバックスの基本理念に敬意を抱いていたゆえの即決だった。

こうしてハワード・シュルツは，スターバックスを我が手に収め，以下に見るような明確なビジョンと価値観を持ち込むことで，現在における世界規模のコーヒーショップにまで育て上げたのである。

3．スターバックスの提供する5つの経験価値

（1）経験価値の創造

スターバックスの戦略は，店外と店内の双方で特徴的なものがある。まず店外では強気な立地をしている点がある。ラグジュアリーブランドの旗艦店の出

店法と同じく，都心に重点を置いて出店する。

　このことで，トレンドに敏感な顧客の関心を集め，彼らのクチコミによって，ブランドパワーを高めていける。ロケーションが良いので，多くの人が利用し，待ち合わせの場所にも用いられる。テレビコマーシャルを行わない代わりに，好立地そのものを最大の広告宣伝に使っているのである。

　テレビコマーシャルはハーレーダビッドソンなども行わないが，それは自社製品やサービスが経験財だからという理由である。実際に製品を使ってもらうことや，サービスを受けてもらうことでしか伝わらないので，スターバックスはテレビコマーシャルより店内でのサービスに力点を置く。

　また，テイクアウトされる場合が多いので，スターバックスの紙袋を提げていたり，歩きながらコーヒーを飲んだりする顧客自体が街中での宣伝役となる。

　さらには，その紙袋や容器に描かれた緑のロゴマークも大きな役割を担っている。そのマークは，北欧神話に登場するセイレン（siren：2つの尾を持つ人魚）である。セイレンは美しい歌声で船乗りを魅了する。これをロゴマークに使用することで，街を歩く人たちを店内に誘い込むのである。

　そうして誘われた店内では，ブランド価値を維持するための徹底したこだわりがなされている。ハワード・シュルツは，コーヒーが魅力的な商品になるためには，①コーヒー豆に情熱を込めること。②社員が顧客を楽しませること。③店舗内でのあらゆる経験を魅惑的にすることの3つが欠かせないという。これらを通じて，顧客の心の中には経験価値というものが生まれる。

　シュミットの『経験価値マーケティング』（2000）では，経験価値とは「ある刺激に反応して生まれる個人的な出来事」とされる。つまり，ある商品を使うことの楽しさ，ある店舗に居る時の快適さ，商品を使った後や店舗を出た後に残る余韻といった「心地良い経験」のことである。心地良い経験となるのは，その商品やサービスに，エスセティクス（aesthetics：審美）が宿っているからである。

　たとえば，スターバックスのタンブラー（携帯用マグカップ）の豊富なデザインバリエーションを取って見るだけでも，エスセティクスは十分に感じられ

る。日本では2016年に，地域限定のマグカップやタンブラー，カードが「地元の人々の日常の様子（その地で馴染みのあるモノやコト，言葉を織り交ぜること）」をデザインコンセプトとしてリニューアルされた。「ジャパン ジオグラフィー シリーズ」として13エリア（北海道・宮城県・東京都・神奈川県・石川県・長野県・愛知県・京都府・大阪府・兵庫県・広島県・福岡県・沖縄県）で全52アイテムを販売している。

　シュミットは，こうしたエスセティクスから得られる心地良い経験を説明するためにSense, Feel, Think, Act, Relateの5つからなる経験モジュールを示す。これを下敷きにして，スターバックスの場合をとらえると次のようになる。

（2）5つの経験モジュール

　① Sense…五感（見る・聞く・嗅ぐ・味わう・触れる）に訴えて，審美的な楽しみや興奮などに対するインパクトを引き起こすこと。スターバックスのSenseは，コーヒーを五感で楽しませていることにある。

　コーヒーの味覚と嗅覚のために，カッピング（コーヒーのテイストや香りを確かめるテイスティング）が重視される。社内のコーヒースペシャリストが入念にチェックしてクリアされたコーヒー豆だけが独特の方式でローストされる。こうしたテイスティングは日本酒やウィスキー業界でも行われている。

　味覚と嗅覚に訴えるために，店内は禁煙となる。社員も香水やオーディコロンは使用できない。コーヒー豆が匂いを吸収しやすいからである。コーヒー豆はアラビカ種という標高900〜1,500メートルで獲れる上質なものだけを用いる。そして，聴覚にはエスプレッソマシンの音で，視覚には店内のインテリアで，触覚にはスレート（コンクリート素材）の床の質感などで訴求している。

　② Feel…商品を消費している最中に生じる歓びやくつろぎ感といった内面的なもの（フィーリング）に働きかけること。スターバックスのFeelは「サードプレイス」の提供にある。

　オルデンバーグは『サードプレイス』（2013）で「とびきり居心地の良い場所（グレート・グッド・プレイス）」の例として，イギリスのパブやフランスのカ

フェ，アメリカの居酒屋，あるいは書店や図書館などを挙げながら，そうした場所を「インフォーマルな公共生活の中核的環境」と定義する。つまり，家（ファーストプレイス）でも職場（セカンドプレイス）でもない，第3の場所（サードプレイス）がくつろげるところだと指摘する。

サードプレイスにかかわることで得られるものには，(a) 真新しさ（産業化・都市化・官僚化した社会で明らかに不足しているもの）。(b) 人生観（健全な心の持ちよう）。(c) 心の強壮剤（日常的な元気回復）。(d) 友だち集団（大勢と定期的に友だち付き合いをすること）などがある。これらは万国共通で受けることのできる恩恵だとみなされる。

これをスターバックスに当てはめると，(a) 新しくできた店舗に行ってみる。あるいは新メニューを味わってみる。(b) 朝は必ずこの店で「儀式の1杯」を飲むといったライフスタイルとして定着する。(c) リフレッシュを求める。(d) 友人との語らいの場として長時間利用する，いわば隠れ家（リトリート）的な存在といったものとなる。

ナップは『ブランド・マインドセット』(2000) で「本物はとがっている」とし，スターバックスが提供するサードプレイスは，とんがった重要な部分だと指摘する。

③ Think…顧客の創造性を呼び起こすような問題解決型のアプローチを通じて，顧客の知力形成を促すこと。スターバックスの Think は，オーダーをカスタマイズできることにある。

たとえば CoCo 壱番屋やサブウェイなどでトッピングが自由に選べるように，ベースとなるものに好みでアレンジを加えることができる。カスタマイズをスムーズに行うためには，来店を繰り返し，自分好みのアレンジを探す必要がある。そこに至るまでのハードルは高いが，だからこそ，そこを越えたところにある顧客ロイヤルティの獲得は手堅いものとなる。

④ Act…顧客との相互作用によって，そのライフスタイルを豊かなものにすること。スターバックスの Act は，バリスタがコミュニケーションをとることにある。

企業理念である"Just Say Yes（それはできないと言う前に，どうしたら可能であ

るかを前向きに考える)"という心構えを持って，店内での顧客との心の交流を図る。このために，バリスタの研修プログラムは充実したものとなっており，どの店舗でもハイレベルなテイストと知識に基づいた接客がなされる。

⑤ Relate…企業が社会システムにおいて，強力なブランドを揺るぎなく築くための仕上げとなるもの。スターバックスの Relate は「ピープルビジネス」の実行にある。それは，コーヒーを快適な空間で人と人とをつなぐ社交的な飲み物にしていくということである。

日本において，目黒店が「和」をコンセプトして，木目調のインテリアを施し，陶器で商品を提供していることや「ネイバーフット アンド コーヒー (旧インスパイヤード バイ スターバックス)」では住宅地に出店するという地域密着型で，アルコールも提供することなどは Relate の取り組みである。

4. 離れた基軸の再認識と自己回復力

(1) 世界三大市場への順調な進出

1990 年代に入り，スターバックスはノードストローム百貨店やバーンズ＆ノーブル書店，ユナイテッド・エアラインズなどと提携して，販売する領域を多岐に広げていった。

そうした中，1996 年には北米市場以外では初となる店舗を日本の銀座に開いた。日本市場進出に際しては，アパレルブランドのアニエスベーなどを展開している生活雑貨販売のサザビーと提携し，スターバックスコーヒージャパンを設立した。

サザビーと組んだ理由は，ライフスタイルを提案する企業であり，その提案に基づくブランド構築の経験や流通業のノウハウを持っているからであった。「手の届く贅沢」をコンセプトとするスターバックスは，サザビーが生活をより楽しくするために「(手の届く) 半歩先」の事業を展開しているところに共通点を見たのである。

この日本市場への参入以降では，堰を切ったかのように，毎年いずれかの国への進出を果たした。

1997年フィリピン，1998年台湾・タイ・ニュージーランド・マレーシア・イギリス，1999年中国・クウェート・韓国・レバノン，2000年ドバイ・カタール・バーレーン・サウジアラビア・オーストラリア，2001年スイス・オーストリア，2002年オマーン・インドネシア・ドイツ・スペイン・プエルトリコ・メキシコ・ギリシア，2003年トルコ・チリ・ペルー・キプロス共和国，2004年フランスといった具合に，世界三大市場に着実に進出していった。

　この時期（2003年）に，ウォールストリート・ジャーナルの取材を受けたオーリン・スミス（2000年～2005年CEO兼社長）は「海外におけるビジネス拡大のための5つのレッスン」として次の点を挙げた。

　①アメリカ市場と海外市場を（そこが英語圏であっても）似ていると思わない。②成長のスピードを上げるには現地パートナーが欠かせない。③新規出店よりも既存店の維持のほうが大切。④現地のマネジャーと社員を雇う。⑤現地の文化と味覚に適応する。これらには，異文化への理解（カルチュラル・アウェアネス）ないし異文化への感度の高さ（カルチュラル・センシティビティ）がしっかりと含まれている。

　こうした点は日本市場でも守られていた。全国各地への出店を進めるとともに，2005年にはコンビニエンスストアで，プラスチックカップに入ったチルドコーヒーの販売を始めた。これはRTD（Ready to Drink：すぐに飲むことができる商品）市場への参入だった。

　また，病院やサービスエリアへの出店もなされ，インスタントコーヒーVIA（ヴィア）の販売やドライブスルーのサービスも始まった。しかし，こうした順調な事業展開が，自社内外の双方からの要因によって変調する時期が2000年代後半になって訪れることになる。

（2）サードプレイスへのこだわり

　2009年9月，日本マクドナルドはプレミアムローストコーヒーを無料で配布するというキャンペーンを実施した。その結果，来店者数が増し，同月の既存店売上高は前年比0.8％増加した。無料のコーヒーが「客寄せパンダ」的な効果を果たしたのである。これは，ほかのコーヒーショップにとってはゲリラ

的行動であり,打撃を受けることになる。

　ゲリラ的行動の例には 2007 年に通話料無料プランで携帯電話業界に参入したソフトバンクがある。ソフトバンクの攻勢を迎え撃つ形で NTT DoCoMo は 2008 年に「新ドコモ宣言」をロゴマークの変更とともに行ったが,そうした受け身的行動は「まんまとソフトバンクの術中にはまった変調」だとみなされる。

　では,マクドナルドのゲリラ的行動に対し,スターバックスはどのような反応を示したか？　2009 年 10 月,スターバックスコーヒージャパンの岩田松雄社長は「低価格戦略は考えていない。スターバックスが提供するのは,コーヒーだけでなく,癒しの空間や上質な時間である。この強みに磨きをかける」と述べて「土俵が違う」と宣言した。

　癒しの空間や上質な時間とは,すでに述べたようなサードプレイスの提供を意味する。サードプレイスの提供という戦略を一貫して行うには,確固とした企業文化が必要である。

　スターバックスではハワード・シュルツとともに,ハワード・ビーハーが企業文化の創出をリードした。この両者にオーリン・スミスを加えて,スターバックスのマネジメントは,彼らの頭文字を取って「H20 体制」とも呼ばれた。

　中でもハワード・ビーハーによる「パーソナルリーダーシップの 10 ヵ条」は,スターバックスのグリーンエプロンブックとともに,同社のパートナー(同社では従業員をパートナーと呼ぶ)の行動指針となっている。その 10 ヵ条のエッセンスは以下の通りである。

　①自分に正直になるために「かぶる帽子(自分の考え方)」を 1 つにする。②なぜこの会社で働くのかを理解すると「出世のために」ではなく「正しい理由」で行動できる。③決断を下す自主性を持つ…掃除をする人が箒を選ぶべき(現場の意思決定を重視する)。④信頼を築き,心から思いやる(一時に 1 人の顧客に集中してコーヒーを提供する)。⑤壁は真実を語る(店舗の雰囲気で居心地が良いところかどうかがすぐわかる)。⑥責任を持つと真実以外は嘘だと分かる。⑦とにかく行動する。⑧困難に立ち向かう。⑨雑音の中の静かな声に耳を傾け,奉仕型リー

ダーシップを発揮する。⑩「ノー」と言わず「イエス」という力強い言葉を口にする（Just Say Yes の精神）。

　この 10 ヵ条はいずれも「スターバックス＝サードプレイス」の等式を支える重要な要素である。中でも特に④は，スターバックスがコーヒー（商売上の技術）よりも人間性（他者とのかかわり合い）を問題にしていることの表れである。これはスターバックスが，その地域でサードプレイスとして定着することを成立させる考え方である。

　ハワード・シュルツも 2010 年，ハーバード・ビジネス・レビューによるインタビューに対して「私たちはどこまでも人が財産の会社です。私たちほど人間の行動に依存している消費者ブランドは他にないでしょう。従来のマーケティングや広告ではなく，経験を通じて私たちはスターバックスというブランドを築きました」と応えている。

（3）「神話性」と「人間性」の喪失

　上記のインタビュー記事のタイトルは "We had to Own the Mistakes" つまり「私たちは間違いを自認しなければならなかった」と付けられていた。いったい，どのような間違いがあったのだろうか？　サードプレイスを売りにするスターバックスが変調し始めたのは 2007 年の終わり頃からである。

　この時期までに，スターバックスはアメリカ国内のあちらこちらにあった。

　2000 年代後半には，日本同様にドライブスルーなどのサービスにも力を入れた。しかし，そのことが，従来有していたスターバックスの神話性（存在の稀少性）を失わせたのである。パートナーと顧客が店舗で直接にかかわり合わなくなったことで，人間性（他者とのかかわり合い）も大きく揺らいだ。こうした神話性や人間性の喪失が業績の悪化に直結した。

　この異変は主に内的要因（自滅的行為）に起因するものだった。それに加え，外的要因（競合相手からの攻撃）も起こっていた。2008 年からマクドナルドがコーヒーに力を入れ出し，コーヒーのファストチョイス（顧客がある商品を想起する際，最初に思いつくブランド名）となることを狙い始めていた。翌年には前述したように日本でコーヒーの無料配布を行うほどの力の入れようだった。

第8章 ハワード・シュルツのスターバックスにおける経験価値の創造

2008年，マクドナルドはスターバックス式のプレミアムコーヒーのカウンターを全米店舗で展開した。日本マクドナルドでも，スペシャリティコーヒー用マシン（バリスタブリューワー）を導入し2009年11月からはホット4品とアイス3品のコーヒーを新発売した。

こうしたマクドナルドのコーヒー強化により，喫茶店（コーヒー専門チェーンを含む）市場は2010年では1兆104億円（ピーク時は1982年の1兆7,396億円）と減少傾向にある。この統計には，マクドナルドを始めとするファストフード店で提供されるコーヒーは含まれない。このデータは，マクドナルドのコーヒーが喫茶店市場を侵食していることの現われでもある。

以上のような社内外からの要因により，危機的状況が始まった2008年でのスターバックスの受け身的対応は話題になった。その前年の2007年2月には，当時会長だったハワード・シュルツは，それまでのさまざまな成長・拡大路線は，スターバックス経験の質を低下させ，ブランドをコモディティ化してしまったとすでに自認していた。

また，①自動エスプレッソマシンの導入によって，サービスは迅速になり，効率は良くなったが，ロマンチックで劇場的な要素を失った。②焙煎したてのコーヒーの袋詰めに成功したが，コーヒーの香りを失った。③店舗デザインの簡素化により，規模の効率性は実現したが，魂を失ったとみなし，中核に立ち戻る決心をしたのである。

それが2008年1月，ハワード・シュルツのCEOへの復帰につながった。2月には全米の7,100店舗すべてで一斉に夕方の3時間を閉店とし，従業員トレーニングを実施した。ドアには次のような文が張り出されていた。「完璧なエスプレッソをつくるための研修中です。エスプレッソをつくるには訓練が必要です。私たちはそのための技術を磨いています」。

他にも，2008年では多角化事業である音楽レーベルなどのエンターテイメントビジネスを見直し，店舗やドライブスルーの閉鎖や従業員のリストラを行い，アメリカ以外の海外出店計画の縮小などを決めた。サードプレイス・ファーストへと移行していったのである。

（4）「偏在」か「遍在」

　ハワード・シュルツは，スターバックスが直ちに実行すべきは，次の3つの取り組みであると考えた。1つはアメリカの店舗ビジネスの現状改善。いま1つは顧客との感情の絆の取り戻し。また1つはビジネスの基盤に対して長期的改革をすぐに始めることである。

　この3つに取り組む際に，ハワード・シュルツは「私たちの望むもの（ビジョン）」を「魂を刺激し，育む企業として知られ，世界で最も認められ，尊敬されるブランドを有する優れた企業であり続ける」と定めた。次にこれを実現するための「7つの大きな目標」を掲げ，次のような具体的な活動を行った。

① コーヒーの権威としての地位を揺るぎないものにする…「パイクプレイスロースト」というブレンドの発売。「マストレーナ」というエスプレッソマシンの設置。「クローバー」というコーヒーマシンの導入など。

② パートナーとの絆を確立し，彼らに刺激を与える。

③ 顧客との心の絆を取り戻す…「ロイヤルティープログラム」…リワードカードとゴールドカードをマイ・スターバックス・リワード（会員制カード）に統合して，それまでの年会費25ドルを無料にし，カード提示でほとんどの商品が10％割引となり，特典も厚くした。「マイスターバックスアイデア・ドットコム」の運営。フェイスブックやツイッターなどのソーシャルメディアの活用。デジタル事業（店舗でのWi-Fiネットワーク利用）。リーン方式（顧客の待ち時間の短縮）など。とりわけソーシャルメディアは，サードプレイスにおけるバーチャルなフォースプレイス（第4の場所）と位置づけられる。

④ 海外市場でのシェアを拡大する（各店舗はそれぞれの地域社会の中心になる）…北米以外で展開する「スターバックス・コーヒー・インターナショナル」事業の拡大。中国市場での成長。地域ごとでの店舗デザインとコンセプトの創出。ワインやビールを提供する商店（マーチャンストア）の展開など。

⑤ コーヒー豆の倫理的調達や環境保全活動に率先して取り組む…フェアトレードでの調達。寄付などを通じた地域への奉仕。使用済み紙コップのリサイクルといった環境への影響考慮など。

⑥スターバックスのコーヒーにふさわしい創造性に富んだ成長を達成するための基盤をつくる…アメリカ・カナダに続き，日本でもインスタントコーヒー（スターバックスVIA）を販売し始めた。日本でのインスタントコーヒー市場が約21億ドルと，アメリカの約6億ドルの3倍以上となることによる。

⑦持続可能な経済モデルを提供する…コストの削減。サプライチェーンの構築。店舗技術の向上による顧客の待ち時間のさらなる短縮。シニアリーダーたちのチームワーク形成など。

　こうして掲げられた7つの目標のもとに，前掲した日本社長の発言（癒しの空間や上質の時間の提供）がある。神話性を確立し続けることの難しさは，成長戦略と矛盾することにある。効率性や利益を追求しようとすると，店舗数を増やしたり，サービスを多角化的になしたり，小売店でも買えるようにしたりするような企業行動に出てしまう。

　結果として，それらがブランドネームの露出過多につながり「ありがたみのある，レアな存在」から「ありきたりな，どこにでもある存在」に転化する。つまり「偏在」から「遍在」へとなってしまうのである。これが「スターバックスのファストフード店化」といわれることにつながった。

5．違う土俵で戦う

　本章の終わりにスターバックスの戦う土俵を再度確認しておこう。スターバックスが開拓したのは，グルメコーヒーないしスペシャルティーコーヒーという新領域だった。贅沢な1杯でのコーヒーブレイクを一等地に構えた店舗で提供することで，都会の隠れ家として支持を受けた。

　このような「都会のど真ん中（main & main）」へのロケーショニング戦略が，スターバックスブランドを神話性で包み込むことを後押しした。スターバックスの与える経験価値は，ここにこそ存在する。

　その点では，2010年8月からスターバックスが「リザーブ」という稀少で超高級の豆を用いたコーヒーをアメリカにおいて限定で販売したのは，自社の

付加価値を踏まえた取り組みとして評価できる。リザーブは日本においても2011年2月から限定で販売した。価格は通常の5割増しであり、日本では最高で650円の価格設定であった。

　こうした超高級コーヒー市場は、やはりシアトルで顕著であり、すでにブルーボトルコーヒーやゾッカコーヒーなどが参入している。ブルーボトルコーヒーはコーヒー豆の鮮度にこだわり、店舗に焙煎所を併設し、48時間以内に挽いた豆だけを取り扱っている。そのため、コーヒー豆1ポンド（約450グラム）は全米平均で330円のところ1,500～2,500円という高価格帯となっている。また、ゾッカコーヒーは、世界で5％しか流通しない最高品質のコーヒー豆だけを使用する。

　このように、コーヒー豆の「挽きたて」や「稀少性」で勝負する他社に、スターバックスは既存のネットワークを活用する「仕入れ先の安定性」を武器に、超高級コーヒーに後発参入した。この路線を採ると「安さ」を売りにするマクドナルドや、近年、コーヒーのファストチョイスを狙っているコンビニコーヒーとは「土俵が違う」ということになる。

　スターバックスが戦う場所は、コーヒーの遍在性（いつでもどこでも飲める手軽な1杯）ではなく、コーヒーを味わう経験の偏在性（そこでしか味わえない大切な1杯）にこそある。

本章を深く学ぶための参考文献

ハワード・シュルツ, ドリー・ジョーンズ・ヤング著, 小幡照雄・大川修二訳『スターバックス成功物語』日経BP社　1998年

スコット・ベドベリ著, 土屋京子訳『なぜみんなスターバックスに行きたがるのか？』講談社　2002年

ハワード・ビーハー, ジャネット・ゴールドシュタイン著, 関美和訳『スターバックスを世界一にするために守り続けてきた大切な原則』日本経済新聞出版社　2009年

ハワード・シュルツ, ジョアンヌ・ゴードン著, 月沢李歌子訳『スターバックス再生物語 つながりを育む経営』徳間書店　2011年

第8章 ハワード・シュルツのスターバックスにおける経験価値の創造

● **本章を身近に感じるためのエクササイズ**

1. あなたが関心のある企業を「5つの経験モジュール」に分けてとらえてみましょう。
2. あなたの「サードプレイス」はどこでしょうか？ その理由も考えてみましょう。
3. 各ジャンルでの「ファストチョイス」には何が挙がるか，周りの人たちと話し合ってみましょう。たとえば「ハンバーガーといえば〇〇」「スナック菓子といえば〇〇」「炭酸飲料といえば〇〇」「お茶といえば〇〇」といった具合に挙げてみましょう。

Part Ⅲ　グローバルブランド企業の国際経営

　このパートでは，世界市場で活動している企業が形成する「グローバルブランド」の側面に注目し，国際経営とグローバルブランドの構築はどのような関係にあるのか。また，競合相手との競争戦略をいかに展開することで，持続的な競争優位を獲得できるのかといったことに迫っている。

　「第9章　「良い目標」を持った国際経営展開―イケアを事例として―」では2016年のグローバルブランドランキングの傾向について触れた上で，日本企業の課題を提示する。そして，その課題を解決する糸口を見いだすために欧州企業のネスレとイケアの事例を挙げ，ビジネスモデルのイノベーションや「良い目標」を持った国際経営の展開といった点から，グローバルブランディングの手がかりを求めている。

　「第10章　コカ・コーラの国際経営戦略」では，グローバルブランドの雄であるコカ・コーラのビジネスヒストリーを辿ることで，世界規模でのブランディングの要諦を見いだしている。とりわけ1960年代から始まったペプシとのコーラ戦争における幾つかのポイントには学ぶべき点が多い。

　「第11章　ナイキの国際競争戦略」では，世界で数あるスポーティンググッズ・ブランドの中で，最もブランド価値のあるナイキの草創期からアディダスとのスポーツシューズ戦争に至るまでを取り上げ，その競争戦略の仕方をとらえている。また，生産活動をそれ以外の活動と切り離す形の国際的バリューチェーンについても触れ，その問題点を指摘している。

第9章 「良い目標」を持った国際経営展開―イケアを事例として―

○**本章を理解するためのキーワード**
マーケティング3.0，企業効果，柔軟な複製，良い目標

1．グローバルブランドランキングと日本企業

（1）2016年「ベストグローバルブランズ100」での傾向

　旬のグローバルブランドにはどのようなものがあるかについてわかりやすいものに，インターブランドが毎年公表する「ベストグローバルブランズ100」というランキングがある。

　インターブランドは1974年にロンドンで設立されたブランディング専門会社であり，ブランドを「常に変化する事業資産（リビング・ビジネス・アセット）」と定義する。その同社がグローバルな事業展開を行うブランドを対象に，そのブランドが持つ価値を金額に換算してランクづけしているのが，このランキングである。

　2016年のランキングには1位アップル，2位グーグル，3位コカ・コーラ，4位マイクロソフト，5位トヨタ，6位IBM，7位サムスン，8位アマゾン，9位メルセデスベンツ，10位GEと並んだ。それ以降の順位で，本書で取り上げている主な企業を挙げると12位マクドナルド，13位ディズニー，15位フェイスブック，18位ナイキ，21位ホンダ，23位ペプシ，26位イケア，43位日産，60位アディダス，64位スターバックスとなる。

　この年に最もブランド価値を高めたのは，前年比48％増のフェイスブックであった。フェイスブックは2013年に初めてランクインして以来，4年連続

してブランド価値の上昇率が最も高いという勢いの良さを見せている。その次にブランド価値を高めたのはアマゾン（33％増）であり，このランキングでもIT企業のビッグ5の強さが目立つ。

一方で，最もブランド価値を下げたのはIBMで前年比19％減だった。その次にはシェル（92位，17％減）であり，それぞれビジネスモデルの時代への適合性が問われている。

日本企業はトップ100のうち，わずか6社しか入っていない。トヨタ（前年比9％増）ホンダ（4％減）日産（22％増）の他には，42位キヤノン（2％減）58位ソニー（8％増）68位パナソニック（1％減）である。その中でトヨタはアジアブランドで初めてトップ5に入り，日産は22％もブランド価値を高めた。数年前までは任天堂もランクインしていたが，現在はこの6社であり，自動車と電機メーカーに限られている。

（2）世界市場における日本企業の存在感の弱まり

ここで考えたいのはGDP（Gross Domestic Product：国内総生産）が日本より低い国の企業のほうが，日本企業よりブランド価値を高めることができている点である。つまり日本企業の実力からすれば，自動車や電機以外のブランドという「見えざる資産」も，もっと世界で高く評価されて良いということである。

たとえば前掲のブランドランキングで，デンマークのレゴ（67位）は昨年より25％ブランド価値を高めている。また，スペインのザラ（27位）は19％増，中国のファーウェイ（72位）は18％増となっている。日本以外の国の企業が，日本企業以上にグローバルブランディングを進めているのである。

これは，ブランドランキングの評価対象に「本国地域以外での売上高比率が30％以上あること」「世界三大市場で相応のプレセンス（存在感）があり，新興国も幅広くカバーしていること」などがあり，その基準に外れているために抽出されない（つまりエントリー自体ができていない）ことにもよるので，グローバルブランドの問題は国際経営の問題であるといえる。

2011年に初来日したウォーレン・バフェットが「過小評価されている日本企業があると思う。良い経営をしている企業の銘柄は7〜8％の配当が得られ

る。そうすれば国債など他のものに投資するよりずっと良い。私は全財産を日本企業に投資しろと言われても問題無く運用していける」とコメントしたのは，そうした日本企業のポテンシャルを示唆するものである。

　世界市場での日本企業の伸び悩みについては以前から指摘されている。ブラックとモリソンは *Sunset in the Land of the Rising Sun*（2010）で，日本の多国籍企業を桜に見立て1990年代中頃がグローバルプレイヤーとして「満開」であったとみなす。それ以降では，その誇らしい地位を失ってきているという。

　これは，フォーチュン誌の「グローバル500」のランキングからデータ的に裏づけされている。1995年のランキングでは日本企業は10位までに6社，100位までに37社，500位までには141社入っていた。さらには1位から3位までが三菱商事，三井物産，伊藤忠商事という総合商社が独占し，華やかなりし状況にあった。

　この年，アメリカ企業は10位までに3社，100位までに28社，500位までに153社であり，ヨーロッパ企業は10位までに1社，100位までに38社，500位までに155社入っていた。ベスト10ないしベスト100までにランクインした日本企業の数の多さが目立っていたのである。

　それが2008年での日本企業は10位までにはトヨタしか入っておらず，100位までには8社，500位までには64社にまで減ってしまった。その一方で，アメリカ企業は10位までに5社，100位までに31社，500位までに153社であり，ヨーロッパ企業は10位までに4社，100位までに37社，500位までに183社と，堅調さを示していた。

　1995年に，ベスト10に名を連ねた日本企業のランクは2008年にどうなったかというと，1位の三菱商事は130位，2位の三井物産は140位，3位の伊藤忠商事は322位，5位の住友商事は236位，6位の丸紅は201位まで下がっていた。唯一，8位だったトヨタが5位に順位を上げた。トヨタ以外で1995年に100位までに入った会社で，2008年にランクを上げたのは46位から40位となったホンダだけだった。2015年では日本企業は500位中54社のランクインに留まっている。

こうした「グローバル500」は収益ベースのランキングであるがUNCTAD (United Nations Conference on Trade and Development：国連貿易開発会議) によるトランスナショナル企業の度合いを測る「会社の外国資産ベース・ランキング」を見ても，ベスト100に入る日本企業は1995年の18社から2005年では9社に減った。

2005年の国別ランクでは，1位アメリカ25社，2位イギリス・フランスともに13社，4位ドイツ12社，5位日本9社，6位スイス4社，7位オランダ・イタリアともに3社という並びだった。ここでも問題視すべきは，経済大国である日本の企業のトランスナショナルはもっと進んでいて良いという点である。

2．ネスレに見るビジネスモデルのイノベーション

(1) 4つの変質への対応

インターブランドが定義するように，常に変化する事業資産がブランドであるのなら，日本に比べて他国企業のほうが，激しい時代の移り変わりに機敏な反応をなせるビジネスを展開できており，それをブランドへとうまくつなげることができているということになる。

現在，どのような変化に企業が巻き込まれているかというと，プラハラードが *Mastering Strategy* (2000) で「企業の戦略に影響を与える4つの変質」として次のように示していることが的を射ている。

①企業にとっての戦略的スペースが拡大すること。1つはこれまで本格的に参入していなかった新興国への市場進出である。本書第12章で見るBOPビジネスもこれに含まれる。もう1つは第4章で取り挙げたインターネットがビジネスの主戦場となり，大きな事業機会をもたらすということである。

②ビジネスがグローバルに展開すること。本書第2章で見た異文化を十分に理解した上での企業行動が求められる。あるいは第3章で取り挙げた現地化への取り組みが欠かせない。グローバルに活動するには，ローカルな対

応を伴わなければならない。
③スピードがきわめて重要になること。新しい技術を開発したら，それをすばやく既存技術に統合して，商品化につなげることが必須である。これは本書第4章で見たショートホーン企業に顕著な特徴である。また，アップルの矢継ぎ早な商品リリースや，ザラやH&M（前掲のブランドランキング20位）に代表されるファストファッションなど，ブランド価値が高い企業にはスピード感が宿っている。
④イノベーションが新たな競争優位となること。特にビジネスモデルのイノベーションが重要となる。これについては，まだ触れていないので，少し詳しく述べてみよう。

（2）マーケティング3.0の実行

ガスマンとフランケンバーガー，チックの『ビジネスモデルナビゲーター』(2016)では，現代企業の長期的な競争優位性を左右するのは，環境の変化に合わせて画期的なビジネスモデルを創造する能力だと指摘される。アップルやグーグルなどシリコンバレーで成長を遂げる企業は，この能力が高いとみなされる。また，欧州ではネスレなど数える程度しかないという。

企業がこうしたビジネスモデルを創造する際に直面する大きな障壁には，①業界の常識を打ち破ることが容易ではないこと。②イノベーションを技術や製品の話ではなく，ビジネスモデルという観点でとらえることが難しいこと。③システマチックなツールが欠如していることの3つが挙がる。これらは現代企業の克服すべき課題そのものといえるし，日本企業の現在の姿をそのまま説明するものともなっている。

ここで，欧州企業では珍しくビジネスモデル創造能力を有するとされるネスレについて見てみよう。前掲のブランドランキングでネスレは56位だった。さらに36位にはネスカフェとしてもランクインしている稀有な存在である。

日本では，この「ネスカフェ」や「キットカット」「ミロ」などで知られるネスレは1867年にアンリ・ネスレが創業した会社である。当時，幼児死亡率が高かったスイスで，子どもたちの命をつなぐための製品としてミルクなどを

作ったことに端を発する。「母鳥がヒナ鳥にエサを与えている」イラストが記されたシンボルマークの「鳥の巣（Good Food, Good Life）」は，創業後すぐにデザインされており，「母心」「愛」「栄養」を示している。

そうした歴史あるネスレが，なぜ現在もグローバルにブランド価値を有しているかというと，コトラーが『マーケティングのすゝめ』(2016) などで提唱する「マーケティング3.0」を実行しているからである。

マーケティング1.0は製品の販売を目的として，機能的価値を提案する。マーケティング2.0は顧客を満足させ，つなぎとめることを目的として，機能的・感情的価値を提案する。それに対してマーケティング3.0は，世界をより良い場所にすることを目的として，機能的・感情的価値に加えて，精神的価値を提案する。

ネスレの場合は「ネスカフェ」というインスタント・コーヒーを発売したことがマーケティング1.0。「ネスカフェ　ゴールドブレンド」による差別化がマーケティング2.0となる。そして「ネスカフェ　アンバサダー」の実施がマーケティング3.0となり，これがビジネスモデルのイノベーションとなっている。

そこでは，顧客を消費者という単に企業にお金を払ってくれる存在でなく，生活者としてとらえて，価値を提案している。この場合の価値とは，コーヒーを通じて生まれるコミュニティという精神的・社会的価値である。

ネスレが目を付けたのはオフィスであった。企業の経費削減のため，無料コーヒーが減り，社員は各自，異なる場所でコーヒーを買うようになっていた。そして，ウェブでのやり取りが増えたことで，会話を通じたコミュニケーションが減っていた。要するに，休憩時間に同じ場所に集まって，コーヒーを片手に世間話をする機会が減少していたのである。

ここにネスレは事業機会を見いだした。「ネスカフェ　ゴールドブレンド　バリスタ」をオフィスに置くアンバサダー（宣伝大使）を公募する形式を採り，そのバリスタマシンとアンバサダーを中心として，社内でのコミュニティが生まれていくというのが，このビジネスモデルのシナリオである。

また，家庭用としては「ネスプレッソ」を提供している。専用のマシンとカ

プセルを購入する形式を採ることで，顧客を囲い込むというものである。ジレットで知られる「カミソリとカミソリの刃」のビジネスモデル（替え刃の継続的な販売で儲けること。ネスプレッソの場合はカプセルの定期購入）である。

　シュヴァルツは『知られざる競争優位』(2016) で，ネスプレッソはベンチマーキングではなく，ベンチブレーキングというギャップ創造を行っていると指摘する。つまり，ネスレと競合他社との間に可能な限り大きなギャップを作る（水をあける）ために，あらゆる努力をしているということである。

　このようにオフィスや家庭にネスレがビジネス活動の場所を移していることは「傾斜（ティルト）」と称される。これは，ダワーの Tilt (2013) で示されているもので，企業が価値を創造し，競争優位を求める重心が，事業の上流 (R&D, サプライチェーンなどメーカー寄りの活動) から下流 (販売, 顧客インタフェイス, アフターサービスなどユーザー寄りの活動) に傾いてきているということである。

　そうしたビジネスモデルを確実にしているのが，イノベーション・ピアノキー（イノベーションの鍵盤）と呼ばれるものである。これは，テュルパンと高津の『ふたたび世界で勝つために』(2015) で示されているもので，それぞれの要素がつながり合うことで，ひとかたまりの革新的な仕組みをつくり出すことを意味する。複数の鍵盤を一度にひき，美しい和音を出し，ハーモニーを奏でることにたとえられる。

　ネスプレッソの場合のイノベーション・ピアノキーは，ビジネスモデルの他に，①プロダクト…本格的な味を家庭でも実現。②ネットワーク…外部メーカーと提携して OEM (Original Equipment Manufacturing：相手先ブランドによる受託生産) で専用マシンを生産。③チャネル…顧客に直営店（ネスプレッソ・ブティック）やネットで直接販売。④コミュニケーション…直営店で専門家がアドバイスするといったものである。

3．イケアに学ぶ国際経営展開

（1）「戦略の輪」としての価値創造のシステム

　ネスレがグローバルブランド構築のために，ビジネスモデルのイノベーションを行っていることに，日本企業が学ぶ点は多い。ここでもう1社，欧州企業からイケア（前掲のブランドランキングは26位で，昨年よりブランド価値を8％増やしている。また，正式な発音はアイケアとなるが，ここではイケアと称す）を取り上げて考察してみよう。

　イケアは，バートレットが1990年にハーバード・ビジネススクールのケース（*Ingvar Kamprad and IKEA*, case 9-930-132）として取り上げて以降，国際経営論の事例として頻繁に取り上げられている。

　2012年にはグラントらが大学および大学院向けテキストである *Foundations of Strategy* の「グローバル戦略と多国籍企業」の章で，イケアの国際戦略（国際化のパタン，スウェーデンからもたらされる競争優位，サプライチェーンのグローバル化，海外参入戦略，グローカル化など）を事例にして解説している。

　また，モンゴメリーは『ハーバード戦略教室』（2014）で，イケアが「産業効果（インダストリー・エフェクト：その業界の競争環境を形作る複数の経済的な力が，個々の企業や業界全体に及ぼす影響）」が非魅力的に働く家具業界（企業間競争が激しい。供給業者の立場が上。客の力が強い。参入障壁が低い。代替品が豊富）において「企業効果（ファーム・エフェクト：業界の平均的な利益率と，その企業の利益率の差をもたらすもの）」がきわめて高いことに注目する。

　その理由は「良い目標」を明確に有しており，それを実現するための価値創造のシステムを構築したからだと，モンゴメリーは指摘する。そして，この価値創造のシステムを「戦略の輪」と称している。

　地元スウェーデンの研究を見ると，エドバードソンとエンクイストの *Value-based Service for Sustainable Business*（2009）では，イケアは次の5つのデザイン次元において「経験の場」を提供することで，顧客価値を共創しているとみなされている。

①目に見えるもの（商品，レイアウト，サインなど）がホスト役・ガイド役となる。②目に見えないもの（イメージ，テーマなど）が情報や閃きを与える。③技術（組み立て式，高いデザイン性など）が輸送の容易さや低コストを実現する。④顧客の配置（店舗でイケア経験をしてもらうこと）によってイケアの世界に浸ってもらう。⑤顧客の巻き込み（商品の相互作用）によってイケア経験を共創する。

2006年，日本への再進出に際しては，こうした価値の共創のきっかけづくりのため，自社開発しているホームファニシング製品が置かれる舞台となる「家庭」が世界で最も大切な場所であると唱えて「早くお家に帰りましょう作戦」というPR活動を行い，顧客に目覚めてもらうことにした。

と言うのも，自社調査ではスウェーデンの男性は午後6時にはほとんど帰宅しているのに対し，日本の男性はその逆で帰宅している者がほとんどいないからであった。イケアは，これを事業機会ととらえて「目覚まし時計作戦」を展開し，家庭という居場所の大切さを自社製品とともにアピールしたのである。

(2) 逆張りのビジネスモデル

イケアは家具メーカーとして「より快適な毎日を，より多くの人々に」を理念とし，そのために「デザイン性が高く，機能的な幅広い商品を，より多くの人が購入できる低価格で提供する」という領域を設定している。そうしたイケアの領域を特殊なものにしたのは，以下に列挙するような従来の家具屋とは「逆張りのビジネスモデル」であった。

(a) 伝統的なデザインの家具ではなく，モダンな北欧スタイルの提示。(b) 高い年齢層ではなく，子どものいる家庭がターゲット。(c) 小規模な専門店ではなく，家にかかわるものすべてを揃えた大型店。(d) 市の中心部ではなく，郊外で無料駐車場付きにする。(e) 家具を単体で売らず，ルームセットを提示して，家全体の家具をまとめて揃えられるようにする。(f) 宣伝によるマーケティングではなく，カタログを商圏全世帯に無料配布する。(g) 個人対応のサービスではなく，セルフサービスとする。(h) 高価格帯ではなく，低価格帯にしぼる。(i) 組立済みではなく，製品は顧客が組み立てる。(j) 地元製の家具ではなく，製品調達はグローバルに行う。(k) サプライヤーが開発した

家具ではなく，商品レンジを自前で開発する。

こうした逆張りのビジネスモデルは，イケアの弛まぬ企業努力の末にたどり着いたものである。たとえば1980年代末から1990年代初頭で，商品の販売価格が毎年3％ずつ増加していき，1992年にコストレベルはピークに達するという「漂流（ドリフト）の時期」を迎えていた。

そこで1990年代後半では新規参入は数国程度に控え，製品の仕入れ原価を抑えることに集中した。その結果1999年から2009年の間に販売価格を20％下げることができた。

また，サプライヤーから店舗への直接配送を同期間で25％から40％近くにまで増やし，供給コストを抑えたことも功を奏した。こうした低コスト路線により，イケアの市場での存在感は増し，同期間での売上げは100億ドル（70億ユーロ）から310億ドル（215億ユーロ）へと伸びた。売上げの年平均成長率も11％，売上高営業利益率を毎年10％超へと導いた。

このイケアの価格設定能力を支えているのは，エルムフルトにある商品開発会社IOS（イケア・オブ・スウェーデン）である。IOSは商品レンジに責任を有し，サプライヤーから顧客に至るまでのバリューチェーンの調整役を担う。このように商品レンジが管理されることで独自性が生まれ，バリューチェーンが調整されることで価格競争力と収益性のほとんどが決定することになる。

さらにイケアは，運送と在庫管理を効率良くするために「そのまま売れる形での包装（Ready-to-Sell パッケージング）」つまり，フラットパック式での家具販売を実現した。

もともとイケアの創業時（1943年）に取扱品目に家具は含まれておらず，家具の取り扱いは1950年代に入ってからだった。その理由は，創業した町（エルムフルト）の周辺に競合する家具メーカーが多かったためである。

家具の販売には，実物を見せる場所が必要となる。1953年にそのための家具ショールームをつくったときに，家具は「かさばり，輸送費がかかる」ということに気づいた。この問題を解決するために取り入れたのが，フラットパック式という経済性に基づいた販売方法だった。これがイケアに市場競争力をもたらすことになった。

また 1965 年に開いたクンゲンスクルヴァ店は，初の郊外型で無料駐車場付きの大型店舗となったが，開店時の予想以上の賑わいに，倉庫をやむを得ず開放して，顧客自らが商品を運び出せるようにした。これがセルフサービス式の倉庫型店舗という差別化要因となる契機となった。

　同店舗での顧客の平均滞在時間は 90 分である。レストランを併設して，家族で楽しめるショッピング経験を提供していることも差別化要因となり，市場競争力をより高めた。そこには大型店舗であるということも有効に働いている。1990 年代から 2009 年までに平均店舗面積は 15,000 平方メートルから 35,000 平方メートルにまで拡大した。

（3）「厳密な複製」から「柔軟な複製」へ

　イケア前 CEO のアンダッシュ・ダルヴィックは，同社の草創期から現在までを次のような 3 つの期間に分ける。

(a) 1943 年～1972 年：ビジネスモデルと価値観（コスト意識）の確立期。この期間では 7 店舗（スウェーデン 5，ノルウェー 1，デンマーク 1）から 5,820 万ドル（4,000 万ユーロ）を売上げた。

(b) 1973 年～1998 年：ビジョン構築と欧州での店舗展開期。1976 年に『ある家具商人の言葉（Testament of a furniture dealer）』という文書でビジョンがまとめられ，揺るぎない企業文化のもと，海外展開がなされた。店舗を欧州に広げ，製品調達はグローバルに行い始めた。この期間では 19 の市場（1976 年カナダ，1984 年フランス，1985 年アメリカ，1988 年イギリス，1989 年イタリアなど）に進出し，売上げは 95 億ドル（65 億ユーロ）に達した。店舗数は 7 から 120 にまで増えた。

(c) 1999 年～現在：グローバル小売企業への転換。1999 年にロシアなどに進出した。ロシアではショッピングセンターを併設することで成功を収めた。同年ではヨーロッパから 80％，アメリカから 17％，アジアから 3％の売上げを得ていたが，2009 年ではドイツから 16％を売上げ，他にも自国スウェーデンを始め，イギリス，アメリカなど世界各国からそれぞれ 6％ずつ，ないしそれ以上の売上げをまんべんなく得るようにな

り，東欧諸国での業績も改善された。

イケアの欧州展開では，創業者イングヴァル・カンプラードの助手を務めていたヤン・アウリンが担っていた。特にドイツでは，新店舗の開店に経営資源のほとんどが注がれていた。戦略の基本路線は，後述するようにスウェーデンの「厳密な複製」とし，何よりも敏捷性が最優先された。新規出店については，その区画が他社に押さえられる前に確保するために，電話帳から破り取った1枚の地図だけで投資を決定することもあるほど，とにかく国際展開ではスピード性が重視された。

これとは対象的に「成熟した国内市場」であるスウェーデンでは，ハンス・アックスが新しい店舗のコンセプトやマーケティング戦略を試み，教育研修への投資を十分に行っていた。

こうしたイケアの国際経営について2003年～2009年に70人の社員（スウェーデン21人，ロシア22人，中国11人，日本16人）にインタビューを基にしたジョンソンとフォスの研究 (International expansion through flexible replication: Learning from the internationalization experience of IKEA, *Journal of International Business Studies* 2011) では，同社の海外進出プロセスは，次のような3段階に分けられる。

(a)「試験的国際化」1963年ノルウェー進出～1970年代末。1970年代末には日本への商品販売で失敗した。(b)「厳密な複製」1980年～1990年代半ば。1985年のアメリカ進出では後述するように「厳密な複製」には限界があった。(c)「柔軟な複製」1990年代半ば～現在。2006年には「柔軟な複製」によって日本に「再上陸」を果たした。

イケアは1985年にアメリカ・フィラデルフィアに1号店を構え，2011年までに同国で38店舗を出店した。当初は「単一のグローバルレンジを提供する」というコンセプトのもと「厳密な複製」で店舗展開しており，現地向けにベッドやキッチンキャビネットなどのサイズを大きくすることに抵抗があった。「適応か複製のジレンマ」に陥っていたのである。

しかし，イケアはアメリカ進出での経験を通じて1つの製品レンジを保つべきではあるが，大量販売が維持できるのであれば，必要に応じては現地市場に

製品を調整すべきであることを学びとった。

　つまり，国際化においては店舗を「正確に模倣すること（コピー・イグザクトリー：どの店舗でも製品，レイアウト，買い物体験などを基本的に同じにすること）」よりも，変化に寛容となって「推測的に」現地市場に適応することが解決策となることをイケアは学習したのである。これが同社の「柔軟な複製」の段階への転換となった。

　イケアのような「国際的な複製者（インターナショナル・レプリケーター）」には，ほかにマクドナルドやスターバックス，あるいはディズニーランドなどがあり，こうした「複製」は国際的に拡大するための戦略となっている。

　また「複製」に関してイケアは，パイプライン型（経営資源の所有や活動は対外的でありながら，組織デザインは閉じたタイプの）企業の特性を帯びているとされる。これは，ザンダーとマシューズが *Managing the Contemporary Multinational* (2010) に掲載した論稿で指摘している。そこでは，標準化した店舗デザインや一括した調達が，イケアの強力な企業文化や高度な基準での管理と共存しているとみなされる。

（4）戦略転換のきっかけとなった「誘発事件」

　北欧にしか店舗がなかったときに，イケアは欧州展開の手始めにスイスに進出した。当時，スイス市場にはフィスターという伝統的な高級家具が競合相手として存在していたが，イケアはフィスターが未開拓である「良質・廉価・モダンなスカンジナビア家具」という市場に参入することで，スイスに進出した。この先制的な競争戦略が功を奏し，スイスは現在においても，イケアにとって粗利益の高い市場の1国であり続けている。

　イケアはスイスに続き，ドイツを始めとする欧州各国やカナダに進出して，1973年〜1983年までに，売上げは5,740万ドル（4,000万ユーロ）から8億6,140万ドル（6億ユーロ）にまで伸びた。

　1973年では売上げの80％はスウェーデンから得ていたが，1983年では45％をドイツから売上げており，スウェーデンの割合は22％にまで下がった。ドイツは現在でもイケア最大の売上げを誇る大事な市場（バックボーン）となって

第 9 章 「良い目標」を持った国際経営展開―イケアを事例として― 145

いる。

　ドイツでの成功は，同国の従来の家具会社とは「あえて違うことをする」という前述の逆張りのビジネスモデルや「行動の簡略さ（simplicity in the behavior）」という独自のマネジメントスタイル（形式的にふるまわず，フレンドリーに話しかけることなど）を採用したことに求められる。

　アレキサンダーとドハーシーの *International Retailing*（2009）では，こうしたイケアの国際小売組織は，トイザらスなどとともに「攻撃的な国際主義者（アグレッシブ・インターナショナリスト）」に区分される。高コストで，管理が難しい参入様式を保ち続けながら，国際市場で真のプレセンスを勝ち取っている小売業者ととらえられる。さらには，マクドナルドなどとともに，展開が早い，もしくは独自の位置を築いている「グローバル型」でもあるとされる。

　このように，グローバル型で攻撃的な国際主義者となったイケアの転機は1961年に見られる。スウェーデンの家具販売業界において，イケアは競合他社にとって大きな脅威だった。そこで，国内の競合相手は家具メーカーに圧力をかけて，一斉にイケアをボイコットした。これがきっかけとなって，イケアは製品調達を国外に求めざるを得なくなり，ポーランドを新たな調達先とした。しかし，このことで一気に仕入れ値が50％削減できた。

　当時は共産時代であり，東欧製の製品の多くはロシアや他の東欧諸国に輸出されていた。それがイケアの登場により，ポーランドは西欧に販路を広げる見込みが立った。またイケアは東欧を製品供給元としたため，仕入れ値の面でも利益を得ることになった。

　モンゴメリーは，このようなイケアの競合他社による妨害が，逆にイケアの戦略の重要な転換を推進することになった「誘発事件」と呼ぶ。

　これに関して，イングヴァル・カンプラードは「新たな問題が，素晴らしいチャンスを作った」「他社と同じ家具を仕入れられなくなったせいで，自社で家具をつくらざるを得なくなり，結果的に独自のスタイルとデザインが築かれていった。また，商品を確実に提供しようともがくうちに，まったく新しい世界が開けた」と語っていた。

（5）確実な調達体制

1989年，ベルリンの壁が崩壊することで，東欧諸国の通貨はロシアのルーブルとともに価値を失ってしまった。そのため1990年代に，イケアは新たな製品調達のための戦略を採った。ポイントは次の4つにあった。

(a) 生産拠点をより低コストの国々，主にアジア（中国・インド・パキスタン・バングラデシュ・ベトナム・マレーシア・タイ・インドネシア）に移す。この結果2000年にはイケアの全仕入れの22％を，2009年では30％をアジア（そのうち20％を中国）が占めた。2009年ではポーランドも20％を占め，ポーランドと中国が主要な生産拠点となった。

(b) サプライヤーの数を大幅に減らす。1990年，イケアのサプライヤー数は約2,500で，売上げは39億ドル（27億ユーロ）だったが，新戦略の実行により2009年には商品レンジの幅は変わらないまま，サプライヤー数は1,220にまで減らしながら，売上げは314億ドル（215億ユーロ）にまで増やした。

(c) 仕入れ価格の引き下げにより注力し，仕入れ事務所間の競争を促す。これは，仕入れ部門を活性化（部分最適化）することに一役買ったが，全体にとってそれが最善の結果にはつながらないというデメリットもあった。

(d) スウェッドウッドを買収して，イケア所有の生産ラインを築く。1991年に，製造部門子会社として買収したスウェッドウッドの生産額は2009年に17億ドル（12億ユーロ）に達し，イケアの仕入れ量の約15％を占めた。当初，スウェッドウッドでは家具工場しかなかったが，原材料調達から製材，木材サプライヤー，部品工場までを有するという後方統合（木材加工や家庭用部品生産）をなすことで，原材料の使用・製造・輸送の効率を高めた。ここでの生産品を本国のスウェーデンや中欧に輸出する体制を採っている。

こうしたサプライヤーに対しては2000年に"IWAY"という行動規範を定めた。つまり，サプライヤーに課せられる最低限の条件を決めて，状況の改善に注力したのである。

具体的には，同社の約80人の監査員が，①その国の法令遵守。②強制労働の禁止。③最低賃金以上の賃金・超過勤務手当。④安全で健康的な労働環境。⑤廃棄物・排出物・化学物質の取り扱いに関する責任など90項目から成るチェックリストに基づいて2010年時点では1,200ヵ所に及ぶサプライヤーを巡回した。"IWAY"で特に重視されるのは，児童労働の禁止である。2009年までに10万件の逸脱が報告され，そのほとんどは改善され"IWAY"の平均達成率は93％となった。

4．「良い目標」がもたらす決定的な独自性

ドラッカーは『乱気流時代の経営』（1996）で，あらゆる組織体が経営管理者と専門職を擁する「双頭の怪物」になり，従来のピラミッド型から「集中，並列，連鎖の複合体」になっていくととらえたが，イケアもまた国際展開が進む過程で，そうしたドラッカーの指摘に沿うような転身を遂げてきた。

ただし，そうした転身の中では，組織の目標を見失わないことが肝要である。モンゴメリーは「他者から自身の仕事を問われたら"自分は組織の目標の守護者（ストラテジスト）だ"とだけ言え」と，ハーバード・ビジネススクールの受講生に告げる。

モンゴメリーは，イケアの成功は「決定的な独自性」を創出したからだとみなす。イケアの低価格・デザイン性・フラットパック・テーマパークのような店内・イートインスペースの設置といったものも確かに成功要因であるが，それらの背景にある，より深い意味をとらえることが重要であると指摘する。それは，すでに述べたように，企業効果をもたらす「良い目標」である。

良い目標とは，気高いものである。企業の取り組みに品格や威厳を付加する。そして良い目標は，自社の立ち位置をはっきりとさせる。「我が社はYではなく，Xをする」「我が社はこうなるべきで，ああなるべきではない」ということを明らかにさせる。また良い目標は，他社との違いを際立たせる。効率的な生産技術，より魅力的な商品作り，販売・配達方法の改善などを探究し続ける姿勢が連続したイノベーションを興す。

最後に良い目標は，価値創造（バリュー・クリエーション）と価値獲得（バリュー・キャプチャー）の土台を作る。これは次章のコカ・コーラの事例でも説明するが，企業が価値を創造することと，その価値から生まれる利点を自社が確実に手にすることは別の問題となる。

　このような良い目標を持って国際経営を展開していくことが，グローバルブランドを築くための最大の近道であるということを，イケアの歴史は雄弁に語っている。

> 本章を深く学ぶための参考文献

ドミニク・テュルパン，高津尚志『ふたたび世界で勝つために　グローバルリーダーの条件』日本経済新聞出版社　2015年

リュディガー・ユングブルート著，瀬野文教訳『IKEA　超巨大小売業，成功の秘訣』日本経済新聞出版社　2007年

バッティル・トーレクル著，楠野透子訳『イケアの挑戦　創業者（イングヴァル・カンプラード）は語る』ノルディック出版　2008年

アンダッシュ・ダルヴィッグ著，志村未帆訳『IKEAモデル　なぜ世界に進出できたのか』集英社クリエイティブ　2012年

● 本章を身近に感じるためのエクササイズ

1. 「ベストグローバルブランズ100」は，毎年度ランキングが公表されています。最新のランキングをインターブランドのサイトにアクセスして確認しましょう。また，その年で最もブランド価値を高めた企業やブランド価値を落とした企業について，その理由を考えてみましょう。
2. イケアの店舗は日本にはまだ数えるほどしかなく，「稀少性（存在のレアリティ）」が戦略になっています。イケアに行くには，ほぼ1日を費やすので，テーマーパークに行くことと同じ「遠足型消費」といわれます。実際にイケアの店舗に行ってみて，店内にどのような工夫が施されているか，また，どのような商品が並んでいるかを確かめてみましょう。

第10章　コカ・コーラの国際経営戦略

○**本章を理解するためのキーワード**
価値創造，価値獲得，コーラ戦争，ペプシの挑戦

1．グローバル市場づくりのための掟

　前章で取り上げたブランドランキングに最も多く入っているのは，アメリカの企業である。「ブランドとは世界中の人々が信頼して買ってくれるような商品名を持つことである」という発想は，そのアメリカで生まれたものである。
　そして，ブランドランキングで2013年にアップルに首位を譲るまで，長年に渡りトップに君臨していたのは，アメリカを代表するブランドのコカ・コーラである。1世紀以上の歴史を有するコカ・コーラが，現在においてもグローバルブランドであり続けていることには，学ぶべき点が多い。
　戦前においてサンタクロースは，人によって思い浮かべる姿が違っていた。若いサンタ，夏服のサンタ，女性のサンタなど，実に多様であった。ところが，1930年代にコカ・コーラが広告でサンタクロースを登場させた際に，同社のシンボルカラーである「コカ・コーラ　レッド」を服の色にして描いた以降では，人々のサンタクロースのイメージは「赤い服を着て，小太りで，白髭の生えたおじいさん」というものに統一された。それほどまでにコカ・コーラの広告が，人々の胸に焼きついたということである。
　この「焼きつける」というのが，ブランドの語源となる。古期スカンジナビア語で「焼印を押す」という意味の"brandr"がそれである。家畜（牛）の所有者が牧場で自らの家畜を放った際に，他者の牛と見分けるために，焼きゴテを熱して，自分たちの家畜に付けた焼印をブランドアイロンと言った。
　ビジネスの世界では，企業が自社製品を市場に送り出す際に，そこに自社

マークを付けることがブランドアイロンとなる。それが購入する者に認知され、心の内に焼き付けられるほど忘れられなくなることでブランドとなる。そのブランドが世界レベルに広まることでグローバルブランドになる。これを1世紀以上かけて構築してきたのが、コカ・コーラである。

そこには、同社のグローバル志向という世界観があった。歴代のトップ層が「世界の人口のほとんどがアメリカ以外に住んでいて、そこが資金源になる」とみなし、グローバル化に向けて「全員突撃（gung-ho：ガンホー）」した結果なのである。こうしたグローバル化には、以下に挙げるようなコカ・コーラが定めた市場づくりのためのいくつかの掟があった。

①グローバル化のために強力な商標（パワーブランド）を持つこと。これは「商業的な神話」とも表現されるもので、ブランドのある企業の中でも、さらに突き抜けたブランドになることが目指される。コカ・コーラがパワーブランドであることは、ブランドランキング上位の常連という結果で現れている。コカ・コーラのシンボルとなっているダイナミック・リボンが登場したのは1970年のことであり、以来変更されていない。

　パワーブランドについて、片平秀貴の『パワーブランドの本質』(1999)では、(a) 20年以上市場にあること。(b) 世界の人が認めていること。(c) ブランドの専門家が認めていることの3基準に沿って見ると、コカ・コーラ、ナイキ、ディズニー、メルセデス、BMW、ネスレ、ソニーの7つに絞り込まれる。ただし、この選出はアップルやグーグルなどのIT企業が躍進する以前だったので、現在の視点でとらえると、大半が異なる顔ぶれになることが予想される。

②効果的なグローバルマーケティングのために、グローバルな流通システムを持つこと。ボトラーを国際的にフランチャイズすることで、連結の経済性を追求している。1981年から1994年に社長を務めたドナルド・キオーは、ボトラーを世界レベルで築いていることが、究極の優位性となっているとみなした。ちなみに、小売業でフランチャイズ制を最初に採用したのは、シンガーのミシン販売であるとされる。

　日本では当初、ボトラーは地域別に14社あったが、幾度かの経営統合

を経て 2017 年にはコカ・コーラ ウエストとコカ・コーラ イースト ジャパンの 2 社が，コカ・コーラ ボトラーズ ジャパンとなって 1 都 2 府 35 県を担っている。ほかには，北海道・みちのく（東北 3 県）・北陸（北信越 4 県）・沖縄のボトラーがあり，現在では計 5 ボトラー体制となっている。

③ グローバル展開のために，広告を有効に活用すること。特にオリンピックなど世界中が一斉に注目する大会のオフィシャルスポンサーになることで，最大の宣伝効果を得ている。最初にコカ・コーラがオリンピックの公式清涼飲料になったのは 1972 年のミュンヘン大会であった。

④ グローバル化には，ローカル対応が必須であること。マクドナルド同様，コカ・コーラも現地の嗜好に合わせている。たとえば，ドイツ人は酸っぱいオレンジを好むが，イタリア人は甘いオレンジを好む。これを「ファンタ・オレンジ」に適応して，各市場で甘さを調整している。また，日本市場では缶コーヒー「ジョージア」(1975) や低果汁飲料「クー」(1999) を発売している。

　これに関して 2000 年にコカ・コーラの社長となったダグラス・ダフトは，就任時に「いまや機転をきかせて明瞭であらねばならない時代となった。そこでは，ローカルな感受性が絶対に欠かせないものとなる」と語っている。

⑤ 異文化に配慮すること。中国に参入した当初，コカ・コーラを文字通りに漢字に訳すと「蝋でできたオタマジャクシを噛む」となってしまった。そこで，コカ・コーラに近い響きを持つ北京語の「可口可楽（コーコウコロー：美味しくて楽しむことができる。口の中が幸せになるという意味）」を公募で決定した。ほかにも，たとえばベンツは「平治（ピエンチー）」という平凡なものや「賓士（ピンシー）」という紳士を意味して階級を意識させるものではなく「奔馳（ペンチー）」という疾走する意味を採用している。

2．コカ・コーラ草創期からグローバルデビューまで

（1）生みの親，名づけの親，育ての親

　フランス政府がアメリカに自由の女神を贈呈した1886年に，最初のコカ・コーラが誕生した。名前は「フレンチ・ワイン・コカ」。付けられたフレーズは「精神を高揚させて元気づける理想的な刺激性飲料」。売られた場所はアメリカ南部ジョージア州の州都アトランタのヤコブ薬局。つくったのは薬剤師のジョン・ペンバートンだった。

　フレンチ・ワイン・コカは，頭痛薬（薬用酒）として発明されたものだった。しかし当時は禁酒運動が盛んだったので，翌1887年にはワインではなく，カフェインが使われることとなった。それにコカの葉（ペルーやボリビアなどで生育し，アルカロイドコカインという興奮剤の主原料となるもの）と，コーラナッツのエキスが香りづけとして加えられた。

　この新たな飲み物が「コカ・コーラ」であった。ゆえに，ジョン・ペンバートンの墓石には「コカ・コーラの創始者（Originator of Coca-Cola）」という碑銘が刻まれている。

　また，コカ・コーラと名づけたのは，ジョン・ペンバートンの会社（ペンバートン・ケミカル社）で秘書と経理をしていたフランク・ロビンソンである。コカ・コーラという韻を踏んだ響きが覚えやすいと感じたからだった。フランク・ロビンソンは，丸みのあるスペンサー体の書体で"Coca-Cola"の署名を書くことも決めた。この点で，フランク・ロビンソンは「隠れたヒーロー」と呼ばれる。

　コカ・コーラにとって宣伝や広告は，当初から重要視されていた。①無料試飲券の配布。②店頭看板の設置。③"Delicious and Refreshing"というスローガンでの新聞広告の掲載といったことがすぐになされた。しかし，そうした広告活動が総収入以上のコストをかけて行われていたため，資金面で制約が出るようになった。したがって，2人は会社の規模が大きくならないうちに，会社の所有権をジョージア州の事業家であるエイサ・キャンドラーに売り渡し

た。

　1881年，エイサ・キャンドラーは2,300ドルで，コカ・コーラの製造方法（化学式），製造機械など，ありとあらゆるものを手に入れ，それらを1台の馬車で持ち帰った。中でもトップシークレットであるコカ・コーラのレシピは，アトランタ銀行で保管されてきた。2010年からはワールド・オブ・コカ・コーラ博物館で厳重に管理されている。

　ジョン・ペンバートンが「生みの親」であり，フランク・ロビンソンが「名づけの親」であるとしたら，エイサ・キャンドラーは「育ての親」だった。1892年にコカ・コーラ社を設立し，初代社長となった。1893年にはアメリカ特許局に「コカ・コーラ」の活字をトレードマーク（商標）として登録して，法的な保護を獲得した。1897年にはホノルル，カナダ，メキシコの一部の町にシロップを販売した。

　エイサ・キャンドラーは「今日失った売上げは，明日得られる売上げではない」という信条を持ち，①割引（10日以内に注文の支払いをすれば2％割り引く）。②輸送量負担（35ガロン：126リットル以上のシロップを注文したら，輸送費は取らない）といった販売上の工夫をこらした。

　この時期，アメリカ南部では5月から10月までの間，ドラッグストアの一角にオープンするソーダファウンテンの存在が大きかった。そこは，冷えた炭酸系の清涼飲料（バニラやオレンジ味のソーダ類）のドリンクスタンドである。人々はそこで喉の渇きを癒すとともに，会話を楽しんだ。ちなみに1900年にニューヨークのドラッグストアで作りたてのソーダ水を飲んだ福原信三は，1902年に自身の薬局でソーダ水を販売した。それが資生堂パーラーの始まりとなっている。

　当時のコカ・コーラの主な販売先は，このソーダファウンテンにシロップを卸すことにあった。店頭でシロップに炭酸水と氷が混ぜられて，コカ・コーラとして提供された。そうしたソーダファウンテンに対して，コカ・コーラはポスターの制作や専用グラスの販売などのセールスプロモーションを行った。

　35ガロン以上注文した店には賞品として，ロゴ入りの時計やショーケースなどのプレミアムグッズを与えた。それらは実用性と装飾効果を兼ね備えた，

店頭向けのインテリア用品だった。このように，ソーダファウンテンの飲料の中で最大の宣伝キャンペーンを行ったのが，コカ・コーラだった。1904年には，アメリカ南部の企業で初めて，全国誌に広告を載せるほど，コカ・コーラは広告宣伝に重きを置いていた。

（2）価値創造（シロップ開発）と価値獲得（ボトリング販売）

　コカ・コーラに大きな転機が訪れたのは1899年のことだった。テネシー州からやって来たベンジャミン・トーマスとジョセフ・ホワイトヘッドという2人の弁護士が，コカ・コーラが世界中の人々に飲まれるきっかけとなるアイデアをエイサ・キャンドラーに提案した。それは，コカ・コーラの大規模ボトリング（瓶詰めによる大量販売）である。

　この時点では，近くにソーダファウンテンがない人たちのために，一部では瓶詰めにして販売する者もいたが，会社として正式な認可はしていなかった。2人が差し出した条件は，ボトリング経営（瓶詰め販売）に関しては，何の経費も責任も負わなくても良いというものだった。エイサ・キャンドラーがこれに合意したことで，2人はトレードマークの使用を含むボトリングの独占権を無償で得た。

　2人はテネシー州に戻り，最初のボトリング工場を早々に設立した。1900年にはアトランタにも工場を作り1906年にはキューバとパナマに海外初のボトリング工場を，またカナダには海外初のシロップ製造工場を建てた。以後，ボトリングについては，前節で述べたようにフランチャイズ制によるボトラーネットワークを構築することで，流通と販売力を高めていった。

　1913年にはコカ・コーラ・ボトリング・アソシエーションができ，ボトリング産業の時代が到来した。そうしたボトラーズによって1915年までには，コカ・コーラは1日に300万人もの人々が飲むまでに至った。

　1915年にはルート・グラス社が，ホッブルスカートを履いた女性の容姿をモチーフとした，特徴的なカーブを描いたボトルをデザインした。翌1916年に，よりカーブをスマートにした改良がなされ，それがコカ・コーラの瓶として用いられた。

これは「我々には，暗闇で触ってもコカ・コーラだと分かる入れ物が必要である。その形は，壊れた時でも，それが何の破片か分かるようなものでなければならない」というベンジャミン・トーマスの考えによるものだった。

　そのホッブルスカートデザインの瓶は，レイモンド・ローウィが「日常で使われるものの中で最も完璧なパッケージ」と評価したことからも，そのレベルの高さを知ることができる。

　このようなボトルデザインは，今では立体商標という知財として認識されている。たとえばヤクルトの容器やアディダスのスリーストライプシューズ，ホンダのスーパーカブなどもこれに含まれる。あるいはペコちゃん人形やKFC（ケンタッキーフライドチキン）のカーネルおじさん，さらにはジャポニカ学習帳なども知財として扱われる。

　以上に見てきたように，コカ・コーラの原液であるシロップを作るという「価値創造」と，その価値から確実に利益を得るという「価値獲得」は別の問題となる。つまり，シロップを開発したからといって，それだけで儲かることにはならず，それがいかに商業化（マネタライズ）できるかを考えないとならない。コカ・コーラの場合，そうした価値獲得がボトリング販売だった。

　ソーダファウンテンでグラスに注がれるコカ・コーラにとどまらず，小売業者が販売する瓶詰めのコカ・コーラによって，提供できる地域を圧倒的に拡大することができた。そうした地理的拡散での販売が行えたのは，シロップからの価値獲得ができたからであった。

（3）品質管理の徹底と製品の標準化

　1916年，エイサ・キャンドラーに続き2代目社長となったのは，チャールズ・キャンドラーだった。この時期には，類似製品（コーラ・オーラ，コーラ・コーク，コカ・アンド・コーラなど）が数多く出回るという問題が生じていた。そこで，チャールズ・キャンドラーは「コーク」をコカ・コーラの略称で用いる権利を永久に得るための訴えを起こした。

　その結果，アメリカ合衆国裁判所の法廷で「コークはコカ・コーラを意味する」という判決が下された。これにより，コークこそが本物（リアル・ワン）で

あるということが認められた。ただし，実際にコークが商標登録されたのは，かなり先の1945年であった。

1919年には，コマーシャル・トラベラーズ・セイヴィングズ・バンク（後のジョージア信託銀行）社長のアーネスト・ウッドラフを代表とする投資家グループに権利が売り渡された。キャンドラー・グループは，全株の代金として2,500万ドルを受け取った。

エイサ・キャンドラーが全権利を買い取った時の2,300ドルとの差額分が，キャンドラー・グループによる価値獲得の総額だった。こうしたエイサ・キャンドラーについては，ケンプが *God's Capitalist*（2002）つまり「神の資本家」と題して，その経営行動を詳細に綴っている。

1923年には，アーネスト・ウッドラフの息子であるロバート・ウッドラフが33歳の若さで3代目社長となった。ロバート・ウッドラフは1939年まで社長を務めたが，下記に見るように戦時中でも大きな指令を下したり1945年から1946年には社長に再任されていたりと，コカ・コーラの今日における基礎を固めた経営者として位置づいている。

ロバート・ウッドラフの主な製品政策は2つあった。1つは「いつでもどこでも同じ味」を保つための品質管理の徹底である。そのために販売部をサービス部と変えて，シロップを売るだけでなく，ボトリング工場や小売店へのアドバイスを行うことを義務づけた。つまり，単なるセールスマンを丁寧なサービスマンに仕立てたのである。

もう1つは「いつでもどこでも同じ値」を守るための製品の標準化である。どこのソーダファウンテンでもグラス1杯は5セント（ニッケル：ワンコイン）とした。ボトリングされた6オンス（約180ミリリットル）のレギュラーサイズも，同じく5セントとした。こうした値段の一定化は，ブランディングにおいて不可欠な要素となる。たとえばイケアは，ホットドッグを5クローネという安値で売ることに意味があるとしている。

ほかにも，いくつかの工夫が施された。その1つが煙草の売り方のような「まとめ買い」への対応である。1923年に6本入りのカートン（シックスパック：1950年代まではシックスボックスと呼ばれていた）を導入した。6本は片手では下げ

られない。袋に入れると持ちにくい。それがハンドル付きのカートンなら，片手でも下げることができる。

こうしたカートン売りによって，家に買い置きがある状態となり，飲みたい時にすぐに飲むことができるようになった。つまり，アットホーム市場をつくり出したのである。1927年のスローガン"Around the Corner from Everywhere（どこでも手に入る）"は，それを表現したものだった。

1929年，有名なスローガンの1つである"The Pause that Refreshes（さわやかなひととき）"が付けられた時には，コカ・コーラは28ヵ国に64の公認ボトラーズを持つまでに至っていた。その1929年には，ボトラーズが小売業者にオープントップ・クーラーというロゴ入りの特製冷蔵庫を安価で提供した。これにより，ソーダファウンテンではコカ・コーラがカウンターの後ろではなく，常に人目に付くところに置かれるようになった。

1935年には，コカ・コーラの自動販売機が初めて設置された。オフィスに置かれることで，アットワーク市場をつくり出した。また，ガスステーションにも設置することで，いわゆる「冷やし売り」というコールドドリンク市場へ進出していった。

（4）1940年代のコカ・コーラとペプシ

コカ・コーラが世界中に知られるきっかけとなったのは，第二次世界大戦期であった。この時，ロバート・ウッドラフは会長となり，アーサー・アックリンが社長となっており，その体制下で1941年に次のような指令が下った。

「世界のどの地にいても，アメリカ兵なら誰でもコカ・コーラが1本5セントで手に入るように手配すること。そのために要する費用は問わない（We will see that every man in uniform gets a bottle of Coca-Cola for five cents, wherever he is and whatever it costs our company.）」。

この指令によって，米軍が駐留するところではどこでも，コカ・コーラが販売されることになり，その瓶と商標は現地にインパクトを与えた。つまり「あの飲み物は何だ？ とても美味そうだ」と思われたのである。

さらには，アメリカ兵が美味しそうに飲むコカ・コーラの写真が，従軍記者

によって誌面に掲載されたことが，コカ・コーラのグローバルデビューのきっかけとなった。ちなみに，日本では報知新聞が巨人を，デイリースポーツが阪神を贔屓にするように，従軍記者が現地で米軍を肯定する記事を書くことで，兵士の士気を高めていた。

また，こうした戦時期には，チョコレートが栄養価の高いココアが使用されているため，米軍用に採用された。特にパイロットが食べやすいように施されたのが，手に溶けない砂糖のコーディングであった。

一方で，競合相手のペプシはどのようであったかというと，キャパレルの *The Real Pepsi Challenge*（2007）によると1940年代には，アフリカ系アメリカ人（Negro：ニグロ）に向けて商品を提供するという特殊市場への販売（スペシャルマーケット・セールス）を行っていたとされる。この時にはペプシも大量流通体制を完備していた。ニグロに販売するために，その販売員や広告のモデルにニグロを起用することで，カラーバリア（人種の壁）を打ち破り，彼らから愛される飲み物となった。

ニグロ・マーケットは1951年にピークを迎えた。1952年2月23日付けのウォールストリートジャーナルでは「ニグロ・マーケットはビジネス用語の仲間入りをした」と記された。1962年にはメジャー企業で初めて，ニグロがペプシコ社の副社長になるなど，独自性を確立していた。

3．1960年代からのコーラ戦争

（1）多量性のマネジメント

大戦期での兵士への販売を弾み車として，戦後においてコカ・コーラの海外販売は本格的になった。それまでの海外子会社はキューバ，メキシコ，カナダにある程度だったが，戦後での進出国の数は急速に増えていった。1950年のタイム誌の表紙には，コカ・コーラが地球にコークを飲ませているイラスト（Coke's global appeal）が掲載されるほどだった。

1954年には，瓶の大きさが多様になった。それまでの38年間は6オンス用だけであったのが10・12・16・26の各オンスが用意され，用途に応じてサイ

ズを選べるようになった。

1955年には、そうした大瓶に続いて、缶入りがアメリカで初めて販売された。

瓶に比べて缶は輸送しやすく、低コストとなるので、最初に取り扱われたのは米軍の極東基地の店だった。1959年からはフラットトップ缶（12オンス）がアメリカの小売店で並び始めた。

1957年には日本への進出がなされた。同年、日本飲料工業が設立され、翌年には日本コカ・コーラと改められた。同社の事業内容は「清涼飲料の製造販売」とされた。つまり、競合他社（アサヒ、キリン、サントリー）とは異なり、アルコール類は手がけないということで差別化がなされたのである。これにより、コカ・コーラは「いつでもどこでも、そして"誰でも"飲めるもの」として位置づくことになった。

1960年代に入ると、関連ブランドとして妹分となる「ファンタ」が1960年に、また弟分となる「スプライト」が1961年に登場した。いわば「味の多角化」である。また1960年には、フロリダ州オーランドの果汁清涼飲料メーカーのミニッツ・メイドを買収し、ラインナップの充実を図った。

当時の社長であるポール・オースチンが1968年に"The Management of Abundance"というタイトルで*Advanced Management Journal*に掲載した論稿では「これからの事業運営では、多量性（豊富さ）をいかにマネジメントしていくかが重要な問題となる」と述べているが、そこには競合相手の存在も意識されていた。

（2）コカ・コーラ対「ペプシ・ジェネーション」

1960年代、アメリカのソフトドリンク市場は、ビッグシックスが独占していた。それらはコカ・コーラ、ペプシ・コーラ、ドクターペッパー、セブンアップ、カナダドライ、ローヤルクラウンであった。この市場において、コカ・コーラはペプシからの追随を受け始めていた。

ペプシ・コーラは、コラの実と消化酵素のペプシンを用いた飲料で、コカ・コーラとほぼ同時期の1894年に、やはりアメリカ南部の薬剤師だったカレ

ブ・ブラッドハムがつくり出したものである。同社の主要製品には，ペプシの弟分となる「マウンテン・デュー」がある。また，1965年にはスナックフード会社のフリトレーと合併し，社名がペプシコ社となった。

　そうしたペプシが1960年代から，コカ・コーラに市場競争を仕掛けたことで，2社間の攻防は「コーラ戦争」と称される。ペプシは，コーラの味をまだ知らない世代，つまり当時の戦後ベビーブーム世代が，コーラを飲む際にはペプシを選んでくれるように「ペプシ・ジェネレーション」というスローガンを掲げて，若者層に向けた広告に力を入れた。

　もちろん製品面でも競い合った。1963年，コカ・コーラは初めての低カロリーコーラとなる「タブ」を発売した。そのネーミングには特に意味はなく，とにかくコカ・コーラとは別のものであるということを示したかったのである。

　翌1964年には，ペプシが「ダイエット・ペプシ」を販売して，ダイエットコーラ飲料として，タブと売れ行きを争った。結果としては，タブのほうがずっと優勢を保った。1960年代は，そうしてコカ・コーラ優位のままであったが，1970年代では，それを脅かす点が出始めた。

　1970年代のコカ・コーラのトピックとしては，1978年に，現在ではほとんどのソフトドリンクで採用されているプラスチックのPET（ポリエチレン・テレフタート）ボトルをコカ・コーラが初めて導入したことが挙がる。また，新商品としては1979年に柑橘系の弱炭酸飲料「メロー・イエロー」を発売した。

　これに対して，ペプシは1975年に2つ目のダイエットコーラとして，独特なレモンの香りがする「ペプシ・ライト」を発売した。ペプシ・ライトとダイエット・ペプシを合わせると，ダイエットコーラ飲料ではコカ・コーラに勝るという形になった。さらに1975年では，アメリカのスーパーマーケットでの売上げの総額で，ペプシがコカ・コーラを初めて上回った。

　この時のコカ・コーラの主な販売先は，①ソーダファウンテン，②自動販売機，③スーパーマーケットの3つであった。特に当時は，ウォルマートに代表されるスーパーマーケットの成長が著しかったので，ここでの販売での劣勢には，危機感を覚えた。

そうした1975年には、日本で「ジョージア」が発売された。缶コーヒーは1970年の大阪万博でUCC（上島珈琲）が販売してから普及が始まり、1972年にポッカが初めて市販した。ポッカは1973年に世界で初めてとなる冷温兼用自動販売機を設置した。このように日本で缶コーヒーが売りやすい基盤が整った時に、ジョージアが投入された。

　2017年になって、このジョージアにアメリカ本社が注目し始めた。持ち運びがしやすいという理由で、アメリカでは容器入りのコーヒーが毎年15〜20％の伸びを示しているからである。市場調査会社NPDによるコーヒー注文時のテイクアウト率（2017年8月公表）では、世界主要13ヵ国でテイクアウトが多い国は日本48％、アメリカ45％、カナダ43％となっている。また、テイクアウトをほとんどしない国はイタリア、スペインでそれぞれ3％に過ぎない。これは各国のライフスタイルが垣間見えるデータにもなっている。

（3）ペプシの挑戦とニューコークの失敗

　1982年、コカ・コーラはコロンビアピクチャーズの株を49％所有する形での買収を行い、娯楽産業へと進出した。コカ・コーラ時代のコロンビア映画の作品には『ゴースト・バスターズ』(1984)『スタンド・バイ・ミー』(1986)『ラスト・エンペラー』(1987)などがあるが、結果的に見て、この分野への多角化は失敗であった。

　実際1989年には、コロンビア映画はソニーに売却された。ソニーは『スパイダーマン』(2002)などを制作しているが、そうしたコンテンツはハードウェア（DVDプレーヤー）との相乗効果が良いものであった。

　コカ・コーラにとっては、本業のコーラ事業で新市場に進出することや、既存市場でもっと多くのコカ・コーラが飲まれること（モア・ブランズ）のほうが大事であった。

　この時の会長であるロベルト・ゴイズエタが「世界中の一人ひとりが一日に64オンス（約2リットル）の何らかの液体（水、清涼飲料、アルコールなど）を飲んでいる。コカ・コーラの商品は、そのうちのわずか2オンス（約60ミリリットル）しか占めていない」と述べていることからも、あくなき成長の追求をうか

がえる。

　1980年代，そうしたコカ・コーラにペプシはさらに挑んでいった。テキサス州から始められた「ペプシの挑戦（ペプシ・チャレンジ）」によって，コーラ市場におけるペプシの躍進はすさまじいものとなった。この挑戦は，コカ・コーラとペプシ・コーラの名前を伏せて行うブラインドテスト，つまり消費者への味覚比較調査であった。

　その進め方は，次の通りである。①特定の地域を決める。②そこに大量の広告費を投じる。③具体的には多くのクーポン券の配布，割引価格での販売，有名人による宣伝などを行う。④その地域でのイベントのスポンサーとなるといったことを徹底的に行う包括的なマーケティングプロモーションである。

　テキサス州のダラス・フォートワースで行われたペプシの挑戦は，ダラスに本社を構えて，テキサス州を主な市場としていたドクターペッパーの市場シェアまでを著しく減少させるほどの威力を見せた。

　ペプシは，こうした比較広告的キャンペーンで，コカ・コーラの市場シェアを着実に奪い取っていき，追い越すことはできなかったが，かなりのところまで近づいていった。河野・村山の『神話のマネジメント』(1997)によると，アメリカ市場での両社の市場シェアの推移は次のようであった。

コカ・コーラとペプシのアメリカ市場シェアの推移：1971年～1984年

	コカ・コーラ	ペプシ
1971年	25.0%	15.0%
1973年	24.7%	16.1%
1975年	24.2%	17.4%
1977年	24.5%	17.2%
1979年	23.9%	17.9%
1981年	24.2%	18.3%
1983年	21.1%	16.9%
1984年	22.0%	19.0%

第10章 コカ・コーラの国際経営戦略

　このように1971年には10％の差があったアメリカでの市場シェアが1984年では，わずか3％にまで縮まっていた。こうしたペプシの市場攻撃に対してコカ・コーラは，まず1982年に"Coke Is It（コークこそすべて）"というスローガンを打ち出した。Itには「必要とされるもの」という意味があり，ペプシはコカ・コーラと比較をしている時点で，コカ・コーラより劣っているということを自ら認めているというミュアンスが込められていた。

　このスローガンとともに，同年には「ダイエット・コーク」を発売した。「コーク」というコカ・コーラしか使えない名前を初めて商品に用いて応戦したのである。1年後（1983年）には，ダイエットコーラ飲料の中で最も売れるものとなり，さらにその1年後（1984年）にはコカ・コーラ，ペプシ・コーラに次いで3番目に売れているソフトドリンクになった。

　当時コカ・コーラでCMO（チーフ・マーケティング・オフィサー）を務めたジーマンの『そんなマーケティングなら，やめてしまえ』（2000）では，このダイエット・コークは「TACOS」モデルでアプローチされたとされる。

　TACOSとは，次の頭文字を取ったものである。① Trademark…他社と比べた場合の商標価値。他社は持ち得ない貴重かつ稀少で模倣困難な"Coke"の名前の活用。② Area…市場の大きさ。③ Consumer…消費者に提供できるもの。この2つにはダイエットコーラ飲料で対応。以上3つを足し合わせて，④ Success…成功するという方程式（T + A + CO + S）である。

　さらにコカ・コーラは，誕生100周年にあたる1985年に「ニューコーク」を販売した。これは，今でもマーケティングの失敗事例として語られるが，完全にペプシを意識した商品だった。コカ・コーラのように歯切れの良い味（クリスパー・テイスト）ではなく，ペプシのようにまろやかな口当たりに近づいた甘い味（スウィートネス）のコークであった。

　この味の変更は，市場リサーチを通じて，人々は甘い味を好むという結果を受けて行ったものだった。しかし，かねてからコカ・コーラを愛飲していた者にはまったくの不評に終わった。ここでの最大のミスは「もし，これまでのコカ・コーラをやめて，ニューコークを導入したら，あなたはそれを受け入れますか？」という大事な問いかけを消費者にしなかったことにあった。

ニューコークの発売後 77 日目には，以前の味（オリジナルテイスト）を「コカ・コーラ・クラシック」として復活させざるを得ない状況だった。この復活は，社内で「再来（セカンド・カミング）」と呼ばれた。

　このニューコークの事例は，アメリカ人にとってのコカ・コーラが単なる炭酸飲料ではなく，アメリカの象徴であること。あるいはアメリカ人に旅先などで母国へのノスタルジアを誘うような，大きくて欠かせない存在にまでなっていたことを気づかせるものだった。アメリカで長年，最も売れているソフトドリンクであるということは，そういう意味があるということなのである。

　この時期に社長を務めていたドナルド・キオーは，後に次のように振り返っている。「世界中の人々は実際に，愛や笑いや祝福といった最も幸福な時をコークとともに分かち合っている。コカ・コーラは単純に生活の一部なのである。ひょっとしたら結局，それがブランドパワーの真の秘密なのかもしれない」。

4．戦略的方向性の相違

　1990 年代について見ると，1996 年にペプシの CEO となったロジャー・エンリコは，マーケティングキャンペーンにそれまでの倍の 3 億ドルを費やして，この時に 41％の市場シェアを占めていたコカ・コーラに挑み続けていた。まさにチャンピオン（赤色のイメージカラー）に立ち向かう挑戦者（青色のイメージカラー）である。

　このように，コカ・コーラもペプシも絶えず宣伝に力を入れてきているが，それはソフトドリンク業界では，価格と品質とともに，ブランドの認知度やタイミングの良いマーケティングキャンペーンも成功要因となるからである。

　現在においても，こうしたコーラ戦争は継続しているが，両社が得意とする市場や微妙な路線の違い，共通の新たな競合相手などが出始めている。

　アメリカで，コカ・コーラはより高い年齢層に訴えかけるようなプロモーションを図る一方で，ペプシはより若い世代へのマーケティングを行っている。特にペプシは，フリトレーというスナックフード事業も手がけているの

で，炭酸飲料と菓子というパッケージ展開も可能である。

　日本では圧倒的な自動販売機の数や，水やコーヒーなど幅広いラインナップにより，コカ・コーラが優勢である。一方でペプシは，これまでにさまざまな味のペプシ（キューカンバー，しそ，モンブラン，バオバブなど）を期間限定で投入するという「物珍しさ感」に訴える戦術で応戦している。

　インドではトップがインド人（インドラ・ヌーイ）であったことも貢献し，ペプシに分がある。現地では1993年にコカ・コーラが買収した甘めのコーラ「サムズ・アップ」があるが，それよりもペプシのほうが売れている。

　こういった両社の路線の違いについて，バーニーは『企業戦略論（上）』(2003) で，コーラ戦争が消耗戦にならないように，互いに他の戦略的方向性を採った現れであるとしている。

　現在では「レッドブル」に代表されるエナジードリンク市場が若者をターゲットとして創成されており，コカ・コーラは「バーン」を投入して対応している。限られた喉のシェアで1本分がレッドブルに取られてしまうことは，コカ・コーラにとってもペプシにとっても大きなダメージとなる。今後においては，こうしたエナジードリンク市場での攻防も注目する必要がある。

本章を深く学ぶための参考文献

エリザベス・C・キャンドラー，ラルフ・ロバーツ著，西村摩耶・蟻二郎訳『血族たち　初代のファミリアから四世代まで』太陽社　1994年
河野昭三・村山貴俊『神話のマネジメント　コカ・コーラの経営史』まほろば書房　1997年
トマス・オリヴァー著，仙名紀訳『コカ・コーラの英断の誤算』早川書房　1986年
セルジオ・ジーマン著，中野雅司訳『そんなマーケティングなら，やめてしまえ　マーケターが忘れたいちばん大切なこと』ダイヤモンド社　2000年

● 本章を身近に感じるためのエクササイズ
1．「パワーブランド」の3基準に従って，現在のパワーブランド7社にはどのような企業が挙がるか，クラスメイトと議論してみましょう。
2．コカ・コーラを中国語で「可口可楽」と表記する他にも，たとえばグリコのポッキーは「格力高」の「百奇」と表記されます。また，サントリーは「三得利」となり，キユー

ピーは「丘比」となります。他に，日本の企業名や商品名がどのような表記になっているか，調べてみましょう。

3．インターブランドによるベストグローバルブランズ 2016 において，飲料（ビバレッジ）ブランドは，コカ・コーラ（3位）ペプシ（22位）ネスカフェ（36位）スプライト（86位）がランクインしています。数ある飲料の中で「スプライト」が入っている理由（何を行っているのか）について，調べてみましょう。

4．「ペプシの挑戦」によって大きく市場シェアを落としたドクターペッパーは，その後どのような合併や買収がなされたか，調べてみましょう。また，その他の飲料ブランドが，それぞれどのグループ（コカ・コーラ，ペプシなど）に入っているか，業界地図を描くようにまとめてみましょう。

5．現在の「コーラ戦争」はどのようになっているか，コカ・コーラとペプシの新商品や宣伝活動を調べて，考察してみましょう。

第11章 ナイキの国際競争戦略

○**本章を理解するためのキーワード**
スーパーカスタマー，きれいな仕事，きつい仕事，
シュー・ドッグ

1．「勝者のブランド」というイメージ形成

　1994年に公開された映画『フォレストガンプ／一期一会』は，近代アメリカ史をなぞるような物語であり，アメリカを代表する人物やアイテムが数多く出てくる。その中でトム・ハンクス演じる主人公が履いていたのが，ナイキの「コルテッツ」だった。

　日本でも2001年から2016年に西武ライオンズとユニフォーム契約を行うなど，ナイキは高い人気を世界規模で持続しているスポーティンググッズ・ブランドである。

　ナイキのスローガンは，コピーライターのジム・リズウォルトによって付けられた"Just Do It"というものである。直訳すると「つべこべ言わずに，ただそれをやれ」ということであり，意訳すると「最高の選手のために最高のシューズをつくる」「一流選手のためならば，何でもやる」となる。これはナイキが何者であるか，あるいはナイキのブランドの精神（本物のアスレチック・パフォーマンスであること）を端的に示す言葉となっている。

　また，ナイキのシンボルマークには「SWOOSH（スウッシュ）」という「サッ，サッ」「シュッ，シュッ」といった勢いの良さを示す擬音が付けられている。このマークは，ナイキの創業者であるフィル・ナイトの友人で1970年代初頭，美術を専攻する学生だったキャロライン・ダビッドソンに35ドル（言い値）で描いてもらったものである。

　その際に提示したデザインコンセプトは，①機能的であること。②遠くから

見てもわかること。③躍動感があること。④スピード感が表現されたものという4点だった。

1995年まではマークの上に"NIKE"と記されていたが，現在ではマークを見るだけでナイキだと識別されるほど浸透している。ちなみにキャロライン・ダビッドソンは，後にダイヤモンド入りのナイキシューズとナイキの株（いくらかであるかは非公開）をもらっている。

そうしたナイキのブランディングは，マイケル・ジョーダンやタイガー・ウッズなどのスタープレイヤーと契約を結んで，彼らに最高の商品を提供するという形でなされている。これにより「勝者はナイキを使う（ウィナーズ・ユーズ・ナイキ）」という法則が生まれ，ナイキは「勝者のブランド」というイメージを確立していった。

ナイキの求めるアスリートのタイプは，尖っていて，攻撃的・精力的で，独立した姿勢を持った者である。そうした気質を持った選手こそをナイキは「スーパーカスタマー（一番の贔屓筋）」としてきたのである。

2．ナイキ草創期から国際的バリューチェーンの構築まで

（1）陸上競技の事業化という構想

フィル・ナイトはオレゴン大学に在籍中，陸上部で中距離走の選手として，ビル・バウワーマンというコーチに付いて活動していた。大学卒業後の1959年には，スタンフォード・ビジネススクールで経営を学んだ。そこでスモール・ビジネスについての論文を書く課題が出た時に，現在のナイキに結びつくアイデアが生まれた。それは「陸上競技を事業として展開していく」という発想だった。

この研究論文に取り組むために，フィル・ナイトは図書館に入り浸った。特に輸出入と起業に関する書物は手当たり次第に読み漁った。当初は関心を持つ程度だったが，調べていくうちに刺激を受け，最後には魅了され，ついにはその虜になったという。

当時，陸上競技はシャツに靴，靴下，そして走るスペースさえあれば成立す

る，お金のほとんどかからないスポーツであり，事業機会の乏しい領域だとみなされていた。だが，自身の陸上部での経験から，シューズの面でまだ改良する余地は十分にあると，フィル・ナイトは確信していた。

　フィル・ナイトは世界的なアスリートになることを夢見ていた。しかし，大学時代に優れた成績を残すことはできなかったため，それは叶わなかった。その代わりに，アスリートらしい一意専心と決意を持って，価値があり，楽しく，自分に合っていると思える何か驚くような，そしてありそうもない夢を追いかけようと決めたのである。

　当時，陸上シューズではアディダスが最高峰であったが，アメリカでは入手しにくく，入手できたとしてもきわめて高価なものだった。この状況下でフィル・ナイトがイメージしたのは，ニコンなどの日本製カメラがドイツ製のライカに代わって，アメリカでの市場シェアを伸ばしたことである。これをシューズに応用できないだろうかと考えたのである。

　つまり，日本の高技術で，より安価な陸上シューズを販売すれば，アディダスに近い品質で，アディダスよりは低い価格を実現できる。それがフィル・ナイトの描いた自分らしい夢であった。

　そうした構想が書かれた研究論文には，カリフォルニア州・オレゴン州・ワシントン州で日本製シューズを販売した場合，事業開始3年以内に高校と大学の陸上部員を中心に年間2万足の販売が見込めるというリサーチ結果が出た。そこで，これを実践に移すべく，フィル・ナイトは1962年に日本へと渡った。

（2）元選手とコーチとのパートナーシップ

　日本を巡る中で，フィル・ナイトはいくつかのスポーツ用品店で，トレーニングシューズの「タイガー」という靴を見かけた。それは神戸に拠点を置くオニツカ・タイガー（後のアシックス）がつくっているものだった。このタイガーの完成度の高さに引かれたフィル・ナイトは，オニツカ社を訪問し，同製品をアメリカに輸入することを申し出た。

　当時の日本は，アメリカへのフットウェア（履き物）の輸出が右肩上がりであり，オニツカ社の創業者である鬼塚喜八郎も，まさにアメリカ市場への進出

を考えていたところであった。

　この時には、口頭だけの契約が交わされ、帰国したフィル・ナイトのところに見本の商品が送られてくるまで1年以上もかかったが、届いたサンプルをさっそくビル・バウワーマンに見せた。厳しいビル・バウワーマンがチェックして「これは良い」と言うのならば、折り紙つきとなるからだった。さらには、最初の買い手にもなってほしいという狙いもあった。

　だが、ビル・バウワーマンの返事は、そうしたフィル・ナイトの思惑を超えるものだった。つまり「このシューズを一緒に売っていこう」と言われたのである。

　こうして2人は、ほどなく共同経営という形をとり、ナイキの前身となるBRS（ブルーリボン・スポーツ社）を1964年に設立した。役割分担は、ビル・バウワーマンが、①自身のチームで採用する。②デザインのアイデアを出す。③仲間のコーチとともにシューズを推奨していく。フィル・ナイトが、①財務管理。②日々の業務運営となった。

　ビル・バウワーマンのアイデアには1967年に発売された一般向けのランニングシューズ「タイガーマラソン」がある。泡のようなナイロンを入れることで、履き心地が非常に軽やかになった。このシューズは、そうした素材をメインにした広告であったが、その時に付けられた言葉が「スウッシュ」だった。

　BRSが初めてオニツカ社に発注をした際のコスト計算では1足3ドル69セントのタイガーを輸入すると4ドル6セントとなる。これを6ドル95セントで販売しても、アディダスよりも安価であり、さらに2ドル89セントの利益も出るという算段だった。

　タイガーは、オレゴン州の高校陸上大会の中でも最も大きなヘイワード・リレー大会で初めて販売された。10日間で31足を売上げ、数ヵ月後に最初の利益が出た。しかしながら、起業した初年度の利益は、わずか250ドルだった。さらに安定した財務状態になるまでには何年も要したので、フィル・ナイトは31歳までは自分に給料を出すことができず、地元の大学で会計学を教えていた。

（3）自社ブランドの開発

　初めての利益を得たフィル・ナイトは，口頭だけだったオニツカ社との契約を正式に文書で取り交わすために，日本へ再び出向き，独占権協定を結んだ。これにより，BRSは契約の有効期限である1965年11月30日まで，アメリカ西部13州で年間5,000足から8,000足のタイガーを輸入し，独占的に販売することができた。

　この時には，後の競合相手になるアディダスが黄金期にあった。①世界58ヵ国にシューズを輸出していた。②1962年のサッカー・ワールドカップでは，どのチームもアディダスを履いていた。スパイクが付いて，その取り換えもできるサッカーシューズは，アディダスによるアイデアから生まれたほど影響力は強かった。③1964年の東京オリンピックでは，合計99人のメダリストがアディダスを履いていたという状態で，アスレチックシューズとしてのステータスは最も高かった。

　一方でBRSは，オニツカ社との契約期間中に2万ドル相当のタイガーを販売して3,240ドルの純利益を挙げた。そこで1966年には，新たに3年間の契約を結び，今度はタイガーの全米独占販売権を得た。同年には最初の直営店をサンタモニカのピコ通りにオープンしたこともあり，売上げは4万ドルに達した。

　翌1967年には，前述のタイガーマラソンの全米発売もあって，売上げは8万3,000ドルとなった。この時期には，個人への1足売りが主であったが，チーム売りも増えていた。そして，多くの小売店からタイガーの取り扱いに関する問い合わせがあった。これを追い風として1969年には，売上げは約40万ドルとなった。翌1970年には，卸売りで大量販売する体制が整った。

　ただし，この頃には大きな問題が浮上していた。オニツカ社が新商品のアイデアを製品化するまでに，かなりの時間を要したことである。いくら流通と販売体制が整っても，肝心の生産が追いつかず，売るモノがなければ話にならない。そこでBRSは，自らがコントロールできるブランドを持つことにした。

　1971年，ナイキという自社ブランドを初めて用いたシューズ（皮革製フットボールおよびサッカーシューズ）を直営4店舗（ポートランド，カルバーシティ，ユー

ジーン，ナティック）で発売した。翌1972年には，初の女性向けシューズ「ラケット」を商品ラインに加えた。

1972年には，最初のシグネチュアシューズ（スウッシュの付いた靴）に搭載されることになるアウトソールの「ワッフルソール（四角いスタッドの先に丸い小さなサブスタッドが付いたもの）」が開発された。

これは，ビル・バウワーマンが朝食にワッフルを食べていた時に思いついたデザインである。同じく鬼塚喜八郎も，兵庫・明石の名物であるタコの吸盤を見て，靴底のすべり止めを思いついた。このように，何を見ても自身のアイデアのヒントにできることは，アーチストシップもしくは「匠」と呼ばれる者に共通した部分であるといえる。

ワッフルソールは1974年に「ワッフルトレーナー」として商品化された。舗装路でも悪路でも路面を選ばないグリップ力の高さと快適さは，当時のジョギングブームにうまくはまり，ナイキ初期のベストセラーシューズとなった。

（4）日本依存体制の改善と商品訴求不足の解決

1972年のBRSは，ランニングシューズを25万足，バスケットシューズを5万足販売しており，売上げを前年より60％伸ばしていた。このうち，魅力的な商品に映ったのは，バスケットシューズのほうだった。なぜなら，アメリカの10代の若者たちは6週間に1回のペースで靴を履きつぶすので，買い換えの頻度が高かったからである。

この時期のバスケットシューズ市場は，アディダスが高性能のレザーシューズを発売し，それをNBA（ナショナル・バスケットボール・アソシエーション）選手にプレゼントするということを行い，それまでのコンバースの牙城を崩すことに成功していた。

その市場においてBRSは1974年にNBAを巻き込んだ大規模な広告キャンペーンを始めて，バスケットシューズの取扱量を拡大するという計画を立てた。翌1975年にはNBAトッププレーヤー10人に90日間，ナイキを履いてもらうという奇襲に出た。

こうしたアスリートへのプロモーションは，日本でもたとえばエアウィーヴ

が実行し，ブランドを築いている。同社はもともと釣り糸や漁網の成型機を作っていたが2009年から寝具市場に進出した。

その際に，浅田真央などのアスリートやトレーナーに高反発マットレスを無料で配布した。それが海外に持ち運ばれる時が最大の宣伝となった。選手が空港から出てくるときに押しているカートの荷物の中で"airweave"と明記されたマットレスが一際目立ったのである。エアウィーヴは，環境が変わっても質の良い睡眠を確保するという試合以外の場で，選手をサポートする点に訴えかけたのである。

さて1975年においてBRSは2つの大きな問題に直面していた。1つは，自社ブランドの製品を供給しているところが福岡県の日本ゴム1社であり，資金供給先も日商岩井（現・双日）1社という日本企業への依存体制だった。

今後の市場拡大では，日本ゴムより高い製造能力を持つ，近代的で大規模な工場が必要だったので，その生産拠点を東アジアに求めた。そうして1980年までには，シューズ生産の約90％が韓国と中国で行われるようになり，その後の生産はインドネシアなど東南アジア各国にも広まった。

資金面については1980年12月2日に株式公開（パブリック・オファリング）を果たすことで解消された。こうして調達した資金を持って，インターナショナル部門（特にヨーロッパ）とアパレル部門への進出がなされた。

もう1つの問題は，ほとんどの宣伝が小売店との共同出資で新聞広告を出しているため，低価格なイメージが先行してしまい，消費者へのアピールが十分にできていないという商品の訴求不足であった。

これについては，まず社名とブランド名を統一して認知度を高めるべく1978年にBRSをナイキへと変更した。さらには次節で詳しく述べる広告戦略（都市キャンペーン）を1983年から実施することで払拭していった。

（5）「きれいな仕事」と「きつい仕事」

ナイキは生産能力の拡大を求めて，製造拠点を東アジアに移した。特に中国での生産は，日本においても"Made in China"というしるしが，ありとあらゆる商品（衣服，玩具，食品，百均ショップなど）に付けられている。

当時の中国は労働力という経営資源が豊富にあり，労働集約型の産業が強かった。これまでに先進国で企画され，中国で生産された製品は枚挙に暇がない。たとえばiPhoneの背面には"Designed by Apple in California Assembled in China"と刻まれている。

　こうした構図は，ナイキが築いた国際的バリューチェーンと同じである。サドラーらの*Strategic Management*（Second Edition 2003）では，次のように説明される。

　まず，ナイキは自国であるアメリカで，シューズのR&Dと製品デザインを行う。一方で，部品作りや組立は，労働コストの低い東アジア諸国で行う。そして，完成したモノはアメリカやヨーロッパ，日本などの先進国で販売する。

　ここで注目すべきは「ものつくり」を地域別に「もの」と「つくり」を分けている点である。自社のコア活動となるデザインやマーケティングという創作（クリエイト）は国内で行い，ノンコア活動であるマニュファクチュアリングという製造（プロデュース）は国外で行っている。言い換えると「きれいな仕事（国内）」と「きつい仕事（国外）」で線引きがされているのである。

　国際経営戦略では，こうした構造は，固定資産（現地生産のための工場や事務所棟など）への大規模な投資を避けることができるため，販売量が少なくても利益を多く得ることができるとされる。

　この国際的バリューチェーンは，本書第1章で挙げたバックレーの示すグローバル・ファクトリーであるとともに「途上国に搾取工場を強いる生産を余儀なくさせるもので，脅威である」というグローバル化への6つの視点のうちの1つでもある。

　問題視されるのは，東アジア諸国での労働者の悲惨な雇用状態である。たとえば1996年7月のライフ誌では，パキスタンの12才の児童が過酷な労働環境でサッカーボールを生産する記事が掲載された。1997年にはベトナムの女性が機械故障事故に巻き込まれて死亡する事件が発生した。こうしたことから「ナイキは搾取工場（スウェットショップ）を有している」などという批判を受けた。

　1997年2月15日にはBBC（ブリティッシュ・ブロードキャスティング・コーポレー

ション）が"Why do it ?"という番組をオンエアした。その内容は「マイケル・ジョーダンはナイキというブランドから年収2,000万ドルを稼ぐ一方で，インドネシアのナイキ工場の若い女性は1日11時間働いて時給わずか15セントである。アジアで5.6ドルのコストでつくられたシューズがヨーロッパで70ドルあるいはそれ以上で売られている」といった「光と陰」を強調するものだった。

日本でも1998年に，アジア太平洋資料センターが『NIKE：Just DON'T do it －見えない帝国』という報告書をまとめている。2000年には，ハーバード・ビジネススクールが"Hitting the Wall：Nike and International Labor Practices"というケースにしている。また，ヒルとジョーンズが編集した *Cases in Strategic Management* (Six Edition 2004) においては"Nike：Sweatshops and Business Ethics"が収録されている。

こうした批判に対して，フィル・ナイトは前掲のBBCの番組内で「グローバル市場では，どこに対しても同一の価格を支払うという仕組みは存在しない。マイケル・ジョーダンに支払う金額と，インドネシアのメーカーに支払う金額とでは，市場価格の性質が違う」と述べている。

また，インドネシアのナイキのゼネラルマネジャーも「彼らは低賃金だ。しかし我々はここに来て，他に働き口のなかった何千もの人々に仕事を与えた」と答えた。

以後，ナイキは国連が2000年に設置したグローバル・コンセプトに当初から参加することなどを通じて改善をなしている。現地国での「きつい仕事」が快適性を帯びない限り，ナイキのローカル化は達成しないといえる。

付け加えていうならば，異文化への理解も併せて重要となる。たとえば2004年，ナイキチャイナが中国で放映したテレビコマーシャルでNBA選手が中国の伝統的な衣装を着た仙人（道士）や空を飛ぶ竜を打ち負かすシーンがあった。それらは中国では「高尚」「最強」「無敗」というイメージがあるので，不快感を覚えたり，侮辱に感じたりする者が多かった。

これを受けてナイキチャイナは，中国文化を尊重する意向を示して謝罪するとともに，コマーシャルの放映を取りやめた。異文化を知るには，現地に根差

した活動を行い，ロングホーン企業となることが欠かせないのである。

3．1980年代のスポーツシューズ市場戦争

（1）アディダス黄金期

　2012年，ロンドン五輪公式スポンサーはアディダスであり，メディアを通じたPR活動を競合他社よりも有利に行うことができた。これに対してナイキは，選手に履かせる靴を黄色に統一するという目立つ作戦を採った。プーマはウサイン・ボルトと契約するなど各社で異なる戦術を見せた。このようにスポーツシューズ市場は，競争戦略の実例が豊富に存在するところである。

　ナイキにとっては，創業時すでに王者だったアディダスが，いつかは乗り越えるべき壁としてあり続けていた。アディダスは1948年，ドイツのダッスラー社が2つに分裂してできた会社の1つであり，アディ・ダッスラーが所有した。シンボルマークとなっている「スリーストライプ」は，ダッスラーシューズの2本のストライプに1本のラインを付け加えたものである。

　いま1つの会社はアディの兄，ルドルフ（ルディ）・ダッスラーが経営するプーマである。当初はルーダ（Ruda）という社名案があったが，広告業者からの提案で変更された。両社は，今後どちらの製品にも「ダッスラー」の名前を使わないという協定を結んで枝分かれした。この分離のきっかけは第2次世界大戦にあった。

　アディ・ダッスラーはアマチュアアスリートであるとともに靴職人であった。「機能第一」「アスリートにとって最善を尽くす」というモットーで，丁寧にシューズを作っていた。それは大戦中でも変わらず，軍事用の靴をつくることが許された。一方のルディ・ダッスラーは営業担当だったので徴兵を受けた。そうして終戦後にルディが戻ってきてから，兄弟間に亀裂が入ったのである。

　2016年のグローバルブランドランキングにはプーマは100位までに入っておらず，アディダスが60位にランクインしている。そうしたアディダスは，画期的なアイデアに基づく新商品をスポーツイベントの開催に合わせて登場さ

せてきた。その最初となるのが1956年のメルボルンオリンピックで用いられたスパイクシューズ「メルボルン」だった。

オリンピックなどの大きなイベントで、アスリートがアディダスのシューズを履いてメダルを獲得することや新記録を出すことが、何よりのプロモーションとなった。このようにして1960年代と1970年代ではアディダスブランドが堅固なものとなっていた。

1965年にはテニスシューズ「スタンスミス」を発売したが、現在でもアディダス最高のヒット作となっている。また1970年にはオールレザー素材のバスケットシューズ「スーパースター」を発売して1972年にはクロスカントリー（起伏の激しい森の中などでのレース）トレーニング用シューズ「カントリー」を発売したが、どちらも機能性と審美性を兼ね備えたモノであり、現在も高い人気を博している。

（2）アディダス対ナイキ対リーボック

1970年代まで続いたアディダス黄金期は1980年に入ったとたんに急変した。アメリカで起こったランニングおよび健康ブームへの対応に乗り遅れたのである。アディダスは基本的にアスリート・ファーストの姿勢なので、一般のカジュアルユーザーのニーズに応えることが鈍かった。そうしたジョギング愛好家が履くようなクッション（ランナーの衝撃を和らげるための機能）付きのシューズは、プロとしては「妥協の産物」であるとみなしていた。

そうしたアディダスの代わりに、この新しい市場機会に応じたのがナイキだった。1979年のナイキの売上げの半分以上はランニング分野で、その次にバスケット（22％）テニス（16％）となっていた。1980年に、そうしたナイキがアメリカでのランニングと健康ブームに対応したスポーツシューズを販売することで、同市場で圧倒的優位に立っていたアディダスの牙城をついに崩した。

つまり、その年にナイキがアメリカでアスレチックシューズ企業のトップに立ったのである。ナイキは数字面から見ても1981年には株主を数千人持つ、総売上げ4億5,800万ドルの上場企業（パブリックカンパニー）となっており、140のシューズモデルを有していた。

こうしたナイキとアディダスの対応の違いは，アメリカとドイツにおけるスポーツシューズの発展の仕方から来ている。ドイツではスポーツ選手を専門とした高機能で競技用シューズとしてつくられてきた。一方でアメリカでは一般ユーザーに向けたレジャーレクリエーション用スニーカーとして提供されてきた。この相違が，いみじくもナイキがスポーツシューズ市場を制する追い風となったのである。

　しかし，そうしたナイキもすぐにリーボック（この社名は足の速いガゼルの一種に由来する）の追随を受けた。リーボックは，当時アメリカの女性の間で流行していたフィットネスやエアロビクスに対応するレザーアスレチックシューズ「フリースタイル」を 1982 年に発売して，売上げを大きく伸ばした。

　フリースタイルは，衣料用のガーメントレザー素材を用いているので，慣らし履きが不要なほど柔らかく，軽い履き心地で，色使いも白が主体だった。このタイプのシューズは当時リーボックしか提供しておらず，それまでのスポーツシューズ市場の間隙（ニッチ）であった顧客層である女性をうまく取り込めた。

　そうしてリーボックは 1987 年には収入面でナイキを凌ぎ，その年の世界のスポーツシューズ市場はアディダス，リーボック，ナイキの順となった。1990 年には再びナイキがリーボックを追い越し，以来ナイキがずっと上回っている。リーボックは 2005 年にアディダスに買収され，アディダスのアメリカ市場展開の足がかりになっている。

　リーボックのように，ナイキは女性層にすばやい対応ができず 1980 年代末にようやく女性向けにも力を入れ始めたのは，当時そうした冒険を試みるような開発活動に意欲的なマネジャーがいなかったからである。1981 年までのナイキは「景気後退にも強い（リセッション・プルーフ）」といわれていたが，これまで GM や日産などで見てきたような大企業病に次第に陥っていた。

　トップ層は主流ではないところでの成長分野にこだわっており，またミドル層は昔ながらの進め方で仕事を続けていた。時代の変化に適応することができない組織になっていたので PLM（プロダクトライン・マネジメント）を導入し，組織の再構築を図った。

この組織では，①ランニング，②クリーツ（cleated：スパイクシューズ），③コート（court：テニスシューズ・バスケットシューズ），④新興スポーツの4つのラインが置かれた。特にランニングは1979年に売上げの55％を占めていたが1981年には34％にまで落ち込んでいた。PLMで持ち直しを図ったが，うまく機能しなかった。PLMにより，ナイキの製品ラインどうしが競争し合い「共食い（カニバリゼーション）」をしてしまったからである。

（3）ナイキブランドを築いた3つの戦略的行動

経営の立て直しを図りたいナイキは，自社ブランドのアイデンティティを再確認し，次の2点であることを今後の競争戦略の軸に据えた。

①自分たちが提供すべきものは，カジュアルなシューズやウェアではなく，バスケットシューズである。1985年，ナイキのアメリカでのランニングシューズの売上げは前年の2億4,000万ドルから1億6,100万ドルに落ち込んでいたが，バスケットシューズは1億2,500万ドルから1億4,000万ドルに増えており，バスケットシューズだけが売上げを伸ばしていた製品ラインだった。

②競技で使われて，良い実績を残していくことでナイキブランドを築いていく。1985年，アメリカでのスポーツシューズ市場のナイキのシェアは28％であり，リーボック13％，コンバース8％，アディダス8％となっていたが，すでに見たように1つのニーズへの対応の差で，市場シェアがまだ大きく動いた時期だったので，競合他社の追随を許さないような，揺るぎないブランド（パワーブランド）を有することが必須だった。

この2点を軸として，次の3つの戦略的行動を採ることで，ナイキは現在につながるグローバルブランドへの軌道を見出した。

①マイケル・ジョーダンへの支援絞り込み戦略。これは，人々はチームより，果敢に勝利をつかんでいく個人のアスリートをシンボルとするという理由による。1984年にロス五輪バスケットボールで金メダルを取り，シカゴ・ブルズに入団する予定だったマイケル・ジョーダンとスポンサー契約を結び，翌1985年から「エア・ジョーダン」シリーズを発売し始めた。

このシリーズでは鮮烈なアッパーのカッティングとそれを最大限に活かすカラーリングが常に施されており，若者を中心に圧倒的な支持を集めた。

マイケル・ジョーダンは，新人王（1984年～1985年）NBA3連覇（1990年～1992年）バルセロナ五輪金メダル（1992年）という華やかな経歴を持つ。その時々のパフォーマンスと連動するように，エア・ジョーダンではいくつものシグネチャーモデルが登場した。マイケル・ジョーダンはナイキにとってバスケットシューズの共同開発者であり，テスターであり，ジャッジであり，アドバイザーであり，そして何よりも強い信頼関係で結ばれた友人であった。

そうしたスーパーカスタマーであるマイケル・ジョーダンの目利き力と，ナイキの技術力が組み合わされて，新商品がつくり出されていった。特にナイキが1970年代に開発したクッション技術（エアテクノロジー）が最大限に活かされたのが，エア・ジョーダン・シリーズだった。

これはシューズの底（ミッドソール）に，本来のスポンジ素材ではなく，ガスを封入した袋状のもの（ビニールパック）を組み込み，その弾性によって衝撃吸収を行うものである。この技術という価値創造が，エア・ジョーダンによって価値獲得につながったのである。そうしたエア・ジョーダン・シリーズに付けられているジャンプマン（マイケル・ジョーダンが高く跳んでいるシルエット姿）のロゴは，スウッシュとともに認知度が高いものとなっている。

このようなマイケル・ジョーダンへの支援絞り込みには，フィル・ナイトの次のような考えがあった。つまり，試合中のヒーローに熱を上げる者はいても，そのヒーローが身に着けているアイテムに対して応援する者はいない。しかし，ヒーローが求めたり，自身もアイデアを出したりしてできたアイテムには，ファンと呼べる顧客をつくり出せるということである。

またナイキはNBAの試合自体もエア・ジョーダンの格好の宣伝の場とした。当時のNBAのユニフォーム規則では，試合には白以外のシューズは禁じられていた。もし履いた場合は毎試合5,000ドル（約40万円）の罰金が課された。

しかし，この規則を無視してマイケル・ジョーダンは赤黒のエア・ジョーダン・シリーズを履き続けた。罰金はナイキがすべて支払った。これはメディア

でも取り上げられ、大きな話題となった。そのため、この赤黒シューズは"Banned（禁じられた）"というあだ名が付くほどだった。
②圧倒的存在感を創出するための全国規模での広告戦略。ナイキがスポンサーになっている主なスポーツ選手の写真を用いた巨大看板（ビルボード）で、アメリカの町を埋め尽くすという「都市キャンペーン」が行われた。ナイキの商品ではなく、タイアップしている選手を起用して、視覚的に強く訴えかけた。

特に1984年のロス五輪での都市キャンペーンは徹底していた。オリンピック観戦者の誰もが、この大会の公式スポンサーはナイキだと思うほど、ロサンゼルスのありとあらゆるところにナイキの屋外広告を置いたのである。実際の法人スポンサーはコンバースだったので、この広告戦略は非常に価値の高いものとなった。この都市キャンペーンとともに1988年からは"Just Do It キャンペーン"というメディア広告も展開された。
③ナイキタウンというフラッグシップストア（旗艦店）の展開。ナイキタウンは1989年にオレゴン州ポートランドに1号店ができ、翌1990年にはシカゴのミシガン州に2号店ができた。ナイキタウンの特徴は大きさ（サイズ）ではなく、スウッシュが付いた商品なら何でも置くという「小売りの混合（リテイリング・ミクス）」にあった。

つまり、ナイキ商品の博物館のような形を採り、人目を引くものとしてオープンされたのである。実際1996年にはシカゴのナイキタウンは、シカゴで唯一の観光名所とされるシカゴ美術館の訪問者数を抜いた。こうした旗艦店を持つことで、自社製品の中でどれが売れ筋であり、どれがそうでないかという顧客の反応が直接的に、そして迅速に把握できるようになった。

4．「シュー・ドッグ」フィル・ナイトの熱い想い

これまで、あまりメディアに登場しなかったフィル・ナイトだが、会長を退く2016年に回顧録となる *Shoe Dog*（靴業界で長年働いているベテランという意味）を出版した。そこではBRS時代のエピソードが大半を占めた。手探りで始め

たシューズビジネスの草創期に多くの学びがあったということである。

　いまや年間の売上げが300億ドル（約3兆2,545億円）規模となっているナイキの原点は，シューズビジネスの虜となったフィル・ナイトの熱い想いにこそある。同書における「天職に就くことができるのならば，疲れに耐えることも難しくない。落胆はエネルギーになる。高揚感はそれまで一度も感じたことが無いものになるだろう」という言葉には説得力が宿っている。

　そうしたフィル・ナイトは経営学においても，これまで高く評価されてきた。たとえば1992年夏のハーバード・ビジネス・レビューは，フィル・ナイトを「ハイパフォーマンス・マーケティングの第一人者」と称した。フィル・ナイトにとってマーケティングとは，人々にナイキ製品への関心を集めて，自分たちが何をしているのかを気づかせることにほかならなかった。

　その時期までには，シューズのデザインからマーケティング方法，広告戦略までをナイキ・ウェイとして成立させていた。とりわけデザイナーと広告担当者が調和しつつ，ナイキブランドの意味を互いに分かち合うようになっていた。

　また，デザイナーは自身の仕事の基本に「夢を見る権利（ライセンス・トゥ・ドリーム）」があるとしている。これについては，ティンカー・ハットフィールド（ビジブル・エアというミッドソールにエアバッグを見せることで，エアの機能性を視覚で表現したクッションデザインを考案したデザイナー）の次のような言葉がうまく説明している。

　「アディダスがスポーツシューズを開発した先駆者であることは確かだ。しかし，これまで彼らはシューズを単なる備品（エクイプメント）としか見なしておらず，その先を理解していない。その先というのは，ロマンやイメージを持って，人々の潜在意識の中に訴えかけるようなデザインである。その意味でナイキのシューズはユニークであり，現代デザインにアメリカ特有の貢献をしている」。

　これまでに著者が接してきた学生の間でもナイキの人気は絶大であった。現在もそうである。宮崎駿が言うように，自分の周囲（半径3メートル以内）で起こっていることは，世界でもそうなっているとしたら，やはりナイキは世界の

若者に支持されているブランドであるといえる。

　それゆえに「きれいな仕事」の裏側に潜む「きつい仕事」の説明をすると，彼らの反応が非常に大きいのも例年のことである。このように学生時代に聴いたことが，その人の考えやその後の行動に何らかの影響を与えているとしたら本望である。

　なぜなら，フィル・ナイトもそうであったからである。本章の締めくくりとして，フィル・ナイトがオレゴン大学そしてスタンフォード・ビジネススクールの教授たちから何度も繰り返し聴いた言葉を挙げておこう。

　「商品が国境を通過できなくなると，兵士が国境を渡ることになる（When goods don't pass international borders, soldiers will.）」。

本章を深く学ぶための参考文献

フィル・ナイト著，大田黒奉之訳『SHOE DOG 靴にすべてを。』東洋経済新報社　2017年
ドナルド・カッツ著，梶原克教訳『just do it ナイキ物語』早川書房　1996年
ジュリー・B・シュトラッサー，ローリー・ベックランド著，白土孝訳『スウッシュ　NIKE「裏社史」挑戦と危機と革新の「真実」』祥伝社　1998年
バーバラ・スミット著，宮本俊夫訳『アディダス vs プーマ　もうひとつの代理戦争』ランダムハウス講談社　2006年

● 本章を身近に感じるためのエクササイズ

1．マイケル・ジョーダンとタイガー・ウッズ以外に，これまでナイキがどのようなプレイヤーと契約してきたか，調べてみよう。
2．これまでのオリンピックやワールドカップで，どこのスポーツシューズ企業が公式スポンサーになり，どのような広告キャンペーンが行われたか，調べてみよう。
3．近年のナイキの新商品にはどのようなものがあるか，実際に店舗を訪問することを通じて，確認してみよう。

Part Ⅳ 国際経営の新潮流と多国籍企業に関する理論的整理

　このパートでは，まず国際経営の新潮流としてBOPビジネスについて取り上げている。BOPビジネスの代表的な研究者であるプラハラードとハートの論点を中心に，何がどこまで明らかにされているのかについて紹介している。

　また，それに続く3つの章（第13章〜第15章）では，国際経営の担い手である多国籍企業に関する理論的整理として，①多国籍企業についての主要な理論には，どのようなものがあるか。②多国籍企業の研究を1970年代から継続して行ったバックレーとカソンがとらえた多国籍企業像について。③「トランスナショナル」という概念を提唱したバートレットとゴシャールが示す多国籍企業の組織能力について取り上げている。

　「第12章　新しい戦略的スペースとしてのBOPビジネス」では，これからの国際経営の1つの軸足となり得るBOPビジネスのこれまでの歩みと課題についてとらえている。

　「第13章　多国籍企業のFDIの特質と主要な理論」では，まず多国籍企業が行うFDIにはどのようなタイプがあるかについて説明している。そして，そうした多国籍企業をとらえる理論にはどのようなものがあるのかについて，主要な6つのものを紹介している。

　この章は拙稿「多国籍企業への多様なアプローチ」『埼玉学園大学紀要　経済経営学部篇』（第13号　2013年）に加筆・修正し，改題したものである。

「第14章　バックレーとカソン理論における多国籍企業像」では，多国籍企業研究に関する文献を数多く公表してきたバックレーとカソンの視点を追うものとなっている。これまでにMNEがどのようにとらえられてきたか，そして今後においてはどのようなアプローチが求められているのかについて確認している。

この章は拙稿「バックレー＆カソン理論における多国籍企業像」『東海大学紀要　政治経済学部』（第42号　2010年）に加筆・修正し，改題したものである。

「第15章　バートレットとゴシャール理論における多国籍企業の組織能力」では，MNEの組織のあり方やマネジメントの仕方について，長期にわたって考察を続けてきたバートレットとゴシャールの見解を辿っている。理想的な組織モデルや個を活かすことの重要性など，これまでに指摘されてきたことをまとめている。

なお，第13章～第15章は，文献サーベイを主としているので「エクササイズ」は省略している。「参考文献」は本文で注釈として付けた文献をリストアップする形式にしている。

第12章 新しい戦略的スペースとしての BOP ビジネス

> ○**本章を理解するためのキーワード**
> BOP ビジネス，創造的資本主義，土着化，共創

1．BOP ビジネスが求められる理由

　現在の国際経営研究において，ホットイシューの1つとなっているものにBOP（base of pyramid）ビジネスがある。BOP ビジネスを検討することは，単に新興国市場への進出方法を探るだけでなく，多くの資金と資源を体系的に必要とする先進国市場でのビジネスシステムを転換する機会を提供することになる。

　豊富に予算を組み，標準化したビジネスプロセスを経て，知識を独占的に用いる従来のイノベーションのあり方では，資源が不足するし，技術・市場の加速的な変化や急速なグローバル化に対応しきれないのである。

　その点で見ると，たとえばインドを研究対象としたラジュらが『イノベーションは新興国に学べ！』（2013）で示す「ジュガード（ヒンディー語で革新的な問題解決の方法。独創性と機転から生まれる即席の解決法の意味）」の精神には，今後のイノベーションを学ぶところが多い。

　彼らが示すジュガードの精神とは，①逆境を利用する…厳しい制約がイノベーションのきっかけになる。②少ないものでより多くを実現する…資源が足りないときにこそ機転が働く。③柔軟に考え，迅速に行動する…どんな選択肢も可能性として残す。④シンプルにする…過剰に性能を求めない。⑤末端層を取り込む…低所得者を価値共創の相手としてとらえる。⑥自分の直観に従う…

市場調査や投資家の意見に頼らないの6つである。このようなジュガードの精神は，BOPビジネスの基本的な考え方と同調するものである。

2．創造的資本主義への移行

　企業経営の持続可能性を"B24B (business to four Billion)"つまり開発途上地域における貧困層40億人に求めることに先鞭をつけたのは，プラハラードとハートであった。彼らはミシガン大学ビジネススクールで同僚だった1997年に，同じような問題意識を持っていることを知り"The Strategies for the Bottom of the Pyramid"という研究報告書を作成したり"The Fortune at the Bottom of the Pyramid"という共著論文を *strategy + business*（2002）に掲載したりした。

　彼らの描いた経済ピラミッドは，購買力平価換算の年間所得別に5層に分けたものだった。年間所得が2万ドル以上は第1層で7,500万人～1億人，1,500ドルから2万ドルが第2～3層で15億人～17億5,000万人となる。1,500ドルが第4層，1,500ドル未満が第5層となり，この2つの層に40億人がいるという区分である。

　コリアーは『最底辺の10億人』(2008)で，特にアフリカを中心に最底辺の10億人（ボトム・ビリオン）が存在するという区切りを付ける。そこでは，①紛争（内戦，クーデター），②不安定な収入の天然資源，③劣悪な隣国に囲まれている内陸国，④小国における悪いガバナンスという4種類の罠が経済発展の足かせとなっていると指摘する。

　そうしたボトム・ビリオンを含む第4・5層の40億人は，経済ピラミッドの底辺，つまりはBOPで生活していて1日あたり2ドル以下で暮らしている。そうしたBOPの人々を企業は顧客として開拓すること。それが次なる企業戦略の課題であると唱えたのである。

　しかし，前掲のプラハラードとハートの共著論文でも取り上げられているが，当時の企業はBOP市場については懐疑的であった。それは，次の5つのような支配的論理（ドミナントロジック）が牛耳っていたからである。

①貧困層は金銭的余裕がないので，ターゲット顧客になり得ない。コスト構造からして対応は無理だ。②貧困層は先進国で販売されている商品は不必要だ。欲しい商品のタイプが違う。つまりBOPに市場はない。③技術革新を享受できるのは先進国だけである。BOPは高度な技術は無用である。イノベーションの源泉にもなり得ない。④BOP市場は多国籍企業の長期的成長にとって重要ではない。興味をそそる程度だ。⑤BOP市場担当のマネジャーを採用するのは難しい。優秀な人材を割り当てることはできない。

ところが，プラハラードとハートの提言は企業マネジャー（たとえばヒューレット・パッカード，デュポンなど）の心を動かし2000年代において支配的論理を打破するようなBOP市場へのアプローチが各業種（小売，医療，金融サービス，農業など）でなされたのである。

日本企業でもたとえば，ユニ・チャームが1997年にインドネシアで現地法人を設立し，ベビー用紙おむつ事業を展開している。ユニ・チャームがインドネシアで紙おむつを普及させるポイントは，①世帯収入から逆算して「買いやすい価格」に設定する。②購買実態に合致した袋入数・パッケージを開発する。③現地の流通チャネルに合致した営業活動を展開するという3つに置かれる。つまり，先進国とは異なるBOP市場向けの販売方法を採っているのである。

こうしたBOP市場に関して，ビル・ゲイツは2008年の世界経済フォーラムにおいて「創造的資本主義（クリエイティブ・キャピタリズム）」への移行を訴えた。「自己利益追求」と「他人を思いやる心」という人間の2つの本質を突き動かし，貧困層のためにもっとたくさんのことをすることが求められている。その実現のためには「収益」と「社会的評価」を含めた市場インセンティブが働くシステムのデザインに挑まなければならないと主張した。

貧困層のためのビジネスが社会的評価につながるならば，それで企業の評判は上がり，消費者やリクルートにアピールできる。それを「新たな社会契約」にすることが創造的資本主義なのである。これはまさに「善を行うことによって成功する」を地で行くような取り組みとなる。

また，リバース・イノベーションという言葉があるように，途上国で最初に

採用されたイノベーションが先進国に適用されることもある。たとえば1960年代初頭にバングラデシュなどでコレラが流行した時，コレラが引き起こす激しい下痢の症状に対して，脱水症状を防ぐために，塩水に炭水化物と糖を加えることで体内への吸収を速くさせ，水分補給をすばやくさせた。

この治療法の有効性をジャーナルで読んだフロリダ大学の医師が，同大学フットボールチーム，ザ・ゲイターズの選手の急速な水分補給のために適用したのが「ゲータレード」である。

あるいは，ウォルマートは南米や中央アフリカに進出した際に，そこでの顧客の多くが徒歩や自転車で少量を買いに来るので，店舗を小型化したが，この小型ストアのコンセプトを大規模小売店市場が飽和したアメリカに逆輸入した。

このようにBOPビジネスはTOP（top of pyramid）ビジネスから遠く離れたところにあるけれど，いずれは逆流してTOPビジネスにも通じてくる重大な市場活動なのである。プラハラードがフォーチュン誌（2004）で「発展途上の地域は未知なる可能性を秘めるため，企業に新しい価値の源泉を見出す機会を与える」と述べているのは，まさに言い得て妙である。

3．次世代の戦略としてのBOPビジネス

（1）循環型環境の創出

BOPに関する主要著書に，ハートの『未来をつくる資本主義』（2007）がある。同書は現在までに第三版が出ており，そのつど内容がアップデートされている。なぜなら後述するプラハラードの『ネクスト・マーケット』（2010）が増補改定されたようにBOP市場では新しいビジネス事例が次々と出てきており，それに伴い，理論的フレームワークが徐々に精緻化されるからである。

実際，ハートの著書では，版を重ねるたびにサブタイトルが変更されている。そこには論点の変化を見て取れる。2005年の初版では"The Unlimited Business Opportunities in Solving the World's Most Difficult Problems（世界の難問を解決する無数のビジネスチャンス）"であった。

これが2007年の第二版では"Aligning Business, Earth, and Humanity（ビジネス，地球，人類の整合を図る）"となった。2010年の第3版では"Next Generation Business Strategies for a Post-Crisis World（ポスト危機世界のための次世代ビジネス戦略）"に替わった。

この推移からは，当初，企業はBOPを単なるビジネスチャンスととらえていたのが，年月が進むにつれ，整合性をとることやビジネス戦略として取り組むことの重要性が増したことがわかる。それはハートが一貫して「持続可能性」を問題意識として抱いているからである。環境上，持続不可能となる製品やサービスをBOP市場で販売するのは，もはや「不都合」なのである。企業はBOPで循環型環境を創出することを戦略の目標としなければならない。

そのためには，アウトリーチとインリーチの実現を果たす必要がある。アウトリーチとは，地元製品の流通網や包括的なサプライチェーンを構築することである。たとえば，スターバックスがメキシコの農業者から直接コーヒー豆を買いつけるといったことである。

インリーチとは，手頃な製品，サービス，情報へのアクセスを提供することである。たとえば，電話やインターネット接続などの情報通信技術を普及させることで，情報格差（デジタルデバイド）を情報配当（デジタルディビデンド）に変えていくといったことである。

さらには，貧困者を製品の単なる購入者とみなすだけではなく，彼らを生産者として取引したり，そして社員（パートナー）として，あるいはエージェントとして手を組んだりすることで，まったく新しいビジネスエコシステム（生態系）を創造することができる。

そうしたビジネスエコシステムやアウトリーチ，インリーチを通じてBOPで循環型環境をつくり出すと，そこから「下向きの大躍進」を巻き起こし得る。これは，先進市場（ピラミッドのトップ）のボトムに進出して引き起こす成長の波と比べて，上昇効果（技術的イノベーションの伸び率など）が高く，より破壊的な成長を実現できるとされる。

（2）土着化すること

　ハートは2000年，ノースカロライナ大学にBOPラーニングラボが設置されるにあたり，所得の差が優劣を示唆することがないようにBOPをピラミッドの「最下層（bottom）」ではなく「底辺（base）」と呼ぶように変えた。現在では，ベースでもボトムでも同じ意味で用いられている。

　そうしたBOP市場で企業は，文化帝国主義とならずに「土着化すること」をハートは強く求める。土着化とは，企業が「よそ者（エイリアン）」から「ネイティブ」に変わることを意味する。

　土着化については，ナイロビ郊外にあるケニア・ナッツ・カンパニー（マカダミアナッツ，チョコレート，ワイン，コーヒーなどの食品加工メーカーで，自社ブランドの他に原材料をネスレやゴディバ，ハーゲンダッツなどにも卸している会社）にそのエッセンスを見ることができる。

　創業者の佐藤芳之は，現地社員に支配者と思われないように「カンパニー」という言葉がラテン語では「一緒にパンを食べる仲間」という意味であることに注意を払い，全社員に恩恵を与えられるような制度をケニア企業に初めて持ち込んだ。たとえば，医療費を無料にすること。給料は必ず遅れずに支給することなどである。こうしたことを継続して行うことで，ケニア・ナッツ・カンパニーは土着化を遂げていった。

　ハートの見解に戻ると，土着化のために必要なことは，①徹底した取引・交流…末端の利害関係者を取り込んで，企業の受け入れ間口を広げること。②地元の力…地元の知識を活かした地域密着型・協同型での解決であるという。

　この2つを元手に，ビジネスシステムのトリプルボトムラインの影響を絶えず評価していくことが欠かせない。トリプルボトムラインとは，社会・環境・経済の三側面における成果のことである。

　ビジネスが始まったことによって，社会・環境・経済において新たに生じた問題以上に，重要な問題が解決されているならば，言い換えるとマイナスのインパクトよりもプラスのインパクトが強いならば，そのビジネスシステムはネイティブとして受け入れられるというわけである。

　こうしたことを経ての土着化は，持続可能なグローバル企業の重要なコンセ

プトとなる。企業の持続可能性は，利益を上げることと同時に，①世界の貧困層のクオリティ・オブ・ライフを高めること。②文化の多様性を尊ぶこと。③社員を鼓舞すること。④コミュニティを築くこと。⑤次世代のために地球の生態系の健全性を守ることができるビジネスを行うことでもたらされる。

（3）心躍る挑戦

このように，社会貢献を伴う企業価値の創出には，真の想像力と，ビジネス戦略への新鮮なアプローチを採る必要がある。ハートは，これを「心躍る挑戦」と見なす。心躍る挑戦と表現するは，ひとえに企業が社会貢献をしたり，社会的義務を果たしたりする場合，利益を犠牲にしてしまうという思い込みがあるので，そうでは決してないと唱えるためである。このジレンマは「大いなるトレードオフ幻想」と呼ばれる。

大いなるトレードオフ幻想は「社会問題がビジネスの足かせになる」という先入観から生じている。たとえば，企業トップに「緊急の用事がある」と言って，①環境衛生安全マネジャーや広報部長が訪ねて来る場合と，②マーケティングや新商品開発部長が訪ねて来る場合とでは，瞬時に受ける印象が違う。①の場合だと，何か拙いことが起こったのではないかとネガティブに感じ，②の場合だと，良い商品アイデアが出てきたのではないかとポジティブに思ってしまう。

しかし，こうしたトレードオフ幻想を未だに抱いている企業は1970年代から1980年代にかけての企業に固有の状態だったこととし，早急に捨て去らなければならない。当時の企業は「環境負荷低減にはお金がかかる」として，事後処理的規制という形で責任をとっていた。

それが1980年代中頃から1990年代にかけて，グリーニング（環境保護）や汚染防止が求められ出したことで，プロダクト・スチュワードシップ（製品ライフサイクルの最初から最後までを考慮して製品をつくること）が促された。これにより企業は環境効率（エコ・エフィシエンシー）を図る機会を得た。

持続的価値からとらえると，汚染防止は企業内部にコストとリスクの低減をもたらし，プロダクト・スチュワードシップは企業外部に評判と正当性をもた

らすことになる。たとえば，ナイキは労働条件や環境負荷などの問題を払拭するために，プロダクト・スチュワードシップを全社戦略として取り組んだことで有名である。

1990年代中頃からは，オーバー・グリーニング（環境配慮を超える）という方向転換がなされた。クリーンテクノロジー（持続可能な打開的技術）を展開してBOPでの環境効果（エコ・エフェクティブネス）をもたらすというプラスを生む力を企業は創出し始めたのである。

持続的価値からとらえると，クリーンテクノロジーは企業内部にイノベーションやリ・ポジショニングをもたらしBOPは企業外部に成長と道筋をもたらすことになる。ナイキが2008年に世界で初めて製造廃棄物からバスケットシューズ「トラッシュ・トーク」をつくったことは，こうした流れに同調する。

ここに至るまでの過程は長く曲がりくねった道のりだと，ハートは示している。そうしたオーバー・グリーニングの先のさらなる挑戦が，前述したように土着化し，よそ者からネイティブになるということなのである。

4．2000年代後半における議論と実験からの教訓

（1）「共創」が健全なビジネス慣行を呼び込む

プラハラードの『ネクスト・マーケット』は2010年に発刊5周年を記念して，前述したように増補改訂版が出された。そこでは新たに「企業と貧困：2004年～2009年までの進展」という序論が付け加えられた。

これは2000年代後半において明らかになった企業（プラハラードは企業をプライベート・セクター，プライベート・エンタープライズなどと表現する）とBOPのかかわり方についてのルールを示すものであった。実際，その時期ではBOP市場が世界規模のイノベーションのプラットフォームになる事例が出始めていた。

プラハラードの問題意識は，大企業の資源や規模，活動領域，投資力といったものを総動員させて，それをBOPにおける人々のために活かせないだろうかというものだった。つまり，企業が「収益をあげつつ，貧困を撲滅するこ

と」の道筋を示そうとしたのである。どうすれば民間企業の意欲的で革新的なエネルギーが、人類が直面する重大な危機を解決するために使われるよう仕向けることができるのかが、真の問題であると考えていた。

　その場合、企業には「健全なビジネス慣行」が求められる。何をもって健全かというと、共創するということである。貧困層のニーズを中心とした市場を共創することが、貧困を減らすのである。

　このように指摘するのは、プラハラードにとっての貧困緩和が「サービスのコストを下げ、その質を高め、生産的な仕事に向ける時間をつくり出すことによって、世帯の可処分所得を増やすこと」であるからだった。可処分取得を増やすには、消費能力を創出すればよい。その方法が、①小分け包装、②月払い、③従量課金制、④新しい販売モデル、⑤低価格といったものである。

（2）議論からの5つの教訓と実験からの8つの教訓

　以上のような問題意識を持つプラハラードが『ネクスト・マーケット』で書き加えた序論では2000年代後半での議論と実験それぞれから得られた教訓が記されてある。まず、議論からの教訓は次の5つであるとされる。

① 40億人のマイクロ消費者とマイクロ生産者が「相当規模の市場」を構成しており、イノベーション、活力、成長の原動力となっている。これは、すべての人にとって新しいカテゴリーであるので、これを理解し、そこへのビジネスのアプローチを考える必要がある。

② 40億人は「一枚岩（モノリス）」ではないのでBOPはこうであるという単一で普遍的な定義などない。定義は、そのビジネスごとに焦点を合わせていかなければならない。

③ 40億人のうち、ビジネスの対象にはどのセグメントを選んでも良い。顧客にするのは「次の10億人」でも「最低底の10億人」でもどちらも正当である。

④ 40億人の中には、極度の貧困状態にある人々や、戦争・病気によって疲弊しきった人々がいる。こうした人々には「自律的な市場を基盤としたシステム」を通じて、貧困から抜け出せる能力が身につくようにすることを

目標とすべきである。
⑤ BOP 市場への積極的関与は，先進国のビジネスモデルの手直しではうまくいかない。新たな革新的なビジネスアプローチが求められる。

また BOP での実験から企業が得た主要な教訓は，次の 8 つであるとされる。

① イノベーション・サンドボックス（砂箱の壁のような制約を受け入れる）…砂箱の外枠は，(a) スケーラビリティ（規模の拡大可能性），(b) 新しいコストパフォーマンス構造（コスト＋利益＝価格ではなく，価格－利益＝コストという視点），(c) 先進技術，(d) 品質・安全・持続可能性という 4 つで固められており，その範疇でイノベーションを興さなければならない。

② 経済エコシステムを築く…経済エコシステムは，大企業，中小企業，マイクロ起業家，市民社会組織，公的組織で構成されることがほとんどである。したがって「単独で行おうとしない」ということを忘れてはいけない。

③ 解決策を共創する…プレッシャーとして，(a) グローバル・ローカル緊張，(b) 無駄ない経営や組織，(c) すばやい学習というものがかかってくるので，協働能力と統合能力（複数の参加者の貢献をまとまりのある全体に統合する能力）に価値がある。

④ 規模についての新しいコンセプト…農家などは広い地域に点在する独立したサプライヤーであるので，それらのネットワークを組織化して，安定した物流システムを構築することが求められる。

⑤ 技術を使う…先進技術（医療技術，情報技術など）は，全体のコスト（患者 1 人当たりのコスト，携帯電話の通話 1 分当たりのコストなど）を削減できる。

⑥ BOP では持続可能性がイノベーションの源泉として現われるようになる…現在の生産者・消費者 20 億人に，マイクロ生産者・マイクロ消費者 40 億人が新たに加わるので，持続可能性はこれまでにないほど重視される。

⑦ 最大の挑戦は市場開発である…それまでのビジネスモデルや過去の常識にとらわれずに，発想を変えて，有効なモデルを築かなければならない。

⑧ BOP 市場は急速に進化している…経済ピラミッドが少しずつダイヤモンド状に変わりつつある。つまり，人口の多数が中間層になりつつあるので

ある。これは人々が中間層のライフスタイルを目指しているということなのでBOP消費者のライフスタイル指標（何への消費を優先しているか）に注目する必要がある。

（3）商取引の民主化

　このような議論および実験からの教訓を挙げた上で，プラハラードは21世紀の真の挑戦は「商取引の民主化」にあると主張した。これは，すべてのマイクロ消費者，マイクロ生産者，マイクロ革新家，マイクロ投資家，マイクロ起業家が，世界中の市場にアクセスしたり，世界レベルの製品・サービスに手が届いたりするといったグローバル化の恩恵を享受できるようにすることである。

　しかしながら，こうした商取引の民主化に向かう中で，企業にとっては問いたださなければならない問題が多い。たとえば，①高い利益を生み出すビジネスモデルを有する企業が，1つ1つが低利益・低価値の取引を大多数マネジメントできるのか（低所得市場に見合う生産流通システムを築けるか）。②公式な契約や認可に基づいて取引をしている企業が，非公式な市場で動けるかといった，それまでに経験したことのないものに挑むことになる。

　あるいは，①しきたりや超過コストに打ち勝つことができるか。②リーダーは長期的な心構えが持てるか。③組織文化がBOPのイノベーションをもみ消さないだろうかというメンタリティの問題などが挙がる。これらの課題は，カラムチャンダニらが "Is the Bottom of the Pyramid really for you ?"（*Harvard Business Review* 2011）で示しているものである。

5．発展するためのBOPビジネス

　プラハラードの示した教訓から数年が経つが，ハートらは『BOPビジネス3.0』（2016）で，2010年代前半までのBOPビジネスの取り組みは完全に失敗している。あるいは多大なコストに見合わない小規模な成果を出すだけで終わっているととらえた。まさに先に挙げたカラムチャンダニらが掲げた課題が立ち

はだかっているのである。

　ハートらは，その理由として，多くのプロジェクトが漸進的な（順を追って徐々に目的を実現しようとする）アプローチをとっていることを挙げる。つまり，企業が既存のビジネスモデルを少しだけ改良して，それをBOPビジネスにしようとしているのである。このことを踏まえて，ハートはBOPビジネスを1.0と2.0に分けて整理し，それらを超えたBOPビジネス3.0に向かうことを提唱する。

　BOPビジネス1.0は，既存の製品を流用して，価格を下げて販売するというアウトサイド・イン（外から中に持ち込むこと）であり，商業的には失敗した。これは「金槌を持った子ども」にたとえられる。子どもに金槌を持たせると，何でも釘に見立ててしまう。そのように企業も，低所得者層が大量の新しい釘に見えてしまい，単にトップダウンでBOP層に売り込むということだけであった。

　これを改善するためになされたのが，プラハラードも教訓の1つとして挙げている共創だった。コミュニティとともにボトムアップで製品や魅力的な価値提案を行い始めたのである。この市場共創がBOPビジネス2.0に当たる。

　そうした共創からさらに進んで，オープンイノベーションという大衆の知恵を利用して解決策を生み出すことをハートらはBOPビジネス3.0とし，そこに進むことを提唱する。

　グラミン銀行の創設者であるムハマド・ユヌスは，成長とは上位10％にインセンティブを与えて，経済全体を引っ張っていくこと。発展とは下位25％にインセンティブを与えて底上げし，国を豊かにすることだとみなしている。この視点は非常に示唆に富むものである。そうした発展のために，企業は新しい戦略的スペースの拡大としてBOPビジネスに取り組む必要がある。

　その際に大きなヒントを与えているのが，2007年にクーパー・ヒューイット国立デザイン博物館で開かれた「残りの90％のためのデザイン展」である。そこでは，世界全人口65億人のうち90％にあたる58億人が必要とする生活の基本的ニーズ（水，食糧，住居，医療，教育，移動手段など）を満たしているデザインが紹介された。

これまでデザイナーは，先進国に暮らす，世界全人口のうちの10％の者に向けて，彼らが欲しいと思うもの（ウォンツ）を審美性，機能性，コストという3つのバランスを取りながらデザインしてきた。しかし，今後は発展途上国に居る90％の者が必要とするもの（ニーズ）をデザインする道こそがデザイナーの使命であるというメッセージが，このデザイン展には横たわる。

　それは，デザイン思考に加えて，システム思考のアプローチの必要性を説くものである。そしてまた「適正技術（アプロプリエート・テクノロジー：シンプルで低価格，生産・販売がしやすく，差し迫ったニーズを満たす技術）」を用いて，意識的な問題解決をめざす社会起業家（ソーシャル・アントレプレナーシップ）の必要性を指摘したものである。

　このデザイン展では，地下水を得るための「竹製足踏みポンプ」，水を大事に使うことのできる「ドリップ灌漑システム」，水を簡単に運ぶことのできる「Qドラム」，安全な飲み水をつくり出す「セラミック浄水フィルター」「ライフストロー」，マラリヤ蚊から逃れられる「パーマネット（蚊帳）」，教育ツールとしての「ワン・ラップトップ・パー・チャイルド（子ども一人にラップトップ一台）」などが取り上げられた。

　これらはいずれも，デザイン思考とシステム思考によってつくり出されたものである。BOPビジネスに本腰を入れる時代に突入するに当たっては，デザイン思考・システム思考は，もはやデザイナーを始めとするクリエイターだけに求められるものではない。いまやそれらは，グローバルに活動する企業にこそ問われる資質となっているのである。

> [!NOTE] 本章を深く学ぶための参考文献

スチュアート・L・ハート著，石原薫訳『未来をつくる資本主義　世界の難問をビジネスは解決できるか』英治出版　2007年

C.K. プラハラード著，スカイライト コンサルティング訳『ネクスト・マーケット［増補改訂版］「貧困層」を「顧客」に変えるビジネス戦略』英治出版　2010年

テッド・ロンドン，スチュアート・L・ハート著，清川幸美訳『BOPビジネス　市場共創の戦略』英治出版　2011年

フェルナンド・カサード・カニェーナ，スチュアート・L・ハート著，平本督太郎訳『BOPビジネス 3.0　持続的成長のエコシステムをつくる』英治出版　2016 年

● **本章を身近に感じるためのエクササイズ**
1．BOP ビジネスに関しては，常に新しい事例が新興国市場において出てきています。どのような事例があるのか，調べてみましょう。
2．あなたが「社会起業家」だと想定して，どのような国にどのようなビジネスやサービスを行う余地が残されているか，考えてみましょう。また，そのビジネスやサービスを実現するために必要となることや障害となることなどを挙げ，ビジネスプランとしてまとめてみましょう。

第13章 多国籍企業のFDIの特質と主要な理論

○**本章を理解するためのキーワード**
FDI，立地特殊的魅力，M&A，調整理論

1．MNEによるFDIの特質

（1）FDIの分類

　企業が，①新しい市場を探そうとするとき（市場獲得：マーケット・シーキング），②効率性の高い生産活動を行いたいとき（効率性獲得：エフィシエンシー・シーキング），③原材料や技術，知識，安価な労働力といった新たなインプットを求めるとき（資源獲得：リソース・シーキング，戦略的資産獲得：ストラテジック・アセット・シーキング）にFDIが促される。このFDIによって企業は，多国籍企業（Multinational Enterprise：以下MNEと称す）となる。

　FDIを大別すると，店舗展開などを通じた海外市場への接近のためになされる投資はHFDI（horizontal FDI）となり，生産コスト削減のためになされる投資はVFDI（vertical FDI）となる（Navaretti and Venables 2004）。

　HFDIの利点は，距離的な問題を解消したり，貿易障壁などに伴う取引コストを節約できたり，戦略的優位性を確立したりしながら，市場にアクセスできる点である。VDFIの利点は，国ごとで異なるさまざまな要因にかかるコストの格差を減らすことにある。

　MNEにとってHFDIは，企業特殊的優位の活用を監視する最大の機会を与える方法である。またVFDIは，価値ある資産からの見込み利益を最大限にさせる方策である（Rugman 2006）。

近年に見る傾向としては，①空間的な取引コストが下がったことにより，市場獲得のためのFDIが積極的になっている。②海外資産の中でも知識がMNEのコアコンピタンス優位性のために獲得されている。③戦略的資産の習得のための投資の重要度が増している。④発展途上国へのFDIが，市場獲得的動機（中国・インド・インドネシアなど）や安価な労働力を獲得するために機敏になっていることが挙がる（Dunning 2009）。

こうしたFDIと，貿易によって国際化が生じることになる。日本の場合では，FDIは輸出に従うので，日本からの資本流出は依然としてかなり強力である（Basu and Miroshnik 2000）。

（2）FDIの3つの特徴

産業別に見る国際化をパタンで区分すると，次の4つに大別できる（Grant 2010）。

①貿易・FDIともに低い「保護された産業」…鉄道，調髪，ミルクなど土着の企業による排他的活動。

②貿易は高く，FDIは低い「貿易産業」…航空，採鉱，農業など主に輸出入によって国際化が起こるところ。

③貿易は低く，FDIは高い「複数の国内を持つような産業」…投資銀行，ホテル，コンサルティングなど貿易では国際化が無理な産業。したがってFDIで展開される。

④貿易・FDIともに高い「グローバル産業」…自動車，石油，電機など貿易もFDIも重要な産業。

とりわけ現代では，貿易よりもFDIのほうが国際化の主要な尺度となる（Collinson 2009）。世界のシナリオが，①グローバル化，②技術，③ニュープレイヤーの出現という3要素によって変化する現在においてFDIは，次の3つの特徴を顕著に示している。

1つはR&Dが徐々に地理的分散されていること。また1つは第三次産業（サービス業）が成長していること。いま1つはFDIの動機が変わりつつあることである（Dunning 2008）。特にFDIの動機の変化は，魅力的なプル要因が生じ

ていることによる。

それは、①その国の資源・能力・市場の量と質といった具体的な環境（PE：physical environment）。②政策・制度・価値・関係性など、企業が直面することになる人間的な環境（HE：human environment）。③規模および範囲の経済性・産業集積・学習機会など、特定の製品がつくられ、取引される際の特殊な状況という文脈的な環境（CE：contextual environment）の3つである。

とりわけ①は立地の問題でもある。立地は、規模と経済史とともにその国の伝承物（レガシー）とみなされ、ミクロ経済の競争力の1つとしてとらえられる（Ketels 2008）。立地は、企業が資産を得る機会を創出できるような正当なインフラと経済的環境を提供しなければならない。

（3）FDIの7つの「様式化された事実」

以上のようなプル要因からも促されるFDIの重要性は、現代の世界経済の「様式化された事実」の1つである（Brakman and Garretsen 2008）。そのFDIについての様式化された事実には、次の7つが挙がる（Navaretti and Venables 2004）。

① FDIが1990年代以降、世界のGDPや世界貿易の成長以上に、急速な伸びを見せている。2000年代前半にその伸びは安定したものとなった。1970年から1984年までには1年あたり平均で、世界のGDPは3.1％、世界の輸出は5.2％、FDIは4.2％の割合で増えた。それが1985年から1999年の間ではGDPが2.5％、輸出が5.6％しか伸びない一方で、FDIは17.7％も増加した。

② FDIの大部分は先進国によってなされている。1995年から1997年の間では83.55％（アメリカ21.94％、ヨーロッパ50.56％、日本5.81％、オセアニア1.20％）1998年から2001年の間では90.02％（アメリカ16.08％、ヨーロッパ66.66％、日本3.09％、オセアニア0.53％）2002年から2004年の間では90.34％（アメリカ24.19％、ヨーロッパ54.42％、日本4.60％、オセアニア2.04％）のFDIが先進国によってなされた。

③ FDIは主に先進国によって進められるが、発展途上国によるFDIのシェ

アが高まっている。たとえば，世界全体のFDIにおける中国のFDIのシェアは1988年から1993年の間で4.6％だったが，2002年から2004年の間では8.4％にまで増えた。

④FDIのフローのほとんどがM&Aという形態で占められている。先進国になればなるほど，その傾向は強い。FDIにおけるM&Aのシェアは1980年代中頃で66.3％，1998年から2001年の間で76.2％となっている。

⑤ほとんどのFDIが技能・技術集約産業に集中している。2003年では，全世界のFDIのうち，化学および化学製品産業が6％，自動車とその他の輸送設備産業が3.4％，電子および電子設備産業が3.2％，食品・飲料・タバコ産業が2.8％のシェアを占めた。

⑥国内だけで活動する企業よりもFDIを行う企業のほうが大きく，ときには生産的である。大きいというのは，総売上高や付加価値（海外子会社の労働生産性）などの点である。

⑦FDIを行う企業が国際的な生産ネットワークに関与することが多くなっている。

（4）立地特殊的魅力

以上のような様式化された事実を有するFDIの世界規模でのブームは，貿易について，技術的な障壁の引き下げと，政策に誘発された障壁の引き下げの2つを同時にもたらした（Neary 2008）。とりわけ，これはヨーロッパで顕著であり，EUという単一の市場活動下で，貿易の障壁は減っていった。

そうしたFDIを行う主体である企業が，どの国に魅力を感じるかは，前述したようなプル要因に負うところが大きい。具体的に言うと，①その市場の大きさや成長率（PE）。②リソースの利用可能性（PE）。③政治・経済・社会情勢の安定（HE）。④FDI政策（HE）。⑤物流・輸送ネットワークやICTインフラの整備（CE）といった，その国に特殊な優位性ないし立地特殊的魅力によって決まる。

たとえば，①に魅力を感じるならマーケティング・ステージをそこに求め，

②の中でも安価な労働力が魅力的ならば生産拠点をそこに求め，⑤が魅力的ならばロジスティックの拠点をそこに求める。ダニングは，企業のこうした立地の決定は，国際経営論の中核にあり続けるとみなす（Dunning 2009）。

総じて，こういった立地特殊的魅力に応じた進出によって，企業は，①資本投資を行い，資本・資産・生産・輸出を増やすことで，収益を得る。②技術・能力・知識を移転し，技術的能力や学習効果，生産性を高めることで，イノベーションを興す。③雇用を増やし，所得と購買力の増加につなげることで，販売量を増やす（Collinson 2009）。

別のとらえ方をすると，①FDIが成功する限りは，資本投資という流出（アウトフロー）が，収益という流入（インフロー）を導く。②訓練や技術への投資が，現地におけるイノベーションの源泉となる。③より安価な，さらには，より優秀な現地労働者を雇うことでMNEは，生産性・製品・サービスを改善できるということになる。

（5）M&Aの効用

このように企業がFDIによって，魅力を感じる各国に進出することで，企業はMNEとなる。UNCTADによれば，1990年代初めには37,000のMNEが170,000の海外子会社を有していたのに対し，2005年では77,000のMNEが770,000以上の海外子会社を，翌2006年では78,000のMNEが780,000以上の海外子会社を有するまでに至っている（UNCTAD 2007）。

これは，FDIを通じた子会社保有であるが，現在，そのFDIのフローは先進国より発展途上国で伸びている。そのフローのほとんどは「FDIについての様式化された事実」で挙げたように，国境を越えたM&Aによって形成される。世界のFDIの全価値におけるM&Aのシェアは，1999年で80%以上を占めるほど重要である（Neary 2008）。

こうしたM&Aには主に2つのモチベーションがある。1つは，M&Aを行う企業が競争を和らげることができるという戦略的な動機である。もう1つは，M&Aによって，技術を移転したり，規模の経済性を追求したり，生産を調整したりすることなどを通じてシナジーが生じるという効率的な動機であ

る。

　こうしたM&Aに際しての投資は投機的ではないので，現地の産業発展やインフラ建設，現地企業・サプライヤーの育成に寄与するものとなる。つまり，FDIはMNEのみならず　現地国にとっても有益なものとなっているのである。

　なぜ有益になるのかというと，M&AではR&DをなすためのFDIが多くなるからである。また，本社と子会社間でフローしているものが知識や能力といった「目に見えない資産」であるため，工場設備や労働資本などの「目に見える資産」と比べて，所有権の法的な範囲が曖昧なこともあり，フローしやすいからである。

　「目に見える資産」へのFDIは，熟していない領域（グリーンフィールド）への投資となるため，M&Aによって「目に見えない資産」を即戦略にできることに比べて「目に見える資産」は熟すまでに（フルに活用できるようになるまで）時間がかかるということも理由に挙げられる。

2．MNEについての6つの主要理論

（1）MNEの2つの側面

　現在，MNEの理論を決定付けるほどの大きなテーマとなっているのは，①MNEの効率性を検証する内部化理論，②MNEと国家間のパワー関係（企業特殊的優位か国家特殊的優位か）に基づく，分配問題の実証研究の2つである。

　中国企業のレノボがIBMのパソコン事業部を買収した際に，アメリカ議会の保護主義者たちからの異論があまり出なかったのは，レノボの企業特殊的優位のほうにパワーがあったことを示す。しかし，もし中国企業がアメリカのエネルギー産業を買収するとなると，国家安全保障の理由から，アメリカの政策立案者から反対されることは目に見えている（Rugman 2009／訳書2010）。これは国家特殊的優位が勝るケースである。

　以上のような効率性と分配の問題は，MNEという同じコインの表と裏の関係にある。そのMNEを組織として，あるいはグローバル経済におけるアク

ターとして，さらにはそのアクターを取り巻く社会との関係性の中からとらえる場合，大別して6つの見方が存在する。

この視点の違いは，MNEのどの要素を強調するかによって異なるものである。だから，部分的には共通した論理を持てども，それぞれにオールタナティブな見解であり，矛盾し合うところも含む。

それは，MNEが「多次元から成る創造物」であることを示している。以下に挙げる6つの見方は，MNEの「明るい側面」と「暗い側面」のいずれかを重視する（Forsgren 2008a）。

明るい側面とは，MNEが経営資源のアップグレード（人材育成，新製品の製造・販売，資金調達，技術供与など）を通じて，価値を創造し，進出先国の経済成長や一国の富に貢献していることである。前章で見たBOPビジネスはMNEをこの側面からとらえている。明るい側面でのMNEは英雄視される。

暗い側面とは，MNEのルールを押し付け，劣悪な労働環境下で現地ワーカーを働かせたり，現地のビジネス機会を奪ったりすることである。また，経営資源の管理が不完全であったり，経営資源の移動による成果が不透明であったり，現場でのコンフリクトが絶えなかったりすることも問題視される。CSRが問われるのも，この側面からMNEをとらえるからである。暗い側面でのMNEは悪者扱いされる。

また，本書第2章で触れたように，アメリカのメジャーブランドのロゴマーク（ディズニー，マクドナルドなど）を現地国で多く見かけることから生じる文化帝国主義的なとらえ方（自国アイデンティティ・クライシス）も，この側面からの指摘である。1社の売上高が1国のGDPより高いこともMNE脅威論を呼び起こす。

こうしたMNEの明るい側面を見据える理論には，①調整理論…取引コストの節約によるMNEのコスト効率性。②知識理論…リソース・ベースト・ビューやナレッジマネジメント，組織能力に基づいて競争優位を保持するようなMNEの価値創造。③デザイン理論…コンティンジェンシー理論をベースにした組織管理構造としてのMNEの環境への戦略的適合の3つが挙がる。

一方で，MNEの暗い側面を見据える理論には，①支配理論…ハイマーに始

まる産業組織論を軸にしたFDIによるMNEの市場力形成。②ネットワーク理論…子会社のビジネスネットワークやリソース依存理論を基礎としたMNEのビジネスリレーションシップ構築。③政治理論…制度化理論に則り，異なる制度的環境において正当性および権限を主張するMNEの政治的行動の3つがある。

これらは別の区切り方をすると，経済理論を背景とするもの（調整理論，知識理論，支配理論）と，組織理論を背景とするもの（デザイン理論，ネットワーク理論，政治理論）に二分することもできる。

こうした6つの理論におけるMNEの中核能力やビジネス環境などの特徴を挙げると，次のようになる。

（2）調整理論

調整理論は，次章で取り上げるバックレーとカソンによる内部化（市場の失敗を防ごうとする企業の傾向）に関する議論が中心にあり，企業内部に着目する。この理論は，現在でも「明察の指針」であり，MNE研究の堂々とした出発点であるとみなされている（Rugman and Verbeke 2003）。

海外生産では距離的問題からMNEに追加コスト（市場での取引コスト，社内での管理コスト）が生じる。市場知識が不足するため，不確実性もある。そこでMNEは，コストを最小限にとどめ，不確実性を減らすために，国境を越えて市場を内部化しようとする。その内部化した範囲がMNEと市場との境界線を引く。

ラグマンも調整理論の代表論者であり，総じてMNEは，足りない外部市場に取って代わる内部市場を創出することで，外部性を回避することに従事していると述べている（Rugman 2006）。とりわけMNEの知識優位は，MNEの内部市場によって最も保護される。

この点から見るとMNEは，企業が所有権を有する範囲内および範囲外の双方で，価値を付加する活動の集合体であり，その活動を管理し運営するものとなる（Dunning and Lundan 2009）。言い換えると，ある特定の機能ないし付加価値活動の管理単位を調整するものとしてMNEをとらえるのである（Dunning

2003)。

 そうした調整理論の特徴は，①交換の機能を特に重視すること。②価値を付加する単位として企業をみなすことにある。これは，市場それ自体は，変質機能（トランスフォーメーション・ファンクション）に着手できないことを示している。企業に特有な交換機能と付加価値機能の結合こそが，企業の収益可能性を決定づけ，さらには成長率を決めることになる。

（3）知識理論

 知識理論は，進化論やコアコンピタンスなどの議論に関するものであり，企業が有する模倣しにくい組織能力の特異性に注目する。組織を技術的装置としてではなく，社会的共同体（国境を越えて知識の創造と移転を行う効率的なメカニズム）としてみなす。

 そこでは，組織内でのチーム関係や個々人の複雑な相互作用がクローズアップされる。そうした組織や個々人の能力が埋め込まれた社会的知識の貯蔵庫がMNEであるという見方をする（Forsgren 2008b）。

 よって，MNEは進化システムとして分析されるので，企業内部のサブシステムが細かく注意して調べられる（Westney 2009）。その際，知識というものが人的資本と組織資本を包括するものとして取り扱われる。さらには，技術という物的資本が技術変革の主要な源泉として扱われ，これも知識を具体化したものとみなされる。

 そうした技術力は学習効果により高まる。それとともに調整理論における取引コストの状態によって，MNEの現在および未来の戦略が選択される。つまり，MNEの技術力の増加と，統治構造との共進（コ・レボリューション）が戦略を決定づけるのである（Verbeke 2003）。

 また，知識理論では，①競争的環境を分析し，特定化し，②競争優位が獲得できるように経営資源を再配置し，③組織内の人々を動機づけ，戦略に積極的に参加させ続けられるトップマネジメントの手腕が重視される。

 持続可能な競争優位を創出し，維持するには，複雑な組織を管理する能力が必要となるのである（Prahalad and Doz 1987）。トップマネジメントの仕事は，経

済・政治・組織それぞれからの義務・命令を満たすところで，実行可能な戦略を打ち出すことにある。

　実行可能な戦略を描くにはIRグリッド（Integration-Responsiveness grid）という手法が有効である。これは，グローバルな活動統合（戦略的調整）とローカルな反応のバランスを図るためのものである。企業の機能でいうとR&Dはグローバルな統合が求められ，マーケティングはローカルな反応が求められる。製造については，そのどちらもが高く求められる。

　そうしたIRのバランスを図るためにも，知識理論（知識をベースとした社会的共同体）におけるMNEは，外国において独自の能力を創出し，移転し，結合し，利用する。特に移転のされ方は「先生と生徒」の関係に近く，求められる知識が適したところに教えられる。その進化過程は経路に依存するが，経路に決定されるものではない。

　とりわけ科学的・技術的知識の供給と市場需要の増加とが相互作用することで，問題解決のプロセスが採られ，企業特殊的な累積的学習が促される。これがイノベーションであるとみなされる（Cantwell and Zhang 2009）。

（4）デザイン理論

　デザイン理論は，1962年におけるチャンドラーの有名な命題「組織構造は戦略に従う」に触発される形で，コンティンジェンシー理論として展開される。それは，組織を開放的なものにし，戦略に大きな影響を与える環境に合った組織に変えていくという考え方である。

　そのため，①環境と企業の内部活動をリンクさせるような情報プロセスを経た意思決定。②子会社ネットワークの差異的な活用という2点が強調される。本書第15章で取り上げるバートレットとゴシャールによるトランスナショナル組織への転換や，戦略的適合（ストラテジック・フィット：新しい状況下への公式組織の調和）などが解決に導くコンセプトとなる。

　また，組織内での権限が，①シニアおよびミドルマネジャー（トップマネジメントおよび海外子会社のトップ）。②戦略策定や組織構造設計の専門家。③現場で活動する有能な従業員といったさまざまなグループに委譲されることで，状況

にすばやく適応することが促される。国境を越えて権限委譲をするMNEのタイプは，次の6つに大別できる（Whitley 2009）。

①自国で主要な意思決定をする「植民型」。②現地の問題を海外マネジャーに委ねるが，結びつきはわずかな「国内優勢型」。③海外マネジャーに現地のニーズや機会について任せる「経営調整型」。④何人かの海外従業員にかなりの権限を委ね，高いレベルで判断の自由を与える「専門家委任型」。⑤海外マネジャーにかなりの権限を委ねる「経営者委任型」。⑥海外子会社が国際的な問題解決に取り組み，親会社にコミットメントする「高度統合型」。

以上のような権限委譲を行いながらMNEは，海外市場が複雑で絶えず変化することに応じるため，その激変の環境に組織をうまくはめ込もうとする。企業による「見える手」が絶えず新たな組織形態を模索するのである。

（5）支配理論

支配理論は，6つの理論の中で最も早く（1960年代に）登場した。とりわけハイマーによる見事な概念的洞察は，調整理論における内部化のコンセプトの基礎をなすものとなった。

MNEが企業特殊的優位をもたらし得る経営資源をプラットフォームとして，成長と高収益を求めて海外に投資する行動をとらえるのが支配理論である。前節で触れたFDIの考察が主要なアプローチとなる。そこにおけるMNEは，海外市場において寡占状態から優位性を追求する。

（6）ネットワーク理論

ネットワーク理論は，市場を特殊なアクター間のビジネス関係によって特徴付ける。重要な存在となるのは子会社であり，それらは単なる法的および管理的システムではなく，ビジネスパートナーとしてみなされる。そのように，すでに有している子会社との社会的リレーションシップがどのように結合していくかが論点となる。

そこにおけるMNEは，多様な国での子会社のビジネスネットワークを戦略的資源として活用する。MNEによる子会社の能力吸収は段階的なものであり，

経路依存性が強い。

　MNE が成熟段階にあると，その優位性は国際的ネットワークを通じた連続性のあるイノベーションプロセスからもたらされる。経営資源がグローバルに流れるネットワークを形成する能力と，それを管理する能力が競争優位を築くのである。そうしたネットワークは経営資源の結合に用立つ。

　このようなネットワークは「中庭社会」の創出であるともいわれる (Morgan and Kristensen 2009)。中庭社会では本社が「君主」，子会社が「領地の統治者」として位置づき，双方のコミュニケーションの仕方や，国内市場・現地市場・グローバル市場それぞれでの主導権などが重要となる。そこに緊張と衝突が生じるからである。

(7) 政治理論

　政治理論は，MNE が異なる環境における制度や法などに制約を受けなければならないことに着目し，政治的な文脈から，ないし政治的アクターとして MNE を取り扱う。国ごとに制度的環境が違うことが，MNE の活動や政策を移転する際の障壁となる点が強調される。制度が「ゲームのルール」を設定しているのである。

　この見解での MNE は，国際的および制度的環境下から支援を得ながら，それに自らも影響を与える。これは，イナクトメント (enactment：自らの環境を自ら創出すること) と呼ばれる行為である。

　こうしたとらえ方では，MNE の戦略行動や学習パタンなどはミクロレベルで分析される一方，それが国家単位 (本国や現地国) でどのような効果をもたらすかについてはマクロレベルで分析される。

　MNE は市場の内部化を試みたり，立地を熟考したり，所有による優位性を得ようと試みる。つまり OLI (Ownership-Location-Internalization) パラダイムの優位性を追求するが，そうした行動は，奨励的構造 (インセンティブ・ストラクチャーズ) をつくり出すことに大きく関係する。とりわけ政治理論では，所有権を獲得することが最も難しいが，最も重要な成功要因となる。

第 13 章　多国籍企業の FDI の特質と主要な理論　213

┃本章を深く学ぶための参考文献┃

Basu, D. R. and Miroshnik, V. (2000) *Japanese Multinational Companies : Management and Investment Strategies*, Pergamon.

Brakman, S. and Garretsen, H. (2008) Foreign direct investment and the multinational enterprise : an introduction, in S. Brakman and H. Garretsen (eds.), *Foreign Direct Investment and the Multinational Enterprise*, The MIT Press.

Cantwell, J. and Zhang, Y. (2009) The innovative multinational firm : the dispersion of creativity, and its implications for the firm and for world development, in S. Collinson and G. Morgan (eds.), *Images of the Multinational Firm*, John Wiley & Sons.

Collinson, S. (2009) The multinational firm as the major global promoter of economic development, in S. Collinson and G. Morgan (eds.), *Images of the Multinational Firm*, John Wiley & Sons.

Dunning, J. H. (2003) Some antecedents of internalization theory, *Journal of International Business Studies*, 34, 108-115.

Dunning, J. H. (2008) Space, location and distance in IB activities : a changing scenario, in J. H. Dunning and P. Gugler (eds.), *Progress in International Business Research Volume 2 : Foreign Direct Investment, and Competitiveness*, Elsevier.

Dunning, J. H. (2009) Location and the multinational enterprise : a neglected factor ?, *Journal of International Business Studies*, 40, 5-19.

Dunning, J. H. (2009) Location and the multinational enterprise : John Dunning's thoughts on receiving the *Journal of International Business Studies* 2008 Decade Award, *Journal of International Business Studies*, 40, 20-34.

Dunning, J. H. and Lundan, S. M. (2009) The multinational firm as a creator, fashioner and respondent to institutional change, in S. Collinson and G. Morgan (eds.), *Images of the Multinational Firm*, John Wiley & Sons.

Forsgren, M. (2008a) *Theories of the Multinational Firm : A Multidimensional Creature in the Global Economy*, Edward Elgar.

Forsgren, M. (2008b) Are multinationals superior or just powerful ? a critical review of the evolutionary theory of the firm, in J. H. Dunning, P. Gugler (eds.), *Progress in International Business Research Volume 2, Foreign Direct Investment, Location and Competitiveness*, Elsevier.

Grant, R. M. (2010) *Contemporary Strategy Analysis : Text and Cases : Seventh Edition*, John Wiley & Sons.

Ketels, C. H. M. (2008) Microeconomic determinants of location competitiveness for MNEs, in J. H. Dunning, P. Gugler (eds.), *Progress in International Business Research Volume 2, Foreign Direct Investment, Location and Competitiveness*, Elsevier.

Morgan, G. and Kristensen, P. H. (2009) Multinational firms as societies, in S. Collinson and G. Morgan (eds.), *Images of the Multinational Firm*, John Wiley & Sons.

Navaretti, G. B. and Venables, A. J. (2004) *Multinational Firms in the World Economy*, Princeton University Press.

Neary, J. P. (2008) Trade costs and foreign direct investment, in S. Brakman and H. Garretsen (eds.), *Foreign Direct Investment and the Multinational Enterprise*, The MIT Press.

Prahalad, C. K. and Doz, Y. L. (1987) *The Multinational Mission : Balancing Local Demands and Global Vision*, The Free Press.

Rugman, A. M. (2006) *Inside the Multinationals 25th Anniversary Edition : The Economics of Internal Markets*, Palgrave Macmillan.

Rugman, A. M. (2009) *Rugman Reviews International Business*, Palgrave Macmillan. ／江夏健一・太田正孝・桑名義晴監訳, 佐藤幸志・竹之内秀行・山本崇雄ほか訳 (2010) 『ラグマン教授の国際ビジネス必読文献50選』中央経済社

Rugman, A. M. and Verbeke, A. (2003) Extending the theory of the multinational enterprise : internalization and strategic management perspectives, *Journal of International Business Studies*, 34, 125-137.

UNCTAD (2007) *The World Investment Report*, United Nations Conference on Trade and Development, New York and Geneva.

Verbeke, A. (2003) The evolutionary view of the MNE and the future of internalization theory, *Journal of International Business Studies*, 34, 498-504.

Westney, D. E. (2009) The multinational firm as an evolutionary system, in S. Collinson and G. Morgan (eds.), *Images of the Multinational Firm*, John Wiley & Sons.

Whitley, R. (2009) The multinational firm as a distinct organizational form, in S. Collinson and G. Morgan (eds.), *Images of the Multinational Firm*, John Wiley & Sons.

第14章 バックレーとカソン理論における多国籍企業像

○本章を理解するためのキーワード
市場創出企業，立地理論，内部化理論，垂直統合

1．市場創出企業としてのMNE

　多国籍企業の研究史上において大きな影響を与えた書物の1つに，1970年代後半に刊行された *The Future of Multinational Enterprise*（邦訳『多国籍企業の将来』1993）がある。著者は，ピーター・バックレーとマーク・カソンである。両者は，その後においても同分野（多国籍企業・国際ビジネス）の研究を続けており，数多くの著作物と論文を残している。

　バックレーとカソンの貢献は，次の5つの領域において1980年代から2000年代の30年間もの長い期間でなされたと自己評価する（Buckley and Casson 2009）。①理論：理論の形成・拡張・テスト，②参入：海外市場への参入と発展戦略，③国際合弁事業，④ダイナミクス：イノベーションと力学，⑤文化：国際ビジネスにおける文化の役割。

　企業の国際化はさまざまな視点からとらえられるが，どのような形で考察するにしても，そこにはいくつかの重要な論点がある（Buckley 1995）。

　何よりもまずは，企業と市場の関係がある。市場は企業が国際化を図る際の最大の障壁となる。なぜなら，市場では取引コストが発生するからである。企業は取引コストの最小化に努めながら国際化を進めていく。

　一方で，企業とその企業が属する産業の関係も重要である。技術の標準化をめぐる問題や，競争へのプレッシャーを考慮しながら，国際化を図らなければ

ならない。

　また，社内から国際化を制約するものとして，利用可能な経営資源がどれだけあるのか，そしてその経営資源をどのように使うのかという計画性の問題もある。これはマネジメントの能力に関するものである。

　その反対に，国際化への外的な制約要因として，現地からの所有権の要求や，さまざまな税金や関税といった政府からの規制がある。

　さらには，企業自体が時間の流れとともに変化しているという歴史的次元もないがしろにはできない点である。時が経つにつれて，国際化の進展度が変わることがあるのは，見逃せない問題である。

　以上のように，①企業と市場の関係。②企業とその企業が属する産業の関係。③経営資源の利用可能性と利用計画性。④外部からの制約。⑤時間的次元といったもののうち，ほとんどが国際化への妨げとなるものである。

　そうした障壁がありながらも，国際化によって成長しようとする企業は，地理的に分散をした天然資源（石油や銅など）を手にするために垂直統合を行い，社内でそれを統制する。また，ハイテク産業（化学やコンピュータ産業など）では，社内での情報の流れを円滑にすることで，情報に基づく知識やスキルを徹底的に使用する。

　こうした活動を行う企業は「市場創出企業（マーケット・メイキング・ファーム）と呼べる（Buckley 1987）。また，国境を越えて活動をしているので，多国籍企業（以下MNEと称す）でもある。別の見方をすれば，各国での活動によって生じる中間財の流れを統合し，調整するために必要となるシステムがMNEとして形成されるということになる。

　MNEは，その企業戦略にふさわしい契約のネットワーク（下請けや共同生産など）を通じて市場を支配する。そして，主要な中核機能に限っては，しっかりとした管理を必要とする（Buckley 1989）。

　そうしたMNEによってなされる国際ビジネスを理論づける場合，その理論は主に次の3つの撚り糸から構成される（Casson 1990）。この中でも立地理論と内部化理論は，MNEの成長パタンを体系化して説明し，予見することに適している（Buckley 1992）。

①立地理論…価格の差異，関税，工場立地を決定づける保護的効果などの内的要因を強調する国際貿易理論と，輸送費と規模の経済性を強調する地理学から成り立つもの。近年では，製造業における貨物運送に関する輸送費のみならず，サービス業において，手作業のサービスや情報サービスを行うためにかかる人の移動費や通信費も含めて考慮される。

②内部化（市場か企業か）理論…各立地に分布される一連の活動の所有と管理を分析するもの。さまざまな国での活動を結ぶ中間財市場の内部化によってMNEが創出される。その内部化をとらえるには，1社からだけの視点ではなく，その産業の生産システム全体から見ていき，そこにおける調整の社会的構造を重視する「システムズ・ビュー（主流がどこにあり，個々がどのようにそれとつながり，どのようなクロス・エフェクトを創出しているかを知ること）」が欠かせない。

　また，これを世界規模で見る視点が「グローバル・システム・ビュー」となる（Buckley 2006）。これはさまざまな付加価値活動（R&D，製造，マーケティングなど）の立地状況をとらえ，情報や原材料・製品の流れが内部でどのように結び付いているかを探る視点となる。

③市場構造の理論…参入障壁に基づくもの。ならびに，特許所有の技術の役割を特に強調するもの。その際には，ラーニング・バイ・ドゥイング（実行からの学習）によるR&Dへの生産経験のフィードバックも検討されなければならない。

2．MNEの組織

　国際ビジネス理論の大きな特徴は，知識を創出して活用することを強調することにある（Casson 1983）。知識を創出するのは社員で，それを用いるのは会社である。

　この関係は，作家が「知価のある文章（インテレクチャル・コモディティ）」を創出して，それを出版社が本人に代わって利用するためにライセンスを取る形に似ている。

知価あるものをつくり出す素は，情報である。企業内のあちらこちらに情報は存在していて，それは組織というもので囲まれている。組織の機能は，各人の調整を図りながら意思を決定して，それを実行することにある。

　そうした組織は，情報のコスト（①情報を探す。②情報を組織化し意思疎通を図る。③情報を意思決定のために使う。そのそれぞれにかかる費用）を節約するために存在する。

　情報のコストが最も低くなるように，企業は組織構造を設計する。最も多く採用される形は，複数事業部制（M型組織）である。ただし，組織構造には最良の形態というものがないので，時代に応じて代替物（オールタナティブ）を求めて，その形は変わり行く。

　こうした組織構造を分析するには，①資本市場，②企業の所有者，③組織の構成員の関係を見据えることが欠かせない。MNEという商業組織の特殊事例は，文化的・国家的・地域的相違を含むものであるから，とりわけ組織研究者の関心を多く集める（Buckley 1992）。

3．MNEの「様式化された事実」

　組織内で「情報の意味ある追求」を行うのは，企業家精神のなせる業である。企業家精神の最初の段階は，情報に接近することにあり，その次には利益になりそうなものを見極めるために，それらの情報を整理していくことにある。

　その際に革新をなすには，主に次の4種類の情報を総合化する必要がある。①製造技術に関する情報。②原材料の供給価格に関する情報。③製品の需要価格に関する情報。④市場取引を統治する制度や法に関する情報（Casson 1985）。

　企業の多国籍性というものは，このようにして企業が獲得する情報が世界中から集められるところから生じている。MNEの優位性は，所有権を変えることなく，国際的に情報などのリソースを容易に移転できることに基づく（Casson 1979）。

　したがってMNEの経済的分析は，企業論に国際化の理論（国際貿易論，国際

金融論など）がつながりを持つ構造を採る。このような MNE の研究が有意義であるのは，これまではなおざりにされていた次の2つの点を強調するからである（Casson 1986b）。

1つは，前節（MNE の組織）で見たような企業内部での機能が，経済学者の関心を引くものであることを示している点である。MNE1 社による付加価値活動が1国の GNP を上回る場合，その MNE の内部での意思決定の特異性というものが，グローバルな資源配置に大きな影響を与える。

もう1つは，理論的展開を促すような「様式化された事実」が登場している点である。MNE の近代理論では，次のような事実が巧みに説明される。

① 成長の歴史的パターン…MNE が世界の製造分野を統制したのは 1950～1960 年代のことで，この時期に MNE は急成長を遂げた。その後においての成長は一様化した。また 1920～1930 年代には，化学などの産業においては国際カルテルが統制し，現在では MNE が支配している。

② 地域別に見る国際生産構造…これについて MNE は主に3種類に分けることができる。(a) 1950～1960 年代初頭にアメリカの MNE が急成長し，ヨーロッパなどに輸入代替としての投資を行った。(b) 1920～1930 年代にヨーロッパの MNE が，植民地で農業や鉱業の後方統合を成した。(c) 1970 年代に日本の MNE が，東南アジアの低賃金で新興市場国において「国外での輸出プラットフォーム」を形成した。

③ 産業特性…アメリカの MNE は，売上高に対して R&D と宣伝費の比率の高い産業において優勢である。

④ 企業特性…MNE は R&D を重ねることで，その会社が属している産業に固有な特性を帯びている。事例研究で明らかになるのは，MNE は技術やブランド名声，あるいはマネジメントスキルといったものに接近する機会に恵まれているという点である。

⑤ MNE に代替する活動…ライセンシングやフランチャイズ，合弁事業などはすべて，国際生産を管理するためのものであり，MNE に代替する契約方法である。これらの活動形態は 1970 年代後半頃から頻繁に用いられるようになった。特に合弁事業は，所有と契約の間の妥協の産物（どっちつ

かずのもの:ハーフウェイ・ハウス)であるとされる。
⑥垂直統合…農業や鉱業といった産業においては，後方統合が一般的である。

4．企業特殊的優位性

　上記の⑤にもあるように，MNE が経営資源を海外に移転する際の形態はさまざまである。子会社の完全所有から合弁事業，マイノリティ所有といった内的移転（時間制限のないもの）や，ライセンシング，フランチャイズ，ターンキーベンチャーといった市場的移転（契約による時間制限のあるもの）がある。こうした形態は「国際産業協同」と呼ばれる。

　内的移転では，子会社の完全所有からマイノリティ所有が次第に増えていった。たとえば 1951 年以前，アメリカ企業による海外所有のパターンは，完全所有（95％以上）が 58.4％，マイノリティ所有（5～50％）が 11.2％であったのに，1965～1970 年では，完全所有が 46.2％に下がった一方，マイノリティ所有が 21.5％に上がった（Buckley 1985b）。

　同様に，ヨーロッパ企業（イギリスを除く）では，1951 年以前，完全所有が 39.1％，マイノリティ所有が 9.8％であったのに対して，1965～1970 年では，完全所有が 18.9％，マイノリティ所有が 42.1％になった。

　このような MNE を定義する視点には，次に挙げるように主に 4 種類ある（Buckley 1985a）。①所有権の範囲から定める「運営的な定義」。②その会社の組織体制に従って判断する「構造的な定義」。③子会社の数や総売上高に占める海外での売上げの割合といった国際拡張の尺度を組み込む「成果基準」。④会社がどこまで世界志向であるかに基づく「行動基準」。

　MNE の優位性が，さまざまな形態での国際産業協同を通じて，所有権の変更なしで情報を移転することから生じる点を考慮すると，①の運営的な定義がより有効である。

　製品製造とマーケティング，R&D に関する所有権の主な戦略は，次のようにまとめることができる（Casson 1995）。なお，右表において，製品製造は P

製品製造（P）とマーケティング（M），R&D（R）に関する所有権の主な戦略

戦　略	分離される活動	外的リンケージ	内的リンケージ
完全統合	―	―	R-M，M-P，R-P
ライセンシング	R	R-M，R-P	M-P
サブコントラクティング	P	M-P，R-P	R-M
販売代理店	M	M-P，R-M	R-P
完全不統合	R，P，M	R-M，M-P，R-P	―

(production)，マーケティングはM（marketing），R&DはRとしており，各戦略でつながり（リンケージ）を持つものはハイフンで結んでいる。

　このようにMNEは所有権戦略を選びながら，物的なリンケージだけでなく，情報のリンケージも行う。情報を移転することを通じて，R&Dを生産につなげるのである。だから，情報の流れを内部化することは，R&Dと生産活動を統合していくことになる。ここでのR&Dとは，単に技術の開発だけでなく，マーケティングスキルや経営システムの開発も含むものである。

　それらの開発は動的な過程をたどって，情報を組み合わせることで知識を生む。創出された知識は，その企業だけが持ち得る優位性を与える。これは，ポーターが言うところの「競争優位（他社に対するその企業の利点）」であり，ダニングが言うところの「企業特殊的優位」である。

　企業特殊的優位が得られない場合には，所有権が見直しされることになる。所有権を選択しただけでは優位性は生まれず，その選択をした企業が成果を上げることで優位性が生じるのである。その意味で所有権は，企業の存続力にかかわる問題である。所有権からもたらされる優位性は，他社の能力との比較から常に評価されなければならない（Casson 1987）。

　また，企業特殊的優位は，知識（技術やマーケティングノウハウ）の普及から発生する他に，特定の立地からもたらされる比較優位や，規模の経済性などからも生じる（Buckley 1983）。

　したがって，MNEのリサーチ・アジェンダとなるのは，次のようなものと

なる（Buckley 1983, 1987）。

①イノベーションの経済性…R&D の過程および成果が，企業の成長および規模を決定する。
②事業戦略の経済性…自社だけの情報が専売特許資産となり，さらには他社の参入障壁となる。そうした情報の保護活動が，企業に競争力をもたらす。
③立地理論…MNE の理論を本当に改良するのなら，立地理論の展開が欠かせない。
④総合アプローチ…ある製品をもってしてその企業を定義すること，もしくは，特定の技術をその企業と同等にとらえることは，分析の自由度を下げることになる。もっと言えば，主導的な企業を持ってしてその産業を認識するのは，不当な単純化である。そうした単純化は，企業特殊的優位性という用語を無味乾燥なものにしてしまう恐れがある。
⑤第 3 の形態…企業か市場かの 2 分法ではなく，総合商社のような中間組織の機能をネットワークの概念からとらえることで，分析のフレームワークが満たされる。
⑥経済理論と組織理論の統合…経済学の発展において，組織的振る舞いからのアプローチを統合することが十分ではない。
⑦不確実性…戦略参入および戦略的意思決定モデルにおいて，不確実性に注意する必要が増えている。

5．垂直統合

以上のような考察を総合して，MNE の成長を説明する有力な理論を構築するためのコンセプトとして，内部化というとらえ方がある。内部化の考えは選択の理論，つまり，数ある代替的な制度上の取り決めの中で，どの活動を自社内で行うかを選ぶことを基本とする。

この内部化理論は，国際ビジネス戦略を国内のそれと比較をするための基礎を提供するものであり，その強みは取引コストアプローチ（情報のコストをいか

に節約するかというところをとらえる視点）を組み込んでいるところにある（Casson 1995）。

つまるところ，内部化理論はきわめて経済的な見地に立つものなのである。MNE が，どの程度までの内部化を行うかを決定付けるのは，次の4つの特殊要因である（Buckley 1988）。

①産業特殊要因…製品の標準化，統合の性質，企業が直面している外的市場の性質。②地域特殊要因…本社と地理的および社会的距離。これはコミュニケーションコストにかかわるものである。③国家特殊要因…企業が活動する国家間の，特に政治的および財政的関係。④企業それ自体の特殊要因…スキルの利用可能性，立地した各場所のマネジメントコスト。これは集権化をどこまでするかにも影響を及ぼす。

たとえば，内部化の代替物の1つである合弁事業は，以上の特殊要因を考慮した上で取り決められる。総じて合弁事業は，資金が制約されている企業にとって非常に有益である（Casson 1991）。そうした企業は，完全出資をすることなしで，周辺活動への支配力を増したいと望んでいる。

このような合弁事業は何よりもまず，不信が最悪の結果を招くことを和らげるための方策としてなされる（Buckley and Casson 1988）。

合弁事業は，①内部化の経済性，②不可分性，③合併に対する障害という3つの要因の組み合わせから成り立っている。合弁事業による内部化は，協同での研究や訓練を施すことで，品質の不確実性が及ぼす影響を最小化する役割を持つ。そして，合弁事業における不可分性が増せば増すほど，合併に対する障害は大きなものとなる。

もし，両社が事業活動のまったく同じ場所（川上か川下か）に身を置く場合，そのときなされる合弁事業は50％ずつの資産を持ち合うのが適している。なぜなら，それが協同の価値観を象徴するからである。こうした合弁事業の取り決めは「位置付けの釣り合いがとれたもの」である。

なお，研究対象とされる MNE は，基本的に自国以外で複数の工場を有する企業となるので，MNE の内部化を説明するときに意義をなすのは，そのような複数の工場を他国でどのように運営しているかという点を明らかにすること

である。

　この場合，MNEは2種類に大別してとらえることができる（Teece 1983）。ひとつは，各国に同じ製品をつくる工場を持つ「水平的に統合されたMNE」である。この種類のMNEが内部化するのは，他社へは交換できない種類の資産（ノウハウなど）である。

　いまひとつは，ある国で工場へのインプット物をつくって，別の国での工場がそれをもとにアウトプット物をつくる「垂直的に統合されたMNE」である。この種類のMNEが内部化するのは，中間財の市場である。垂直統合を行うことで，MNEは長期契約を内部化できる（Casson 1983）。そのことで意思疎通や調整・管理の困難さのためにかかるコスト，ないし外国性（フォーリンネス）であることから生じるコストが減少する。

　たとえば石油産業では原油から精製，ガソリンの販売に至るまでを一括して押さえることで市場支配力を形成できる。原材料の段階から小売りの段階に至るまでになされる各契約を長期に結ぶことで，活動は安定したものになる。取引を内部化することで，計画的な生産ができ，中間財の流れを調整・管理する能力が向上するからである。

　また，垂直統合によって情報の移転が確実に行えるようになり，それによって企業間に信頼が生じて，関係性が堅固なものとなるので，全体的な品質管理の改善にもつながる。それと同時に，関係性が密なため，その産業に他社が参入することを防げる。

　こうした垂直統合の本質は，一連の生産段階が共通の所有権のもとに管理されることにある（Casson 1984）。各段階間を流れる中間財は管理体制が異なる組織に移されることはなくなり，管理体制が同じ組織の中で動くようになる。つまり垂直統合によって，中間財が企業内貿易されるのである。

　その本質からして，垂直統合の理論は「前提とされる巨大な力」を統合していく理論である（Casson 1986a）。この意味で内部化とは，環のつながりを自社内に取り込むことで，戦略的に「ドミノ効果」を創出するものであるともいえる（Casson 1990）。

6. MNEと現地国の関係

　現地国の視点からみて，MNEの特徴は，16～18世紀においてヨーロッパ政府認可の大貿易会社が活躍した時代と比べて次のような点で，ほとんど変わっていない (Casson 1979)。

① MNE は常に独占状態である。かつては認可によって保護されていて，現在では特許やブランド，もしくは特殊な経営スキルへのアクセスによって支えられている。とりわけ需要が高い製品において独占している場合，MNE は成長を遂げる。

② その独占状態から，MNE は現地国経済の主要産業やセクターを統制する。かつては農業や鉱業を，現在では電子工学や化学といったハイテク製造産業を統制する。

　　たとえば 1972 年，ブラジルでは，電子・コミュニケーション設備の外国所有の割合が 98.1％，化学が 46.1％を占めた。翌 1973 年，ブラジルの農業・食品加工産業にはイギリスが最も多くの投資のストックを持ち，同じく電子・化学産業ではアメリカ，繊維産業では日本，銀行・保険産業ではカナダがそれぞれ最大の投資ストックを保持していた。

　　このように発展途上国の各産業は，先進国からの FDI に基づいて統制されてきた。FDI は，現地国へと技術が移転する「内部市場メカニズム」を形成する。そのメカニズムでは，多段階ある生産過程の活動調整もなされる。こうしたことから FDI は，単なる資金移転のためだけではなく，技術移転や多段階生産への投資のために行われ，外部市場の不完全さを払拭することが進められる。

　　FDI は前章でも述べたように，①企業が大市場もしくは急成長している市場を持つ国に投資する「市場探求型」。②企業が低コスト生産できる国に投資する「効率追求型」。③企業が天然資源を有する国に投資する「資源獲得型」に分類できる (Buckley 2004)。1978 年～1980 年の間では，そうした FDI すべてのうち 46.3％がアメリカ 1 国からなされた。アメリ

カとイギリスの2国だけでは59.9%を占めた (Buckley 1987)。

UNCTADの「ワールド・インベストメント・レポート 1993」では，このようなFDIは，製品の取引や技術のライセンシングといった国際ビジネスの他の形態と比べて「深い統合」の動因であるとみなされた (UNCTAD 1993)。FDIはMNEの戦略にとって，重要な武器となるのである。

またFDIは，EUといった地域的なサブシステムを統合するための手段となり，どこまで統合が進んでいるのかを図る尺度にもなる (Buckley 2003)。FDIは，国際経済の関係性を強く結びつけることに大きな一役を買うのであり，FDIがなされることは，そうした関係性を深めていこうとする表明になる。

③グループとしてのMNEが海外貿易を管理しており，原材料の輸入から最終製品の輸出を結びつけることを強いる。

④MNEは発展途上国の人々へのノウハウ普及を怠ってきた。コミュニケーションが進歩したことで，現地国の本社で経営活動を集権化できたことに一因がある。

⑤これまでのMNEのFDIは，軍事的ないし政治的影響のある地域 (NATO参加国内で投資をし合うことなど) に慣例的に向けられてきた。1976年，アメリカによるFDIのストックが多かった地域は，EEC (32.1%)，カナダ (24.7%) であった。また1974年，イギリスによるFDIのストックが多かった地域は，EEC (21.7%)，オーストラリア・ニュージーランド (19.1%) だった。

このように，昔からMNEの特徴は変わらないが，戦後においてMNEと現地国との関係が大きな関心ごとに挙がってきた理由には，MNEの急速な成長があった。MNEが一国と比肩するほどの経済力を有するようになったのである。

また，天然資源ベースから技術ベースの活動を行うMNEが増えたことも，いまひとつの要因である。天然資源ベースの活動では労働者にスキルは求めず，未熟練労働者を集約的に用いていた。

これに対して技術ベースの活動には，スキルを持った労働力が必要となる。そこで MNE の投資は，労働スキルのある人々をより豊富に持つ国へと向けられるようになった。そうした MNE は，かつての MNE よりも「居所が定まらない（フットルース）」。MNE に対する現地国の交渉力が以前より弱まることになったのである。

 この傾向は，現在における経済のグローバル化においても変わりない。WTO の設立などの追い風もあり，国際ビジネスの取引を行う上での障壁は確実に減ってきている。貿易圏として EU や NAFTA といった制度形態は，地域的経済統合（REI：regional economic integration）を進めており，そうした REI が投資・雇用・収益・成長などを保持し，さらにはそれらを約束するものとなっている。

 このような REI では現地生産が好まれるため，そこに MNE は今後ますますのビジネス機会を見いだすことになる。REI では，その圏内にすでに入ってきている MNE に，取引コストを減らして収益性を高めるために，ローカル化への投資を促すような奨励をする。それと同時に，まだ圏内に入ってきていない MNE（アウトサイダー企業）には，インサイダー企業になるような動機づけを与える。

 さらに，MNE が現地国で持続的な成長を続けるには，MNE 自らも次のような問題を解決しなければならない。①外資交換の制限を取り払い，現地政府に輸入品を与え，それをもとに資本形成や近代化を図ること。②労働者訓練と産業化の点で現地政府を助けること。③成長によって発生する都市部での食糧問題を解決することなど（Buckley 2004）。こうした動きをとらえることは，多国籍企業像の現状を描くために不可欠な作業となる。

7．1980年代からの新潮流

 MNE による国際ビジネスの経済性を説く理論は，主に 1950 年代から 1960 年代のハイテク産業における水平的に統合された MNE の成長を見事に説明できるものだった。しかし，その理論では 1970 年代以降で現れた次のような現

象を説明しきれないところが出始めた (Casson 1990)。

①新興産業国 (NICs : Newly Industrialized Countries) で海外生産を行うことによって形成された，新たな国際的分業 (生産過程を先進国とNICsで分けること) の台頭。

②1970年代でのサービス分野における多国籍な活動の急速な成長。たとえば，銀行，専門的なビジネスサービス，小売，観光関連の産業など。

③合弁事業およびそれ以外の協同的取り決めの著しい増加。これは，グローバル産業の公的分野と民間分野の双方の事業で増えてきた。

④世界経済における日本のFDIの重要性の増加。1970年～1980年の間に日本のFDIは500％，1980～1986年の間では488％も拡張した (Buckley 1992)。

こうした新潮流をうまく説明できないのは，既存の理論に不備な点があるということではない。単に，国際ビジネスを展開する上で発生する複雑性を公平に評価できるほど，既存の理論は十分に豊かなものではないからである。説明が必要とされる現象は多様すぎて，既存の理論の視野では狭すぎるため，新たな洞察力が求められることになる。

そこで1990年代初頭における国際ビジネス研究の最先端では，主に次のようなものが行われ，新潮流へのアプローチがなされていた。

①国際ビジネスへの学際的アプローチ…たとえばプロセスとして国際ビジネスをとらえるという動的な視点を導入することなど。

②国別の比較研究 (たとえば産業政策など) …正反対に近い他国の事実と比べることで，自国の現状を把握する。

③企業と国家によるFDIおよび戦略的移動を包括する，国際貿易理論の展開…戦略的貿易政策への関心の高まりと結びつくことで，国家繁栄のために貿易規制をどのようにかけるかについての議論を促す。

④国際的競争力の研究…国際ビジネスの国家レベルないしマクロレベルでの関心を再び持ち込む。競争力は，能率 (可能な限り最小のコストで目標に到達すること) と有効性 (正しい目標を持つこと) の双方を含むものである。

⑤発展途上国におけるMNEの役割への関心の再度の高まり…過去における

この分野の研究につきまとっていた問題の解決に公平に着手するための糸口を提供する。解決には，MNE と発展途上国の双方が企業家精神を持ち，互いに異なる文化の相互作用から成果を収めていかなければならない。
⑥合弁事業，提携および事業活動の協同的形態の分析…協同の本質は信頼にある。信頼は文化的文脈を持ってして，最も良く分析できる。
⑦サービス産業（銀行，広告代理店，会計事務所，ホテル，建設会社，経営コンサルタントなど）の研究…この領域では，国際ビジネスの新形態としてのサービスの意義と範囲を定義づけることが重要となる。

また，バックレーも新潮流として，①東アジア経済の発展。②貧困国へのFDI の失敗。③民営化の進展。④世界経済における貿易圏（EU，NAFTA など）の支配力強化の4つを挙げ，それにより競争が増加するので，企業には，もっと総合的な企業家的能力が求められるとみなした（Buckley 2003）。

その結果として，企業の境界が最適なものに移行し，組織構造が変化するので，それをモデル化する必要がある。そうした手順を通じて，新たな洞察力が得られることになる。

8．「大きな問いかけ」に応える時代

それでは，どのような研究が今後，求められることになるのか？ バックレーの区分によると，これまでの国際ビジネス研究は，大きく3つのリサーチ・アジェンダがあったとされる（Buckley 2004）。

ひとつは，戦後から1970年代までになされた FDI の流れを説明することであった。特にアメリカからヨーロッパへの FDI がとらえられ，海外投資を行う際の経営問題が取り上げられた。ハイマーやキンドルバーガーが，その先鞭を付けた。

またひとつは，1970年代から1990年までになされた，MNE の存在や戦略・組織を説明することであった。これはチャンドラーやウィルキンズといった史実に即した分析と，コース＝ウィリアムソンに代表されるように取引コストからのアプローチの2つに大別できた。

いまひとつは，1980年代中頃から2000年までになされた，グローバル化にともなって登場してきた，国際ビジネスの新形態についての研究である。新形態とは合弁事業や提携などであり，また，それに従う組織構造の変化についての問題も取り扱われた。前者についてはラグマンやダニングの文献に豊富であり，後者については次章で見るバートレットとゴシャールの共同研究が代表的である。

このように国際ビジネス研究の過去を特徴づけた上でバックレーは，国際ビジネス研究が最も成功するのは，進化するグローバル経済における重要な現実問題に焦点を合わせて，それについて総体的に取り組んだ場合であるとみなす。

過去の国際ビジネス研究は成功してきたが，それは安定感のあるコンセプトを抜け目なく選択して，それをもってして世界経済の実際の変化を説明したからであった。

現在も，説明が必要とされている大きな現実問題への接近が求められる。大きな現実問題とはたとえばM&A，ナレッジマネジメント，立地や地理的分布の問題，NGO（Non-Governmental Organizations：非政府組織）といった新たな制度，グローバル化などについてである。

また，中国やインドといった国がグローバル経済で果たす役割も考慮すべき点である。実際にバックレーは近年の著作（Buckley 2004, 2006）の中で，ナレッジマネジメントや中国についての共同研究を進めることで，1つのリサーチ・モデルを示している。

こういった現実問題に近づくために，まず行わなければならないことは，かつての国際ビジネス研究がそうであったように「様式化された事実」のうち，どれが現在，最も重要なものであるのかを見定めることである。

そうした最重要な事実を確定した上で，それを包括的で学際的な理論のフレームワークから説明していくこと。これが，これからの国際ビジネス研究のリサーチ・アジェンダとなる。現在は，これまでの3つの区分の流れを汲みながら，新たに登場している「大きな問いかけ」を見つけ出し，それを説明しなければならない時代を迎えている。

9. 合理的な行動へのアプローチ

　最後に，バックレーとカソンが提唱している国際ビジネス研究の方向性を示すことで結びに代えたい。この方向性は，MNEの実像を見出すために有効な視点となるものである。彼らは，過去40年間以上にわたる国際ビジネス理論の到達度を顧みて，その将来性は良くないとみなす。その理由として，次の5つを挙げる (Buckley 2004)。

　①1970年代から1980年代初頭に比べて，1990年代では理論上の革新的な動きが減っている。②研究するたびに新たな疑問点が見つかっているし，1970年代での疑問点の多くも未解決のままである。③戦略的提携の分析における学際的な見地は強みである一方で，さまざまな角度からとらえるので，まとまりに欠けて弱みにもなる。④取引コストとリソースベースの両理論の仲違いが増している。⑤戦略的マネジメントにおけるケーススタディへの過度な依存により，それが研究なのかコンサルタントなのかをわからなくさせているし，教材を増やすことが知的貢献だとみなされている。

　こうした状態で，国際ビジネス研究が社会科学全体への影響力を持ち直すには，主流となっている知的議論の中に自らを再統合しなければならない。それを可能とする1つの方法は，より洗練された分析技巧を国際ビジネス理論の中に取り入れることである。

　そこで彼らが提案しているのは，合理的な行動へのアプローチである。このアプローチによって，モデルを拡張することで，多岐にわたる国際ビジネス問題に迫ることができ，それが今後の国際ビジネス研究において，最も実りある理論的展開をもたらすと主張する。

　当初，国際ビジネス研究は応用経済学の分野であったが，1970年代以降で経済学の手法が政治や法，社会学といったほかの分野の社会科学へと拡張されたので，それをもとに合理的な行動をモデル化する技巧能力が増えた。その意味で，いまや国際ビジネス研究は応用経済学というよりは，応用社会科学の領域にあるとみなすことができる。

そこで肝心なことは，応用社会科学は，それぞれの分野のしきたりや分析手法が単に寄せ集まったものではなく，合理的な行動へのアプローチに基づいて統合された社会科学であると理解することである。

そうしたアプローチから，たとえば企業が海外市場に参入する場合，いくつかの参入方法のうち，最も適切な形態を意思決定する企業の姿，すなわち合理的に行動する様子（取引コスト，立地，ネットワーク効果，リアルオプションなどを熟考し，戦略的な決定をなす過程）が浮き彫りになる。こうした分析を重ねることが，国際ビジネス研究の発展をもたらすのである。

本章を深く学ぶための参考文献

Buckley, P. J. (1983) New theories of international business: some unresolved issues, in M. Casson (ed.), *The Growth of International Business*, London: George Allen & Unwin.

Buckley, P. J. (1985a) A critical view of theories of the multinational enterprise, in P. J. Buckley and M. Casson (eds.), *The Economic Theory of the Multinational Enterprise: Selected Papers*, The Macmillan Press.

Buckley, P. J. (1985b) New forms of international industrial co-operation, in P. J. Buckley and M. Casson (eds.), *The Economic Theory of the Multinational Enterprise: Selected Papers*, The Macmillan Press.

Buckley, P. J. (1987) *The Theory of the Multinational Enterprise*, Uppsala.

Buckley, P. J. (1988) Organisational forms and multinational companies, in S. Thompson and M. Wright (eds.), *Internal Organisation, Efficiency and Profit*, Philip Allan.

Buckley, P. J. (1989) *The Multinational Enterprise: Theory and Applications*, The Macmillan Press.

Buckley, P. J. (1992) *Studies in International Business*, St. Martin's Press.

Buckley, P. J. (1995) *Foreign Direct Investment and Multinational Enterprises*, The Macmillan Press.

Buckley, P. J. (2003) *The Changing Global Context of International Business*, Palgrave Macmillan.

Buckley, P. J. (2004) *The Challenge of International Business*, Palgrave Macmillan.

Buckley, P. J. (2006) *The Multinational Enterprise and the Globalization of Knowledge*, Palgrave Macmillan.

Buckley, P. J. and Casson, M. (1988) A theory of cooperation international business, in F. J. Contractor and P. Lorange (eds.), *Cooperative Strategies in International Business*, Lexington Books.

Buckley, P. J. and Casson, M. (2009) The internalisation theory of the multinational enterprise : a review of the progress of a research agenda after 30 years, *Journal of International Business Studies*, 40, 1563-1580.

Casson, M. (1979) *Alternatives to the Multinational Enterprise*, London : The Macmillan Press.

Casson, M. (1983) Introduction : the conceptual framework, in M. Casson (ed.), *The Growth of International Business*, London : George Allen & Unwin.

Casson, M. (1984) The theory of vertical integration : a survey and synthesis, *Journal of Economic Studies*, 11 (2), 3-43.

Casson, M. (1985) Entrepreneurship and the dynamics of foreign direct investment, in P. J. Buckley and M. Casson (eds.), *The Economic Theory of the Multinational Enterprise : Selected Papers*, The Macmillan Press.

Casson, M. (1986a) *Multinationals and World Trade : Vertical Integration and the Division of Labour in World industries*, Allen & Unwin.

Casson, M. (1986b) Multinational firms, in R. Clarke and T. McGuinness (eds.), *The Economics of the Firm*, Basil Blackwell.

Casson, M. (1987) *The Firm and the Market : Studies on Multinational Enterprise and the Scope of the Firm*, Basil Blackwell.

Casson, M. (1990) *Enterprise and Competitiveness : A Systems View of International Business*, Clarendon Press.

Casson, M. (1991) A systems view of R&D, in M. Casson (ed.), *Global Research Strategy and International Competitiveness*, Basil Blackwell.

Casson, M. (1995) *The Organization of International Business : Studies in the Economics of Trust Volume Two*, Edward Elgar.

Teece, D. J. (1983) Technological and organisational factors in the theory of the multinational enterprise, in M. Casson (ed.), *The Growth of International Business*, London : George Allen & Unwin.

UNCTAD (1993) *World Investment Report 1993 : Transnational Corporations and Integrated International Production*, New York : UNCTAD Programme on Transnational Corporations.

第15章 バートレットとゴシャール理論における多国籍企業の組織能力

○**本章を理解するためのキーワード**
マネジリアルモデル，トランスナショナル，管理的遺産，グローバル接着剤

1．多次元な意思決定過程の形成

　日本では『地球市場時代の企業戦略』や『個を活かす企業』といった著作で知られるバートレットとゴシャールは，国境を越えて活動する企業について詳細な事例研究を重ねることで，理想的なマネジメントのあり方を提唱した。その概念の卓越性は，2004年3月に急逝したゴシャールに捧げる編著作（Birkinshaw and Piramal 2005）などによってあらためて確認された。

　企業の中でも国境を越えて活動し，異質な市場環境に直面する組織は，多国籍企業（バートレットとゴシャールは multinational corporation：MNC と称したが，本章ではこれまでの表記に統一して MNE と称す）と呼ばれる。

　国際的に成長を図る MNE は，海外向けの戦略を新しく立てなければならない場合が多い。国内で行ってきた生産・販売活動をそのまま海外で適用できることは少なく，その進出先国の環境に従うような戦略を持たなければならないからである。

　こうした戦略的要求に対して MNE は，自社の意思決定過程を多次元にさせることで応える。多次元とは，自社のグローバル戦略とローカル戦略に同時に反応するということである（Bartlett 1981）。一般に，こういった多次元な意思決定過程は，既存の組織体制を再組織化することで得られると考えられる。

　再組織化は，いま社内にある経営資源に新たな経営資源を同化させるために

第15章　バートレットとゴシャール理論における多国籍企業の組織能力

も必要となる。成長している MNE には，さらに生産のできる可能性が連綿と続いているから，それをはっきりと理解させて，その可能性を広げていくためにも再組織化は求められる（Ghoshal, Hahn & Moran 2002）。

この再組織化が巧みな MNE は，戦略的要求が生じたから再組織化に取り組み始めるのではなく，日ごろから段階的・継続的に新しい技能を習得していき，それを組織構造や意思決定過程に絶えず取り入れていくことを欠かさない。逆を言えば，こうした取り組みを円滑になすのか，妨げるのかは製品マネジャーや職能マネジャー次第である（Bartlett 1981）。

問題は，そうしたマネジャーの地理的なとらえ方がどれほど広大であるかというところにある。自分が責任を持つ国・地域への製品供給や職能管理にだけ従事するのではなく，自社をグローバルな視点からとらえた上で，本社とどのようにかかわり合えば良いのか（タテのつながり）。あるいは他部門とどのような情報をやり取りすれば良いのか（ヨコのつながり）を自ら理解する力が求められる。

こうした広い意味での地理的なとらえ方ができるマネジャーを育成することが，多次元な意思決定過程を有する組織を築く第一歩となる。この組織構築の到達点は，それらマネジャーが融通を利かせながら，お互いに協力し合える関係を制度化して，状況に応じた意思決定を行える管理体制を持つようになることにある。これは「意思決定の文脈管理」と呼べるものである。

制度化された関係の中で，各マネジャーが全社的なバランスをとりながら自己調整するという組織の風潮が，多次元な意思決定過程の形成につながるのである。要点は，①マネジャーの視野を広げ，意思疎通を開放的にすること。②協働し合える雰囲気をつくり，意思決定をしなやかなものにすること。③それらが安全にできるような組織体制を敷くことにある。

これらの要点を整えるために，バートレットとゴシャールは「マネジメントの質」という枠組みを示した。それは，次の4つの組織的文脈を持つものである（Ghoshal and Bartlett 1994）。①伸張…野心や存在意義を共有する。個人の仕事に意義を持たせる。②規律…成果を標準化する。迅速にフィードバックする。③信頼…平等に扱う。積極的にかかわり合う。④支援…必要な経営資源を

配分する。権限を委譲する。

こうした4つの組織的文脈は，既存の理論での重要性は低かったが，今後は組織の有効性を分析する際の中心となると，バートレットとゴシャールは主張した。それら4つの組織的文脈は，①主導権を委ねる。②互いに協力する。③集団で学習するという3つの経営的行動を円滑にさせるとみなした。

このように，マネジメントが直面する最も困難な課題は，ひとえに管理的な問題である（Doz, Bartlett and Prahalad 1981）。企業が社内における意思決定過程を構造化するという管理的な問題に挑むことで，その組織はタテ・ヨコ・外部それぞれの張力（テンションズ）を感知できるようになる。さらには，世界規模での統合（グローバル化）と国ごとへの対応（ローカル化）という正反対の（トレードオフ関係にある）要求にも応じられるようになる。

その意味で，これは戦略的意思決定過程となる。戦略的と呼べるのは，その過程が多次元であり，柔軟であるからである。この2つの要素（多次元性・柔軟性）を兼ね備えた意思決定過程を有する企業は，多くのMNEが直面する，複雑でさまざまで不安定な要求を感じ取り，それに反応しやすくなる（Bartlett 1983）。

多次元で柔軟であるということは，マネジャーたちが多様な見地から，主要な問題の解決に臨機応変に取り組み始めることができることを意味する。そうした姿勢が「全般的な組織環境」をつくり出す。

この環境では，マネジャーたちの見地が違うということが鍵を握る。解決すべき問題は多面的であり，複数の要素を含んでいるため，意見の異なる者たちがさまざまな角度から問題に接近する必要があるからである。こうした取り組み方は，トップマネジメントが介在しない「中間的管理の段階」での解決をもたらす。

実際，1980年代初頭にバートレットが研究した企業には，再組織化を頻繁に行ったところはなかったとされる。公式な組織構造を変化しない代わりに，多次元的な意思決定を可能とする過程を国際的に形成し，それを維持することに絶えず挑んでいたという。

こうした多次元的な意思決定過程という内的管理の環境をつくり出すこと

で，市場が求めるものや市場機会に対応することができる。重要なことは，体裁の良い組織構造を見つけだし，それを採用すること（器を変えるという大がかりな組織改革をなすこと）ではなく，適切な管理過程を構築することにある。

これは組織の再編成に比べて，明敏さが問われる課業である。この点に触れ，バートレットは回転木馬のような再組織化になるならば，そこからは降りることを示唆した。

回転木馬に乗っていると景色は変わったかのように見えても，やがては元の位置に戻る。実際，多くのMNEが再組織化を図ってきたが，たとえば事業部制からマトリックス組織に移行した企業が再び事業部制に戻ったことがあるように，組織体制にはこれで最良というものはない。それよりも，内部の意思決定過程を国際経営に用立つように仕上げていくことのほうが大事なのである。

2．子会社の明確な役割分担

バートレットは意思決定過程の多次元性の必要性を唱えたが，これはMNEの守備を固めるような取り組みである。MNEの意義は製品・サービスを作り，世界でそれを売るというところにある。そうした攻撃面では革新が欠かせない。革新できる能力を持つことは，世界各国での状況変化に太刀打ちでき，グローバル市場において競争優位を確立できる可能性を持つことを意味する。

そうした革新は，企業にとって主流の活動とはかけ離れたところで起こるのではなく，むしろ企業の本流と結びつくような形でなさないと効果はない。革新は本社（中央）・子会社（現地）・世界規模（グローバル）の3つの過程それぞれから起こるが，それを同時にもたらせる組織を形成するのがMNEのマネジャーの主要な仕事となる。

この点に注目したゴシャールは，MNEの子会社は革新に貢献するための能力と機会を持っているが，子会社によってその貢献する度合いは異なることを見いだした（Ghoshal 1986）。つまり，子会社の役割はまちまちなので，MNEはその違いをはっきりとさせるようなつながりを，本社−子会社間で持つことが理想的となるのだった。

そこで求められる考え方は，海外の子会社を単なる製品輸送のためのパイプラインとみなすのではなく，子会社それぞれが有する特別な力を競争力につなげようとすることである。

　国内企業と比べたときのMNEの大きな利点は，より広く，より多様な環境的刺激にさらされていることである（Bartlett and Ghoshal 1986）。より広い顧客，より広い競争的行動，より由々しい政府からの要求，より多様な技術的情報の源泉などにMNEは直面する。

　実は，それらが革新につながる引き金となるのであり，やがては企業にとって豊富な学習資源となり得るのである。この利点を資金化するには，環境に敏感となり，収集した情報を適切に吸収できる組織が必要となる。だからこそ，子会社をパイプラインとみなすのではなく，競争優位を築くことのできる情報と専門知識の源泉とみなすべきなのである。

　MNEを組織化するということは，子会社との関係性を定着させることも大事であるが，どの子会社にどのような役割を担わせるのかを選別した上でのネットワーキングを図らないと，革新は達成できない。

　ゴシャールによれば，子会社の役割には，革新への関連性が高い順に，①革新役（関係を統合すべきイノベーター）②貢献役（中央に集めるべきコントリビューター）③施行役（分散して連合すべきインプレメンター）の3つに分かれる（Ghoshal 1986）。

①革新役は，戦略的に重要な地域に置かれた，能力の高い組織であり，本社のパートナーとして戦略を開発し，それを実施する「戦略的リーダー」である。変化の兆しを察知するセンサーの役割も担い，さらには事業の機会と環境の脅威を分析し，適切な対策を練るための助言役も務める。

②貢献役は，優れた能力を持つ組織であるが，市場としては小さく，戦略的には重要度の低い地域に置かれる。

③施行役も，戦略的重要度の低い地域にあり，その地域の事業を維持するだけの権限を与えられた組織である（Bartlett and Ghoshal 1986）。

　これら3種類の子会社グループの役割を巧みに使い分け，それに応じた責任も負わせることで，MNEは革新をなし，そして管理することができる。それ

は組織内の経営資源を，その影響力も考慮しながらどのように配置するかということへの挑戦である。

この挑戦についての最も効果的な方法は，まったく新しい経路と発言の場をつくり出すことである。これによって，既存の意思疎通の方法を修正したり，責任の範囲を変えたりすることよりも衝突が少ない形で，役割・責任・関係性を定めることができる。

一方でまた，ゴシャールはMNEにおける内的区別（インターナル・ディファレンティエーション）を明らかにするために「偶発（コンティンジェンシー）」と「適合（フィット）」の概念を援用し，①現地での資源。②環境の複雑さという2点から，本社と子会社の関係を次の4つの構造に分類した（Ghoshal and Nohria 1989）。

①統合的構造…複雑な環境に直面していて，現地での資源が豊富にある子会社に適する。この場合，現地での知識の重要度が高いため，子会社は意思決定に大きく関与する。
②階層的構造…比較的安定した環境に直面していて，現地での資源が限られている子会社に適する。
③連合的構造…安定した環境に直面していて，現地での資源が豊富にある子会社に適する。
④仲間的構造…複雑な環境に直面していて，現地での資源が限られている子会社に適する。

これらを図で示すと次頁のようになる。ここでの集権化とは，意思決定において子会社の権利がないこと。公式化とは，意思決定において系統的な規則や手順を用いること。社会化とは，意思決定のための基礎として価値を共有したり，意見の一致を図ったり，規範を統合したりすることである。

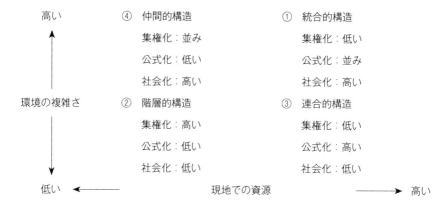

ゴシャールは，こうした偶発と適合ならびに社会化の概念を踏まえて，本社と子会社の関係を効果的に管理する2つの方法として「子会社それぞれに適合すること」と「価値観を共有すること」を挙げ，この2つを同時に達成するMNEが最良の成果を収めると主張した (Ghoshal and Nohria 1994)。

3．グローバル対応の組織と戦略

以上のような子会社の適合構造を持ちながら，MNEはグローバル化を進める。そこで欠かせない意識は，組織構造と管理過程をそれが置かれた環境下にふさわしいものにしなければならないということである。ゴシャールは，これを馬と競馬場の関係にたとえて，さまざまな走路（環境）において卓越した成果を管理するためにはさまざまな馬（組織構造）が求められるととらえた (Ghoshal and Nohria 1993)。

これに関する実証研究においてゴシャールは，MNEの組織構造には次の4つの型があることを明らかにした。つまりMNEは，大別すると4種類の馬（組織構造）を有するということである。

①一般的な管理方法をすべての子会社に従わせる「構造的均質」…デュポンなど。②各子会社の経営を現地のしきたりに合わせる「分化的適合」…GMな

ど。③全社的な統合機構を有しつつ，分化的適合の論理を取り入れる「統合的多種」…ボルボなど。なお，これは後に「分化的ネットワーク」という呼び方に改められた（Nohria and Ghoshal 1997）。④統合的機構も持たず，一定の方法も持たない「場当たり的変動」…コダックなど。

これら4種類のどれが正しくてそれが正しくないかということが問題ではなく，その環境に適した程度の組織構造を築くことがMNEにとって効果的な成果につながるということである。

この4種類の中でもデュポンやGMなどは1920～1930年代にかけて当時としては新しい組織形態である複数事業部制（M型組織）を敷いた代表格であるが，それに比して1990年代においてはGEやABB，3M，トヨタ，キヤノンといった企業が，競争や市場，技術のグローバル化に対応するために新たな組織形態を開拓していた。つまりは「M型組織を超えるもの」を築いていたのだった（Bartlett and Ghoshal 1993）。

新たな組織形態では，主要な戦略的資源は資金や事業規模ではなく，知識であるとされた。バートレットとゴシャールは，こうした組織形態は「入り組んだ組織」ととらえた。かつてチャンドラーが複数事業部制の特徴を経営資源の配分と権限委譲に求めたことに対して，この入り組んだ組織では，最前線（現場）での企業家的グループの拡大と集合に特徴があるとし，そこに必要となる経営資源（特に知識）を流通させることが重要となるとみなした。

この新たな組織形態におけるマネジメントの役割は，チャンドラーモデルと比べると下記のように異なりをみせる。

マネジメントの役割の対比

	チャンドラーモデル	新たな組織形態
トップマネジメント	企業家的役割 経営資源の配分	目的の創造 現状への挑戦
ミドルマネジメント	管理者的役割	情報の社内流通 能力の統合
最前線（現場）のマネジメント	運営業務の実行	企業家的役割 成果の導き手

ここに示されるように新たな組織形態では，トップではなく最前線（現場）が企業家的役割を担うため，トップから現場までの個々人が創造性を持ち，共同し合い，学習することが求められる。それには社内の随所に知識をあてがう必要があるので，この組織は「過程管理志向」となる。

　バートレットとゴシャールは，この過程管理志向の組織を「マネジリアルモデル」と呼ぶ。それは，3つの主要な過程（トップによる刷新過程，ミドルによる統合過程，現場による企業家的過程）を発展し，管理するために必要となる経営的役割（知識を戦略的経営資源の前提とすることなど）の点から企業を見ているからである。

　また，以上のように適切な組織構造を築くMNEが打ち立てるグローバル戦略では，①効率，②リスク，③学習の最適化を同時に図らなければならない課題に直面する（Ghoshal 1987）。これらは，①国ごとの違い，②規模の経済性，③範囲の経済性という3つの競争優位の源泉すべてを活用することで達成できる。

　グローバル戦略において求められるのは，企業が注意深く，さまざまな価値の要素を分けることと，最も効率の良い規模で（最も低コストで）各活動を立地することである。このようにグローバル戦略とは，現状の運営における効率性を最大化するための戦略となる。そうしたグローバル戦略の枠組みをまとめると下記のようになる。

グローバル戦略：枠組み編成

戦略的目標＼競争優位の源泉	国ごとの違い	規模の経済性	範囲の経済性
現在の運営下での効率達成	コスト要因（賃金など）の違いから得をする	各活動で見込まれる規模の経済性を拡大し，利用する	製品・市場・事業への投資とコストを共有する
リスク管理	各国の比較優位下で市場や政策の変化から生じる多種のリスクを管理する	戦略的・運営的柔軟性と規模のバランスをとる	リスクをポートフォリオで分散し，オプションなどを創出する
革新と学習の適合	組織的・管理的過程とシステムにおける社会的相違から学ぶ	コスト削減と革新という経験から学ぶ	さまざまな製品・市場・事業における組織の構成要素からの学習を共有する

4．トランスナショナルという特質

　以上のような見解を持ったバートレットとゴシャールは，その共同研究において「トランスナショナル」という概念を導き出した。トランスナショナルとは企業が，①グローバルに統合し，効率を上げること。②ローカルに対応し，現地のニーズを満たすこと。③世界規模で学習し，その能力を戦略的資産にすること。これら3つを同時に解決する状態のことを示す（Bartlett and Ghoshal 1987a）。

　それぞれ1つだけの達成では，①は事業管理に長けたグローバル。②は地理的管理に長けたマルチナショナル。③は機能的管理に長けたインターナショナルの状態である。それら3つを同時達成するのがトランスナショナルである。

　トランスナショナルは1つの組織形態ではなく，企業組織を形成するにあたって，重要となる特質（企業がはっきりと示す組織概念や企業哲学のようなもの）を明らかにしたものとなる。トランスナショナル能力とは，グローバルな統合を成し遂げながらもローカルな柔軟性を保つことで，国境を横切って経営できる能力となる（Bartlett and Ghoshal 1988）。

　この能力は，本社と子会社の相互依存関係に基づいて発揮されることになる。相互依存関係を有するトランスナショナル企業はグローバルに考え，ローカルに行動すること。すなわちグローカル経営ができる。

　こうしたトランスナショナルの要点は，①事業管理についてはグローバルに，統合されたネットワークを構築し，重要な経営資源の流れを管理する。②地理的管理についてはマルチナショナルに，統制力の重要性を弱めて，組織の部署ごとに役割と責任を整然と分ける。③機能的管理についてはインターナショナルに，共同で知識を開発して，全社的に分かち合うというところに置かれる。

①統合されたネットワークは，大量で複雑になる情報の連結や，業務を相互依存させるために必要となる。これについては事業マネジャーが，（a）自身の組織の戦略家として，（b）世界中に有する資産や経営資源を配置する建築家として，（c）国境を越えた取引の調整役として従事しており，そうした彼らの仕事を束ねることになる（Bartlett and Ghoshal 1992）。課題は，

多様な見解と能力をいかに正当化するかにある。
② 各子会社に役割を分化し，責任を分散させることは，それぞれ別の能力や仕事，経営資源を有して，各子会社が異なった様式で経営を行う組織を意識的に築いていくために不可欠なものとなる。これについては現地マネジャーが，(a) 現地の事業機会と環境の脅威をとらえ，解釈するセンサーとして，(b) 現地の経営資源と能力の構築者として，(c) グローバル戦略に積極的に参加する貢献者として従事しており，そうした彼らの役割を分担することになる。課題は，複数の柔軟な調整過程をいかに創出するかにある。
③ これらの異質性がネットワークによってつながり，多様な情報が結合されることで，複数の革新の発生と，その同時管理が実現できる。これについては職能マネジャーが，(a) 世界中の専門的な情報の探索者として，(b) 最新の知識と最善の実務の交配者として，(c) 国境を越えた事業機会に対応する革新のチャンピオンとして従事しており，そうした彼らの活動を結びつけることになる。課題は，いかにビジョンを共有し，どのように個人を貢献させるかにある。

トランスナショナル組織は，上記3つの特徴が内的に一貫性を持つような組織システムを意味する。従来の経営方法と違う点は，① 新たに調整の仕組みが加わるので，統制力が弱まるところ。② 問題に応じて，あるいは事業や組織ごとに，異なった進め方で運営がなされるところにある。

こうしたトランスナショナル能力に着目したバートレットとゴシャールは，企業が直面する課題は，戦略的な分析や洞察力が欠如しているところからもたらされるのではなく，必要とされる戦略的能力の開発を妨げる自社組織の限界や偏見に原因があるとみなした（Bartlett and Ghoshal 1987a）。

戦略については洗練されたものを開発できるのであるが，それを組織として実行することができないのである。つまり戦略的思考のほうが，組織能力をはるかに上回っているのだった（Bartlett and Ghoshal 1990a）。

企業がやるべきこと（タスク）は外部環境から具体化するが，そのやるべきことを遂行する能力は，その組織が有する「管理的遺産」によって抑制される（Bartlett and Ghoshal 1988）。

管理的遺産とは，その企業の資産配置の現状のことである。それはこれまでどのように責任経路を持ってきたか，どのような価値判断基準や経営様式を取ってきたかで定まる。特に大きな影響力を持つのは，①自社基準や優先順位を決めるトップのリーダーシップ。②価値観や慣例に横たわる自国文化。③組織の歴史である（Bartlett and Ghoshal 1989）。

　この管理的遺産は守るべき資産であるとともに，成長を制約もするという意識を知力（メンタリティ）として持つことが企業には求められる。トランスナショナルになるには，現在の強みを保ちながら，新しい戦略的能力を形成できる多次元な組織を築く必要がある（Bartlett and Ghoshal 1987a）。言い換えると，自社の管理的遺産の本質を理解した上で，優位性を獲得するために組織能力をどのように用いたら良いかを考えなければならないということである（Bartlett and Ghoshal 1989）。

　バートレットとゴシャールが多くの企業を調べる中で目の当たりにしたのは，幅広く発生している戦略的要求に応えようとするマネジャーにとっての最も難しい挑戦が，既存の組織能力の効果を失わずに，多次元な組織の新要素を展開することであった（Bartlett and Ghoshal 1987b）。

　多次元な組織というのは，異なったグループが異なる活動のために異なる役割を果たす構造を持つものである。その役割は定まってはおらず，環境や産業構造の変化に応じて常に変わっていくものである。このように柔軟な方法で多次元な組織能力を管理できるかどうかが，トランスナショナル企業であることの「しるし（ホールマーク）」となる。

　ここまでの論点をまとめると，トランスナショナルな組織能力を開発できるかどうかが，その企業が激動の国際環境を乗り切れるかどうかの鍵を握るということである。そのためマネジャーには，自身の頭の中にマトリックスを創出し，1国や1つの事業といった狭い視野からではなく，企業全体の目標に従う形で行動することが問われるのである。

　もっと言えば，マークXは三次元であるべきで，ひとつは，その国・地域だけをみるのではなく，全社的にとらえてその国・地域を位置付けること。またひとつは，その製品・技術だけをみるのではなく，全社的にとらえてその製

品・技術を位置付けること。いまひとつは，その機能だけをみるのではなく，全社的にとらえてその機能を位置づけることが大事である。

　そのためには，トップマネジャーが理想の組織構造を追い求めるのではなく，社内の各マネジャーと企業のビジョンを共有し合いながら，彼らの能力や行動，成果に関心を寄せ，理解しようとしていること。さらには，それらの管理の必要性を認識していることが欠かせない。こうした心構えが，トランスナショナルへの転身で失われがちになる求心力を保つ「グローバル接着剤」(Bartlett and Ghoshal 1989) となるのである。

　また，その企業が真のトランスナショナルであるかどうかを示す，ただひとつの，そして最も明確な指標は，将来性のある人材を見つけだして，その多才さを認め，組織の意思決定に同調させることができるかどうかである (Bartlett and Ghoshal 1992)。

　MNE を束ねるには，トップマネジャーだけの手腕ではなく，事業マネジャー，現地マネジャー，職能マネジャーの力も必要となる。そうしたマネジャーを自らの手で育成することのできる企業リーダーが，真のグローバルマネジャーなのである。

5．内的なネットワーク構築と革新の管理

　バートレットとゴシャールが描いた MNE の姿は，交換関係にあるさまざまな組織単位が相互にネットワークを結んでいるものであった。組織単位には本社，各国の子会社といった内的なものにとどまらず，MNE が関係を持つ必要がある外部のさまざまな集団も含まれる (Ghoshal and Bartlett 1990a)。つまり顧客や供給業者，さらには競合他社や各国の規制機関といったところとも，より大きなネットワークを深く留めた企業が MNE であるとみなしたのだった。

　近代的な MNE は，こうした世界中に区分されたネットワークを組織化して，そのネットワークを通じて経営資源を社内外に首尾良く流通し，配置することによって，もたらし得る限りの価値創造をなす。要点は，知識の流れを内部化することで，価値を築くというところにある。市場ではできない方法で，

経営資源を獲得し,結合して価値を創造することがMNEの存在意義になる。

MNEがグローバル規模での競争性を保つには,こうした知識創造という活動においてあらゆる経営資源を,その手段として用いなければならない(Nohria and Ghoshal 1997)。とりわけ知識はネットワークのうち,内的な部分から創出する必要がある。

内的なネットワークには,①本社と各子会社との連結。②子会社どうしの連結。③各子会社と現地との連結といったものがある。これらの連結から得る知識は,革新の源泉とすることができる。知識を得るためには,ネットワークを活気づけるようなコミュニケーションフローを第4の内的なネットワークとすることが重要となる。

MNEは,こうした内的なネットワークを通じて得る知識から事業機会を感知し,それに反応するが,その決め手となるのは革新する能力となる。ここでいう革新する能力とは,①新しい製品や過程を開発すること。②技術を売ったりライセンシングしたりするよりも多国籍的に営むことで,革新からの利益をより有利に充当できる組織を構築することである(Bartlett and Ghoshal 1990b)。

国際的な環境においては,MNEの革新する能力が競争の優劣を決定づける。革新によって競争優位に立ったMNEは,その優位性を長続きさせることができる。

そうした企業は,世界の市場や最新の技術に敏感であり,世界中の事業機会に創造的に反応しており,新しいアイデアを製品開発にすばやく活かしている。競争優位に立つことのできないMNEは,これと正反対で,時代の流れに鈍感で,事業機会を見逃し,アイデアを取り入れるのが遅いということになる。

事業機会は移り変わりが激しく,早急に対応しないとなくなってしまうものがほとんどである。しかも,いざ対応する時にはそれに見合う適切な経営資源があるとは限らない。これは「環境と経営資源のミスマッチ」と呼ばれるものである。ミスマッチをなくすためには,絶えず経営資源をアップデート(最新のものに)しておかなければならない。「備えよ,常に」ということである。

それができるかどうかは,MNEの革新過程次第である。環境と経営資源が適合しており,革新する能力に長けたMNEは,①現地作用型(子会社の経営資源を現地市場の革新のみならず,世界規模での革新にも用いる)。②世界関連型(本社・子会社

の経営資源・能力を貯めておき，共同で革新をなす）という2種の革新過程を有する。

この過程を持つことが，トランスナショナルな状態である。この状態は，分散した組織能力を統合するような一連の新しい管理過程をもたらす。

一連の新しい管理過程とは，一方では本社の革新の有効性を高め，他方では現地の革新の効率を改良し，さらに同時にトランスナショナルな革新の新形態を創出するというものである。この管理過程を見いだすことが，マネジャーの挑戦となる。それは「人が歩きながらガムを噛み，口笛を吹くことができること」に相当する企業の能力であると，バートレットは表現した。

ここまで述べてきて，MNE の革新を管理するということは，2つの要素が含まれることがわかる。ひとつは，さまざまな管理過程それぞれの能率と有効性を「高める」必要があること。いまひとつは，同時に全過程に生じる革新を許す状況を「創出する」必要があることである。

6．3P に基づく成長のための環境づくり

バートレットとゴシャールの共同研究を締めくくるテーマは「個を活かす企業モデル」を提示することだった。従来のマネジャーは，戦略（strategy）・組織構造（structure）・システム（systems）という3S を重視してきたが，昨今では目的（purpose）・プロセス（process）・人材（people）という3P に基づいて，より柔軟に行動しているという点をモデル化しようとしたのである。

彼らが描いたのは，望ましいマネジャー像であった。マネジャーは社員を会社との契約社員とみなすのではなく，組織が目的を果たすために必要な人材として活用すべきである。

言い換えると，企業を経済的組織（エコノミック・エンティティー）ではなく，社会的組織（ソーシャル・インスティチューション）の1つとして考えることで，戦略よりも，その企業の目的が組織の存在意義となる（Bartlett and Ghoshal 1994）。その目的到達のために，個を活かすことになる。

したがって，そこでは組織構造というハード面よりも，そのプロセスというソフト面に注目しなければならない。企業の主要な組織的プロセスには，①企

業家的プロセス（企業家精神と創造性を現場のマネジャーに与える過程）。②能力形成プロセス（部門間の垣根を超えて能力を築き上げる過程）。③更新的プロセス（事業のアイデアと戦略を絶え間なく刷新することを促す過程）の3種類がある（Ghoshal and Bartlett 1995）。

①の企業家精神とは，外部に広く目を向けて，機会を探す態度のことを指す。②での垣根を超えるためには，部門間の交流を盛んにして，互いに能力を活用し合えるような環境をつくることが求められる。③での連続した刷新のためには，情報を知識に変えて，それを用いていくことが欠かせない。①～③に共通して肝心なことは，個が自発的に動けるような環境を創出することにある。つまり，それがトップマネジメントの仕事となる。

バートレットとゴシャールは，この環境づくりは企業変革（トランスフォーメーション）を意味するとし，それをGE（Ghoshal and Bartlett 1997, Chapter 9）やABB（Bartlett and Ghoshal 1998, Chapter 12）などの事例から，①合理化（rationalization）…企業家的な活動を埋め込む（GE）。現場に主導権を与える（ABB）。②再活性化（revitalization）…統合してシナジーを得る（GE）。部門横断関係を再編成する（ABB）。③再生（regeneration）…連続した自己変革を達成する（GE）。連続した学習を確保する（ABB）という3つのプロセスに分けて詳細に説明した。

この3つのプロセスは，別の表現では，①簡略化（simplification）…規律をつくる。支援環境を整える。②統合（integration）…組織に伸縮性を持たせる。信頼関係を築く。③再生（regeneration）…文脈的枠組みを統合する。動的不均衡を保つとされた（Ghoshal and Bartlett 1996）。

実際，1990年代前半におけるバートレットとゴシャールによる調査研究では，現場で企業家的な主導権が強い（つまり合理化や簡略化が進んだ）企業は，次の2つの組織特性の開発にマネジメント自らが関与していることが見いだされた。①個人が自己管理に責任を取るために必要な知識と技能を習得できる環境の創出。②個人がリスクを取るために必要な自信を持てるような文化の創出（Ghoshal and Bartlett 1997）。

このような環境や文化創出の前提には，個の有する技能が多様化しており，その精神が予測不能で，何をしでかすかわからないということが置かれる。そ

うした特質を持つ人材こそが，主導権や創造性や企業家精神を引き出すのである (Bartlett and Ghoshal 1995)。

MNE は，こうした人材を巧みにマネジメントすることで成長を図ることができる。というより，むしろマネジメントとは何よりもまず，人材を通じて成果を上げるということである。それができるかどうかは，その MNE の組織能力の程度によって決まるということになる。

まとめると，個を活かす企業というのは，個人特有の能力を認識し，開発し，応用するによって，その優れた個人の異質性や奇抜性を活用する企業ということになる (Bartlett and Ghoshal 1997)。したがって，マネジャーのなすべきことは，稀少で価値のある知識や技能を有する個人を引き付けて，やる気にさせて，能力を伸ばして，その企業にとどまってもらえるようにすることである。

こういった点を踏まえると，1992 年の論文 (Bartlett and Ghoshal 1992) で，バートレットとゴシャールが，コーポレートマネジャーとは「リーダーであり，才能の発掘者であり，開発者である」としていたところを 1998 年の著書 (Bartlett and Ghoshal 1998, Chapter 11) では「先見の明があり，才能の発掘者であり，各マネジャーの役割を正当化した組織的枠組みと哲学の設立者（フレーマー）である」と示し直したのは興味深い。

企業をマネジメントするには，ビジョンを持ってそれに見合う人材を常に捜し求め，彼らの仕事を筋の通ったものにすることが必須なのである。

バートレットとゴシャールは，その共同研究の最後の段階において，経営資源の中でも資金以上に人材が戦略を成功させるための出発点であり，基礎になり続けると指摘した (Bartlett and Ghoshal 2002)。いまや才能を探し求める競争時代に入っており，そこでは人材という知的資本が主要な戦略的資源となる。そのため，競争優位の中心的源泉として人的資本をとらえなければならないのである。

本章を深く学ぶための参考文献

Bartlett, C. A. (1981) Multinational structural change: evolution versus reorganization, in Otterbeck, L. (ed.), *The Management of Headquarters-Subsidiary Relationships in*

Multinational Corporations, Gower.

Bartlett, C. A. (1983) MNCs : Get off the reorganization merry-go-round, *Harvard Business Review*, (2), 138-146.

Bartlett, C. A. and Ghoshal, S. (1986) Tap your subsidiaries for global reach, *Harvard Business Review*, (6), 87-94.

Bartlett, C. A. and Ghoshal, S. (1987a) Managing across borders : new strategic requirements, *Sloan Management Review*, Summer, 7-17.

Bartlett, C. A. and Ghoshal, S. (1987b) Managing across borders : new organizational responses, *Sloan Management Review*, Fall, 43-53.

Bartlett, C. A. and Ghoshal, S. (1988) Organizing for worldwide effectiveness : the transnational solution, *California Management Review*, 31 (1), Fall, 54-74. ／reprinted (1995) in Buzzell, R. D. Quelch, J. A. Bartlett, C. A. (eds.), *Global Marketing Management : Cases and Readings*, third edition, Addison-Wesley Publishing Company.

Bartlett, C. A. and Ghoshal, S. (1989) *Managing across Borders : The Transnational Solution*, Harvard Business School Press.／吉原英樹監訳（1990）『地球市場時代の企業戦略』日本経済新聞社

Bartlett, C. A. and Ghoshal, S. (1990a) Matrix management : not a structure, a frame of mind, *Harvard Business Review*, July-August.

Bartlett, C. A. and Ghoshal, S. (1990b) Managing innovation in the transnational corporation, in Bartlett, C. A. Doz, Y. and Hedlund, G. (eds.), *Managing the Global Firm*, Routledge.

Bartlett, C. A. and Ghoshal, S. (1992) What is a global manager ?, *Harvard Business Review*, September-October.／reprinted (1995) in Buzzell, R. D. Quelch, J. A. Bartlett, C. A. (eds.), *Global Marketing Management : Cases and Readings*, third edition, Addison-Wesley Publishing Company.

Bartlett, C. A. and Ghoshal, S. (1993) Beyond the M-form : toward a managerial theory of the firm, *Strategic Management Journal*, 14, 23-46.

Bartlett, C. A. and Ghoshal, S. (1994) Changing the role of top management : beyond strategy to purpose, *Harvard Business Review*, November-December, 79-88.

Bartlett, C. A. and Ghoshal, S. (1995) Changing the role of top management : beyond systems to people, *Harvard Business Review*, May-June, 132-142.

Bartlett, C. A. and Ghoshal, S. (1997) The myth of the generic manager : new personal competencies for new management roles, *California Management Review*, 40 (1), 92-116.

Bartlett, C. A. and Ghoshal, S. (1998) *Managing across Borders : The Transnational Solution*, second edition, Harvard Business School Press.

Bartlett, C. A. and Ghoshal, S. (2002) Building competitive advantage through people, *MIT*

Sloan Management Review, Winter, 34-41.

Birkinshaw, J. and Piramal, G. (eds.), (2005) *Sumantra Ghoshal on Management : A force for good*, Prentice Hall.

Doz, Y. L. Bartlett, C. A. and Prahalad, C. K. (1981) Global competitive pressures and host country demands : managing tensions in MNCs, *California Management Review*, 23 (3), 63-74.

Ghoshal, S. (1986) The Innovative Multinational : A Differentiated Network of Organizational Roles and Management Processes, Harvard University, D. B. A.

Ghoshal, S. (1987) Global strategy : an organizing framework, *Strategic Management Journal*, 8, 425-440. ／ reprinted (1993) in Aliber, R. Z. Click, R. W. (eds.), *Readings in International Business : A Decision Approach*, The MIT Press.

Ghoshal, S. and Bartlett, C. A. (1990) The multinational corporation as an interorganizational network, *Academy of Management Review*, 15 (4), 603-625.

Ghoshal, S. and Bartlett, C. A. (1994) Linking organizational context and managerial action : the dimensions of quality of management, *Strategic Management Journal*, 15, 91-112.

Ghoshal, S. and Bartlett, C. A. (1995) Changing the role of top management : beyond structure to processes, *Harvard Business Review*, January-February, 86-96.

Ghoshal, S. and Bartlett, C. A. (1996) Rebuilding behavioral context : a blueprint for corporate renewal, *MIT Sloan Management Review*, Winter.

Ghoshal, S. and Bartlett, C. A. (1997) *The Individualized Corporation : A Fundamentally New Approach to Management*, A HarperBusiness Book. ／グロービス経営大学院訳 (2007) 『[新装版] 個を活かす企業―自己変革を続ける組織の条件』ダイヤモンド社

Ghoshal, S. Hahn, M. and Moran, P. (2002) Organizing for firm growth : the interaction between resource-accumulating and organizing processes, in N. Foss and V. Mahnke (eds.), *Competence, Governance, and Entrepreneurship : Advances in Economic Strategy Research*, Oxford University Press.

Ghoshal, S. and Nohria, N. (1989) Internal differentiation within multinational corporations, *Strategic Management Journal*, 10, 323-337.

Ghoshal, S. and Nohria, N. (1993) Horses for courses : organizational forms for multinational corporations, *Sloan Management Review*, 34 (2), 23-35.

Nohria, N. and Ghoshal, S. (1994) Differentiated fit and shared values : alternatives for managing headquarters-subsidiary relations, *Strategic Management Journal*, 15, 491-502.

Nohria, N. and Ghoshal, S. (1997) *The Differentiated Network : Organizing Multinational Corporations for Value Creation*, Jossey-Bass publishers.

あとがき

　これまで国際経営を中心に経営学の研究を続けてきた。中でも，多くの経営学者もそうであると思うが，最も感銘を受けたのは，本田宗一郎に関するありとあらゆるエピソードである。

　著者は，大学院生時代に岩倉信弥先生（元ホンダ常務）から多くを教わった。その数多ある学びの中で1つだけ，ここで取り上げるとしたら「正業」という言葉を挙げたい。岩倉先生がホンダの取締役となり，本田宗一郎のところへ挨拶に行った時のこと。本田宗一郎は「俺は幸せ者だな。正業で君たちが頑張ってくれて，俺は鼻高々だ。どこへ行っても褒めてもらえる。ありがとう」と言ったという。

　当時，日本はバブル経済絶頂期で，一部の企業は株や不動産の売却で収益を得ていた。本業ではないところで，金儲けをしていたのである。この正業という言葉は「今までやってきている自分たちの商いをきちんとやり，ほかのことで稼がない」という意味であり，お釈迦様が言うように「眩まされず，取り違えず，極端に走らず」ということなのだろうと先生は受け取った。そうした正業に，ロングホーン企業としてのホンダのありのままの姿がある。

　一方で，ショートホーン企業であるグーグルも，これまで"Don't be evil.（邪悪になるな）"という志を掲げてきたが，ここにきて懸念される点が出てきた。2017年6月，EUはグーグルが「グーグル・ショッピング」を他社サイトより優遇したとして競争法違反とみなした。いまやグーグルは，膨大なデータを使いようによっては，いくらでも自社が有利になるように用いることができる。しかし，路は1つ。正業であるかどうかを常に問い続けながら進むしかない。

　正業ということで，もう1人挙げておきたいのが，ジェフ・ベゾスである。彼が10歳で，煙草を吸う祖母を含めて家族旅行に出かけた時のこと。煙草を一息吸うと2分寿命が縮むと聞いていたジェフ・ベゾスは，旅行中に祖母が煙草を吸った回数から計算し，祖母に「今回の旅行で9年分寿命を縮めたね」と

言った。

　祖母からは「よく計算したね」と褒めてもらえると思ったが，祖母は泣き出した。祖父からは叱られるとともに「自分が賢くなることよりも，人に優しくすることのほうが難しいのだよ」と言われた。つまり，賢さは持って生まれたもので，使うのは簡単である。しかし，優しさということを選択するのは容易ではない。多くの場合，自身の才能に溺れて，正しい選択ができないのである。

　金融工学に強かったジェフ・ベゾスは，それで私腹を肥やすという取り違いはせずに，ネットショッピングへとその才能を余すことなく用いた。それがいまや世界中の人々が恩恵にあずかっているアマゾンである。

　この経験をジェフ・ベゾスは，スタンフォード大学の卒業式でのスピーチで語り，人生のエンディングで思い出すのは，そうした一連の「選択」であると述べた。1つ1つの選択ごとに正業に向かっていれば，後悔は決してしないということである。

　これに関して，鷲田清一は，昔の職人は大工だろうが植木屋だろうが襖屋だろうが，みっともない仕事や恥ずかしいと思う仕事はしていない。だから，死に際しては「これで死ねる」という言い方をしたという。自らの死によって起こりうる全てのことに，できる限りの手が打てたという納得をしているのである（『人生はいつもちぐはぐ』2016）。要するに，こうした職人気質を自身の仕事に持てるかどうかという問題なのである。

　こうした「正業をすること」というものに加えて，もう1つだけ考えておきたいのは，本書第2章で触れた「オリーブの木（普遍性）」についてである。著者の実家は倉敷の美観地区近くにある。特に観光客のいない早朝や夕方以降では人の気配もない，情緒豊かな静けさがあり，帰省のたびにその風情を楽しんでいる。著者にとってのオリーブの木がそこにある。

　しかし，2016年7月にそこを歩いた時，大きな異変を感じた。夜遅くにもかかわらず，大勢の人たちがスマートフォンを見て佇んでいる。あるいは見ながら歩いているのである。著者の知っている，ひっそりとした美観地区ではなかった。時期を考えればおわかりだろう。そう。その人たちは，当時配信が始

まったばかりの「ポケモン GO（任天堂・ポケモン・ナイアンティックの3社が共同企画したスマートフォンゲーム）」をしていたのである。

ポケモン GO は 2017 年 7 月までの 1 年間で，世界 150 以上の国と地域で累計ダウンロード数は 7 億 5,000 万回。課金収入は 2016 年末までに約 9 億 5,000 万ドル（約 1,070 億円）という大躍進を遂げたが，初期の拠点には原子力発電所や国会議事堂，広島の平和記念公園などが登録されていて，各所からゲーム運営会社に削除が求められた。

おかしなことである。職人気質をそこに感じられない。なぜ配信前にこうした点への配慮をしなかったのだろうか？ なぜ集客を求めるファストフード店やショッピングモールなどとの提携を最初から行わなかったのだろうか？

確かに時代は，ファンタジー経済という欲しかったものが手に入ったり，好きな世界観にどっぷりと浸ったりすることが望まれる時代に来ている。自分の街にポケモンが出るということは，まさにファンタジーである。

しかし，それはそれぞれの地域のオリーブの木に分け入ってまで行うことではない。あの夜の美観地区の人混みは，まさしくリンゴに突き刺さったペンのように違和感が残るものだった。

ポケモン GO の開発を指揮したナイアンティックの野村達夫は『ど田舎うまれ，ポケモン GO をつくる』(2017) で「これだけ多くの人がプレイしていると，問題も山積みします。多くの人が小さな公園などに詰めかけたことで，近隣の住民の方の平穏な生活が乱されたり，事故に巻き込まれた方もいました」と述べている。この問題こそ，最も企業が起こしてはいけない事態ではないのだろうか？ 国境を越える意識の弱さがそこに見られる。

そこで最後に，もう 1 度，本田宗一郎の言葉に触れておこう。城山三郎が記した「本田宗一郎は泣いている」(『文藝春秋』1991 年 10 月号，『勝つ経営』1998 年にも所収）において，こう語られている。

企業のトップたるものは，儲けさえすればいいというイージーな考え方はしてはいけない。さらには，社会に迷惑をかけるような形で儲けてはいけない。もっといえば，少しでも社会に役立つような形で儲けなくてはいけないというのが，本田宗一郎の姿勢であった。

これは，経営者には社会に迷惑をかけてはいけないというけじめと，社会のためにならなくてはいけないという経済性を越えるものが，本来求められているということを示している。

　たとえば，ホンダは四輪に進出する時に，世界で最も優秀な自動車生産設備を購入したが，その投資は莫大な額であったので「ホンダは潰れるだろう」と思われた。その時，本田宗一郎は「潰れてもいいんだ」と言ってのけた。たとえ自分の会社が潰れたとしても，この優秀な設備が日本のために残るならそれで良いとみなしたのである。こうした気概ないし志こそが，経済性を越えるものなのである。

　これからの経営学の研究で見つめていたいのは，そうした気概や志を持つ経営者の姿である。

2017 年 9 月

岩谷昌樹

索　引

A－Z

BCG ……………………………………… 37, 40
BOP ビジネス …………… 135, 185, 187, 188, 190, 197-200, 207
BRS ……………………………… 170-173, 181
CCT ……………………………………………… 83
CFT ………………………………………… 83-85
FDI ………………… 8, 33, 34, 185, 201-206, 208, 211, 225, 226, 228, 229
G5 戦略 ……………………………………… 10, 11
G ゼロ ………………………………………………… 6
GM ………………… 41, 70-72, 81, 82, 89, 178, 240, 241
HAM ……………………………………………… 41-44
IT …………………………………… 33, 48, 49, 60
M&A …………………………… 14, 204-206, 230
MNE ……………… 186, 201, 202, 205-212, 216-229, 231, 234-242, 246-248, 250
R&D ………………… 11, 43, 74, 91, 103, 105, 174, 202, 206, 210, 217, 219-222

ア

アイズナー ……………… 79, 99-106, 111, 112
アウリン ………………………………………… 143
アソシエーツ …………………………………… 42, 44
アックリン ……………………………………… 157
アップル …………………… 1, 27, 49, 50, 58, 59, 61, 63, 132, 136, 149, 150

アディダス …………… 131, 132, 169-172, 176-179, 182
アナン …………………………………………………… 2
アベグレン …………………………………… 36, 39
アマゾン ……………… 1, 34, 49, 50, 60-62, 132, 133, 254
アレキサンダー ………………………………… 145
アンダーソン …………………………………… 53, 61
アンチ・アメリカイズム ……………………… 20
イケア …………………… 131, 132, 139-148, 156
意図的戦略 ……………………………………… 40
イノベーション・ピアノキー ……………… 138
入交昭一郎 ……………………………………… 42
入山章栄 ………………………………………… 36
ウィットロック ………………………………… 42
ウィブベケ ……………………………………… 16
ウィンドウ戦略 ……………………………… 102
ウォルマート ……………… 4, 12, 69, 160, 190
ウッドラフ，アーネスト ………………… 156, 157
ウッドラフ，ロバート ……………………… 156
内なる国際化 …………………………… 1, 72-74, 77
ウプサラ理論 …………………………………… 12
エドバードソン ……………………………… 139
エンクイスト …………………………………… 139
オスターバルト ………………………………… 70
鬼塚喜八郎 …………………………………… 169, 172
オニツカ社 …………………………………… 169-171
オルデンバーグ ……………………………… 119

カ

ガスマン·················136
カソン·············185, 186, 208, 215, 231
片平秀貴·················150
価値獲得·················148, 155
価値創造·················148, 155
価値連鎖·················11
カラムチャンダニ·················197, 198
河島喜好·················43
ガンスキー·················63
カンター·················93
カンナ·················8
カンプラード·················143, 145
管理的遺産·················244
キオ·················164
機会のある場所·················1, 70, 72
企業効果·················139
企業特殊的優位·················11, 221
きつい仕事·················3, 174, 175, 183
キッコーマン·················67-70
ギフトエコノミー·················53
キャパレル·················158
キャンドラー，エイサー·················152-156
キャンドラー，チャールズ·················155
共創·················195, 198
きれいな仕事·················3, 174, 183
グーグル·················1, 33, 34, 49-59, 63, 132, 136, 150, 253
グプタ·················10, 15
クライン·················4
グラント·················22, 38, 139
クリステンセン·················89
グローカル·················115
──化·················iii, 31, 77, 139
──経営·················66, 72, 243
クロック·················26
グローバライザー·················13, 14
グローバル・ウェブ·················11
グローバル化·················iii, 1-5, 7-9, 11-19, 22, 23, 25-28, 31, 51, 65, 85, 96, 115, 139, 150, 151, 174, 197, 202, 227, 230, 236, 240, 241
グローバル・コスモポリタン·················15, 16
グローバル接着剤·················246
グローバル・ドミナント・プレーヤー·················10
グローバル・ファクトリー·················11, 174
グローバル・マインドセット·················10, 14, 15
ゲイツ·················189
計画モデル·················90
経験価値·················118
現地資本主義·················41, 44
ケンプ·················156
厳密な複製·················143
ゴイズエタ·················161
小枝　至·················85
コカ・コーラ·················32, 131, 132, 148-166
国際的バリューチェーン·················3, 131, 174
心地良い場所·················70, 72
ゴシャール·················185, 186, 210, 230, 234-246, 248-250
ゴダード·················91
コトラー·················2, 5, 137
コミサー·················56
コミットメント·················86, 89, 90
コーラ戦争·················160, 165, 166
コリアー·················188
コリンズ·················93
ゴーン·················15, 74, 79, 81-88, 90-94

サ

坂根正弘 ……………………………………… 31
佐々木正 ……………………………………… iv
サードプレイス ……… 119, 120, 123-125, 129
サドラー ……………………………………… 174
サブウェイ ……………………………… 29, 120
産業効果 ……………………………………… 139
ザンダー ……………………………………… 144
市場創出企業 ………………………………… 216
市場の教育 ……………………………… 27-32
資本主義3.0 ………………………………… 5, 6
ジーマン ……………………………………… 163
シュヴァルツ ………………………………… 138
シュイナード ………………………………… 3
柔軟な複製 …………………………… 143, 144
シュック ……………………………………… 44
シュミット ………………… 49, 50, 118, 119
シュルツ …………… 79, 115-118, 123-126
ジョーダン ………… 168, 175, 179, 180, 183
ショートホーン企業 ……… 1, 3, 33, 34,
    48, 49, 51, 52, 55, 63, 136, 253
ショープ ……………………………………… 46
ジョーンズ ……………………………… 67, 175
ジョンソン …………………………………… 143
城山三郎 ……………………………………… 255
垂直統合 ……………………………………… 224
スターバックス …………… 28, 44, 79, 81,
    114-121, 123-128, 132, 144, 191
ストーク ………………………………… 36, 39
スノーボール・エフェクト ………………… 12
スーパーカスタマー ………………………… 168
スプルベル …………………………………… 10
スミス …………………………………… iii, 5
スローサイクル市場 ………………………… 112
スローン ………………………………… 71, 72
セクショナリズム ……………………… 87, 92
センチメンタル・バリュー …………… 23, 104
戦略の輪 ……………………………………… 139
創造的資本主義 ……………………………… 189
創発戦略 ……………………………………… 40
ソーダファウンテン ………………… 153-156, 160
ソフトパワー …… 22-24, 29, 31, 32, 38, 66

タ

大企業病 ………………………………… 71, 72
第5の波 ……………………………………… 49
ダニング ………………………… 205, 221, 230
ダビッドソン …………………………… 167, 168
ダルヴィック ………………………………… 142
ダワー ………………………………………… 138
チック ………………………………………… 136
茅野徹郎 ……………………………………… 43
チャラン ……………………………………… 14
チャンドラー …………………… 210, 229, 241
調整理論 ……………………………………… 207-209
ディズニー …………… 1, 19-21, 25, 35, 44,
    79, 97, 99-106, 108-112, 132, 150, 207
デジタル・ネイティブ・ビジネスモデル
    ………………………… 50, 52-56, 58, 60, 63
テュルパン …………………………………… 138
都市キャンペーン …………………………… 181
土着化 …………………………………… 192, 194
ドナヒュー ……………………………… 17, 22
ドハーシー …………………………………… 145
トーマス ………………………………… 154, 155
トムリンソン …………………………… 18, 24
トヨタ ………… 8, 24, 33, 34, 45, 49, 81,
    87, 132-134, 241
ドラッカー ………………………… 8, 93, 147

トランスナショナル............135, 185, 210, 243-246, 248
トランスパレンシー............86

ナ

ナイ............17, 22
ナイキ............3, 25, 131, 132, 150, 167, 168, 170-183, 194
ナイト............167-171, 175, 180-183
内部化理論............216, 217, 222, 223
ナップ............120
日産............40, 45, 74, 79-86, 88, 90, 91, 132, 133, 178
ニーリー............76
ネスレ............131, 136-138, 150
ノグレーディー............49

ハ

ハイ・コンセプト............53, 100, 112
ハイマー............207, 211
バウワーマン............168, 170, 172
パウンドストーン............59
バーキンショー............91
パスカル............39
パスポート・ブラインド............16
パタゴニア............3, 4
バックレー............11, 174, 185, 186, 208, 215, 229-231
ハート............185, 188-194, 197, 198
バートレット............139, 185, 186, 210, 230, 234-237, 241-246, 248-250
バーニー............111, 165
ハバード............13
バフェット............133
ハメル............56

ハリソン............4
バリュー・フォー・ザ・タイム............104
ハルバースタム............40
ピケティ............3
ビーハー............123
ピープルビジネス............121
ヒル............67, 175
ファストチョイス............124, 128, 129
フェイスブック............1, 49, 54-56, 58, 132
フォス............143
ブライマン............96
ブライム............15
フラグシップ・ファーム............11
ブラック............16, 134
プラハラード............70, 135, 185, 188-190, 194, 195, 197, 198
フランケンバーガー............136
プラン B............56, 57
フリードマン............24, 33
ブリン............53, 57
ブレマー............6
文化帝国主義............3, 25, 29, 44, 59, 207
ペイジ............53, 57
ベゾス............60, 62, 94, 253, 254
ペプシ............131, 132, 158-160, 162-166
――――・ジェネレーション............160
――――の挑戦............162
ペンバートン............152, 153
ボーゲル............88
ホスト地域型............35, 36, 43, 44
ボストン・コンサルティング・グループ............37
ポーター............39, 221
ボトリング経営............154
ホワイトヘッド............154

ホンダ ……… 1, 34-47, 52, 64, 132-134, 253, 256
本田宗一郎 ……… 36, 40, 47, 253, 255, 256

マ

マイクロソフト ……… 1, 27, 49, 50, 58, 132
マクドナルド ……… 1, 22-29, 32, 44, 70, 123-125, 128, 132, 144, 145, 151, 207
マグレイス ……… 22
マーケティング3.0 ……… 5, 137
マシューズ ……… 144
マッキンゼー ……… 31
マネジリアルモデル ……… 242
マリンズ ……… 56
三木谷浩史 ……… 75, 76, 94
ミンツバーグ ……… 40
ムーディ ……… 49
モーイ ……… 15
茂木友三郎 ……… 68, 69
モリソン ……… 16, 134
モンゴメリー ……… 139, 145, 147

ヤ

ユーロ・ディズニー ……… 19-22, 31, 34
良い目標 ……… 131, 139, 147, 148
吉野浩行 ……… 46

吉原英樹 ……… 73

ラ

楽天 ……… 75, 76
ラグマン ……… 11, 35, 72, 208, 230
ラジュ ……… 187
立地特殊的魅力 ……… 204, 205
立地特殊的優位 ……… 11
立地理論 ……… 216, 217, 222
リッツァ ……… 5, 97
ルノー ……… 71, 80-83, 88, 92
 ──── ・日産 ……… 81
レーン ……… 15
ローカル化 ……… iii, 1, 28, 31, 36, 43, 51, 52, 66, 96, 115, 175, 227, 236
ロスフィーダー ……… 45, 46
ローゼンバーグ ……… 50
ロドリック ……… 5, 7
ロバーツ ……… iii
ロビンソン ……… 152, 153
ロングテール ……… 61, 62
ロングホーン企業 ……… 1, 33, 34, 36, 44, 46, 49, 51, 59, 63, 70, 176, 253

ワ

鷲田清一 ……… 254

《著者紹介》

岩谷昌樹（いわたに　まさき）

1973 年	岡山県倉敷市生まれ
1996 年	立命館大学経営学部卒業
2001 年	立命館大学大学院経営学研究科博士後期課程修了　博士（経営学）
2003 年	東海大学政治経済学部専任講師
2006 年	東海大学政治経済学部助教授
2007 年	東海大学政治経済学部准教授
2013 年	東海大学政治経済学部経営学科教授（現在に至る）

専門は国際経営論，デザインマネジメント
2006 年度・2009 年度東海大学 Teaching Award 優秀賞受賞

著書

・単著
『ケースで学ぶ国際経営　進化する企業の戦略と組織』中央経済社，2005 年。
『トピックスから捉える国際ビジネス』白桃書房，2007 年。
『グローバル企業のデザインマネジメント』学文社，2009 年。

・共編著
『デザインマネジメント入門　デザインの戦略的活用』京都新聞出版センター，2003 年。
『ホンダのデザイン戦略経営　ブランドの破壊的創造と進化』日本経済新聞社，2005 年（韓国語版あり）。
『総合商社　商社機能ライフサイクル』税務経理協会，2006 年。
『ケースブック　戦略的マネジメント』白桃書房，2007 年。
『リーディング・カンパニーシリーズ　丸紅』出版文化社，2008 年。
『組織能力と企業経営　戦略・技術・組織へのアプローチ』晃洋書房，2008 年。
『デザインマインド・マネジャー　盛田昭夫のデザイン参謀　黒木靖夫』日本出版サービス，2009 年。
『戦略的デザインマネジメント　デザインによるブランド価値創造とイノベーション』同友館，2010 年。
『デザイン・バイ・マネジメント』青山社，2014 年。
『グッチの戦略』東洋経済新報社，2014 年。

・監訳
『デザインドリブン・イノベーション』同友館，2012 年。

（検印省略）

2018 年 2 月 5 日　初版発行　　　　　　　　　　　　略称 ― 国際経営

大学生のための国際経営論

著　者　岩　谷　昌　樹
発行者　塚　田　尚　寛

発行所	東京都文京区 春日 2 - 13 - 1	株式会社　創　成　社

電　話　03（3868）3867　　　Ｆ Ａ Ｘ　03（5802）6802
出版部　03（3868）3857　　　Ｆ Ａ Ｘ　03（5802）6801
http://www.books-sosei.com　振　替　00150-9-191261

定価はカバーに表示してあります。

©2018 Masaki Iwatani　　組版：トミ・アート　印刷：エーヴィスシステムズ
ISBN978-4-7944-2516-4 C3034　製本：宮製本所
Printed in Japan　　　　　　　落丁・乱丁本はお取り替えいたします。

―――― 経営・マーケティング ――――

書名	著者	種別	価格
大学生のための国際経営論	岩谷昌樹	著	2,800円
環境経営入門 ―理論と実践―	金原達夫	著	1,800円
ビジネスデザインと経営学	立教大学大学院ビジネスデザイン研究科	編	3,000円
働く人のキャリアの停滞 ―伸び悩みから飛躍へのステップ―	山本 寛	編著	2,650円
働く人のためのエンプロイアビリティ	山本 寛	著	3,400円
イチから学ぶビジネス ―高校生・大学生の経営学入門―	小野正人	著	1,700円
脱コモディティへのブランディング ―企業ミュージアム・情報倫理と「彫り込まれた」消費―	白石弘幸	著	3,100円
やさしく学ぶ経営学	海野 博／畑 隆	編著	2,600円
豊かに暮らし社会を支えるための 教養としてのビジネス入門	石毛 宏	著	2,800円
東北地方と自動車産業 ―トヨタ国内第3の拠点をめぐって―	折橋伸哉／目代武史／村山貴俊	編著	3,600円
おもてなしの経営学[実践編] ―宮城のおかみが語るサービス経営の極意―	東北学院大学経営学部おもてなし研究チーム／みやぎ おかみ会	編著／協力	1,600円
おもてなしの経営学[理論編] ―旅館経営への複合的アプローチ―	東北学院大学経営学部おもてなし研究チーム	著	1,600円
おもてなしの経営学[震災編] ―東日本大震災下で輝いたおもてなしの心―	東北学院大学経営学部おもてなし研究チーム／みやぎ おかみ会	編著／協力	1,600円
イノベーションと組織	首藤禎史／伊藤友章／平安山英成	訳	2,400円
経営情報システムとビジネスプロセス管理	大場允晶／藤川裕晃	編著	2,500円

(本体価格)

―――― 創成社 ――――